中國的亞洲主義

東亞的共識
還是戰爭催化劑？

Chinese Asianism
1894-1945

史峻 Craig A. Smith

韓絜光、林紋沛 譯

專業推薦

本書聚焦於中國對「亞洲主義」的深入探討，廣泛解析相關文獻，且具創新論點，是值得參考的一本學術著作。

——東吳大學端木愷校長講座教授／中國文化大學前校長 徐興慶

亞細亞主義絕對是近代中日關係史上的支配性意識形態（Dominant Ideology）之一，至今潛流不止。它可以是日本帝國主義侵略亞洲諸國的思想面具，它也可以是世界競爭大勢中，激動黃種人合眾成群，反抗白種人的思想動力。史峻教授這部書展現的思想／知識風華，實在值得我們再三沉吟。

——研究院近代史研究所研究員 潘光哲

作者序

廿一世紀的「亞洲主義」

我衷心欣慰本書如今能以中文面世，使我在學術界及其他領域的華語讀者——無論是朋友還是同仁——得以閱讀與討論。在此謹致謝意於兩位極具才華的譯者林紋沛與韓絜光，亦感謝商務印書館的何珮琪女士及編輯團隊的專業付出與支持。早在二〇一一年，我於上海圖書館研讀商務印書館之歷史，為《中國的亞洲主義》第三章蒐集資料之際，實未曾預見未來自身著作竟能由此享有盛譽之出版社出版，殊感榮幸。特此將本書獻予在中國與臺灣曾於研究歷程中提供協助之諸多友人——他們或助我釐清清代文本之義理，或協力尋覓藏於圖書館與檔案館中之罕見史料，亦或在我嘗試以中文撰述時不吝指正，貢獻至為寶貴，謹致以誠摯謝意。

僅僅數年之隔，中文譯本便已面世，但所處之歷史語境，已與英文原著出版時迥然不同，亦與我在本書所探討的諸多概念密切相關。近年來，中國與美國皆歷經深刻變化。中國經濟面臨重大挑戰，在新冠疫情過後進入官方所謂的「新常態」，緊接而來的是房地產市場的崩盤、青年失業率飆升，以及與美國的貿易戰。然而，中國仍致力於透過貿易、投資與援助擴展其在區域與全球的經濟與政治影響力。隨著「一帶一路」倡議與亞洲基礎設施投資銀行（AIIB）的設立，「全球中國」已成為當代討論中的常見術語；而原本專注於中國國內經濟與政治的研究者，也愈發轉向分析中國在海外的各類計畫，蓋因在中國境內進行田野調查與研究工作日益困難。[1]

二〇二二年，我在〈中國外交口號中的亞洲主義幽靈〉一文中提出，我們有必要以更細緻的視角理解中國由區域走向全球的轉變。[2] 雖然將廿世紀初的亞洲主義與當今的政治局勢直接連結或許過於簡化，然而我們亦須警惕，唯有理解過去這類論述的運作方式，方能洞悉它們在廿一世紀可能被如何運用乃至濫用。令人意外的是，我在二〇二一

1 本領域研究廣度的一些極佳例證，可見於學術期刊《Global China Pulse》以及數位項目《People's Map of Global China》所呈現的互動式研究成果。這些資源不僅展示中國在全球層面的多維參與，也反映出亞洲主義與當代全球治理之間的潛在連結與張力。

2 Craig A. Smith, "The Ghost of Asianism in China's Diplomatic Slogans," Asia-Pacific Journal 20.17.8（二〇二二年）。

年所出版的著作，其論點如今似乎與美國當前的新政治局勢關聯更為緊密，而非中國的崛起。二〇二五年初，川普開始對加拿大、格陵蘭與巴拿馬提出主權主張。這種霸權式的區域主義或可稱為「新美洲主義」（New Americanism），是對十九世紀門羅主義與昭昭天命（Manifest Destiny）觀念的一種重新聲張。我們應如何理解川普此番言論？而這樣的政治修辭又與亞洲主義之間有何關聯？

正如本書所揭示，當政治人物或知識分子發出關於所謂地理學（metageographic）的號召——無論是「亞洲主義」或「美洲主義」——此類訴求往往掩蓋了發言者的真實意圖。川普是否試圖藉此鞏固一種以政治利益為導向的美國民族主義？他是否意圖促使他國加強軍備，藉此令美國軍工複合體的發展得利？儘管歷史脈絡迥異，區域主義論述作為實現個人或國家目標的工具，其運作邏輯卻有著驚人的延續性。

支持川普的新聞媒體（如《Breitbart》）將這些泛美洲主義的主張稱為「昭昭天命」[3]，援引的是十九世紀一種宗教性的概念，當時此概念被用以合理化對原住民土地的掠奪與帝國主義式的擴張行動。「昭昭天命」作為宗教話語的表達，實則承載著一套更深層次的政治理念——即門羅主義——這一概念構成了所有帝國主義式泛美思維的核心。源自十九世紀的概念，在二〇二五年重新成為新聞標題焦點之際，也讓人回想起它曾在廿世紀的日本與中國區域化論述中多次扮演關鍵角色。

第四章的標題「亞洲人的亞洲」直接取自門羅主義時期的口號「美洲是美洲人的」。然而，隨著英文中「American」一詞的語義演變，從原本涵蓋整個美洲大陸的「美洲人」逐漸專指「美國人」，美國的帝國主義者也愈發將「America for the Americans」理解為「美洲是美國人的」。這種語義的轉變在中國或日本尚未出現。事實上，當前的政治情勢與五四時期已有天壤之別；彼時中國知識分子仍將「大美洲主義」視為比日本亞洲主義者曾倡導的「亞洲門羅主義」更不具霸權色彩的概念。[4]然而，二〇二五年美國政局的突變提醒我們，區域化歷史的研究仍具重大意義，也敦促當代讀者銘記過去因霸權性兼併所帶來的暴力與傷痕。

中國是否能夠在當前的新政治格局中把握機會，向世界展示一種以「王道」為核心的區域治理模式，仍有待觀察。更有可能的情境是，中美兩國將繼續在區域內與鄰國維

3 Nick Gilbertson, Breitbart (2025). https://www.breitbart.com/politics/2025/01/07/manifest-destiny-donald-trump-jr-visits-greenland-as-his-father-considers-purchasing-arctic-landmass-usa/

4 五四時期的大美洲主義和大亞洲主義的比較，見馬景行，〈大美洲主義與大亞洲主義〉，《青年進步》30，一九二〇年，17–28頁。

持複雜且緊張的關係。歷史經驗一再顯示，當大國或帝國試圖在維持自身的政治與經濟主導地位的同時，也期望展現仁政與善意——往往難以兩全。霸權與仁政之間的矛盾，使得真正的王道實踐成為艱鉅的挑戰。

新方向與研究空白

許多學者撥冗撰寫書評，對本書進行深入閱讀與思考，對此我深表感謝。他們的評論不僅展現出對本書內容的認真對話，也時常促使我重新思考書中的某些觀點與寫作方式。在此，我尤其要感謝中國社會科學院近代史研究所的盧華先生，他在《讀書》上發表長達九頁的深入討論，給予我極大啟發。[5]多篇刊載於英文學術期刊的評論亦大多持正面且建設性的態度，其中有若干評論者指出本研究的某些侷限，這些批評誠懇中肯，我在這裡亦試圖對其做出回應與補充。

在多篇書評中，唯一常見的批評意見是我未將有關臺灣和滿洲國的亞洲主義納入本書的討論。至於與滿洲國有關的亞洲主義，確實，本書較少涉及這個亞洲主義極為重要的國家。不過，我在書中提到過杜贊奇（Prasenjit Duara）的優秀研究成果，並對該主題作出參考。然而，二〇二一年，我與兩位同事共同出版了一本關於日本侵華的書籍——《佔領的譯文：日本侵略中國，一九三一——一九四五年》（*Translating the Occupation: The Japanese Invasion of China, 1931-45*）。該書收錄了與戰時占領相關的文本翻譯，並由歷史學者撰寫的章節進行闡述。我們的編輯集成中有九章專門討論滿洲國，其中不乏涉及亞洲主義的內容。不過，我必須坦承，我對臺灣的研究興趣遠大於對滿洲國的探討。

有趣的是，這本書的靈感來自我在中正大學臺灣文學研究所攻讀碩士學位時，對皇民化文學的研究。我對這一時期知識分子身份的模糊性深感興趣。在完成《Chinese Asianism》後，我回到這個項目並在《現代亞洲研究》（Modern Asian Studies）期刊上發表了一篇關於張我軍的文章。最近，我進一步研究了一九二〇年代《臺灣民報》中的亞洲主義討論，特別是蔣渭水與臺灣文化協會相關的著作。結合這些著作與孫文一九二四年關於《大亞洲主義》的演講章節，將於二〇二六年由日本的孫文研究會與汲古書院出版。或許未來我也會將這些研究成果用中文發表。儘管將臺灣亞洲主義納入本書會是一個有價值的補充，然考慮到篇幅與主題的聚焦，此部分研究最終未能收入。然

5　盧華，〈中國「亞洲想象」中的認同政治〉，《讀書》（二〇二三年六月）：29–37頁。

而，不得不指出的是，臺灣學界對此主題已有深入且豐碩的成果，特別是趙勳達與許時嘉等學者的研究，對臺灣在帝國亞洲主義中的位置與角色提供了重要而深刻的分析，構成我此一研究持續對話與參照的基礎。

自英文版出版以來，亞洲主義研究領域出現了若干極具啟發性的新成果，展現出該領域學術討論的深化與拓展。在英文學界，慕維仁（Viren Murphy）所著的《**Pan-Asianism and the Legacy of the Chinese Revolution**》堪稱最具影響力之新作。此書嘗試將近代知識分子的亞洲主義思想與戰後乃至廿一世紀的知識論述進行連結，對亞洲主義給予更為積極的詮釋與評價，拓寬了既有研究的時代與思想範疇。

在日文學界，相關研究成果則更為豐碩。嵯峨隆教授的專著《亞細亞主義全史》於我的英文版出版前夕問世，其宏觀架構與資料密度均令人印象深刻。儘管我們兩部著作在主題上有相當重疊，但嵯峨先生對日本亞洲主義者的掌握與解析顯然更為深入，其貢獻為本領域提供了堅實的基礎與參照。

更近一步，二〇二四年十二月，愛新翼與西村成雄共同發表了一篇針對孫中山《大亞洲主義》演說的一手與二手資料之綜述性研究，不僅系統梳理了文獻傳承，亦在前輩學者陳德仁與安井三吉於一九八九年開創性工作的基礎上，進行了實質性的更新與補充。[6]該研究的細緻程度與文獻掌握，對孫文思想的再研究提供了寶貴的資源。

令人欣喜的是，亞洲主義作為一項橫跨思想史、政治史與文化研究的課題。隨著中文、日文與英文學界的共同努力，相關研究正逐步展現出跨語言、跨國界的對話潛力與理論生產的豐富性。

最後，我再次向為本書中文版付出大量心力的譯者與編輯致上最誠摯的感謝。正是他們的專業與投入，讓這部作品得以呈現在中文讀者面前。當然，書中若有疏漏與錯誤，皆由我個人承擔，與他人無涉。

史峻

墨爾本

二〇二五年

6 愛新翼與西村成雄，《孫文・講演「大アジア主義」資料集：一九二四年十一月日本と中国の岐路》（京都：法律文化社，二〇二四年）。

目錄

導論

東亞對亞洲主義的著述流傳從十九世紀開始，彼時看似一統的歐洲勢力，可說對所有人構成威脅。亞洲各國知識菁英在刺激之下，亦思考起應對帝國主義的國際外交策略。其想像中有望結盟合作的國家不斷生變，有時僅包含東亞諸國，有時涵蓋更廣。此時西方勢力聯合，形成一個近乎單一整體的威脅，即便各自祖國持續分裂，甚至相互憎惡，但來到亞洲的歐洲各國商人與軍隊往往選擇彼此照應。儘管曾有多國知識分子提出亞洲團結倡議，但由於日本官方於二次世界大戰期間對泛亞洲主義的大力宣傳，史學研究者多只將焦點放在日本帝國做出的論述。

本書著重於探討一八九四年至一九四五年之間，中國對東亞團結以抗西方帝國主義的討論。我稱之為「亞洲主義」——是一種呼籲東亞國家在面對西方帝國主義時團結起來的理念。過去的學術研究已經證明所謂「中國亞洲主義」的存在，本書將著重在這一概念如何在中國國家建構和其特有的現代化進程中經歷一個關鍵時期。此一概念發展於中國建立民族國家的關鍵時期，中國獨特的現代化進程也於此時發生，然而至今尚無人研究亞洲主義論述的多種形式，及其對中國民族主義和國際主義的思想影響。本書爬梳亞洲主義觀念在此一重大歷史時期的發展，揭露亞洲和亞洲主義應如何提倡團結者之需，在各方面被用作論述工具。亞洲主義在廿世紀下半葉常遭歷史學者忽略或不予討論，但它其實顯見於眾多中國知識分子的著述中，自當時至今影響力未減。長久以來，亞洲主義與中國民族主義層疊建構，無論當時或現在，在論述上與行動上皆扮演要角。我們透過下述的歷史可以看見，中國亞洲主義如何與更廣泛的種族和文明認同攜手發展，屢次把中國置於未來一個團結亞洲的中心。

亞洲主義是對亞洲團結的「號召」，但倡導者多以此包裝各自的論點。這些年間，凡設法推動國際區域主義者，無不致力於調整及支持中國民族主義的建構。本書以一八九四年第一次中日甲午戰爭後的文獻為始，到二戰期間汪精衛領導的國民黨政府倒臺作結，探討這段時期內中國帝制瓦解，知識分子努力適應帝國主義、新的政治經濟的霸權型態，以及南轅北轍的各種新思潮。亞洲主義在這段時期經常回到知識界的爭論中。諸多知識分子如梁啟超（一八七三—一九二九）、章太炎（一八六九—一九三六）、葉楚傖（一八八七—一九四六）、李大釗（一八八九—一九二七）、汪精衛（一八八三—

一九四四）及孫文，皆認同某種形式的亞洲主義，表面上原因各異，但均不脫愛國目的。[1] 這些討論左右了中國人的身分建構，涉及通常與民族主義相呼應的對話，進一步強化中國建構起帶有超國族（metanational）認同要素的民族主義，這些認同要素與種族、文明、儒家傳統和緊密的地緣連結觀念皆有關聯，而這些觀念至今在討論到中國中心的區域主義時依舊重要。

許多論者評述廿一世紀東亞局勢時，正確指出區域合作尚屬困難，原因是尚未解決的領土主權和其他情感為大的議題仍持續激化，包括尖閣諸島／釣魚臺列嶼爭議、獨島／竹島爭議、南沙群島爭議、二戰慰安婦問題、教科書編寫爭議、靖國神社參拜，以及其他眾多課題。然而，儘管有這些問題存在，對區域化乃至未來亞洲聯盟的討論仍然時有可聞，因為在亞洲許多知識分子與領導人看來，區域合作是政治上之必然，也有經濟上之必要。習近平談到一帶一路倡議和亞洲基礎設施投資銀行（Asian Infrastructure

1 中國史領域對使用「知識分子」一詞存在爭議，部分原因出在這些知識分子並未稱自己是「知識分子」，這個詞要到更久以後才為人使用，此外也因為後來將知識分子建構為一個階級兼社會分類，是一九二〇年代才開始的。我以更廣義的用法使用英語「intellectual」一詞，涵蓋所有參與思想創造和從事寫作的人。關於知識分子一詞，詳見U，"The Making of Chinese Intellectuals"。

Investment Bank，即亞投行）時，稱未來的亞洲區域主義是命運共同體。[2]王毅出任習政府外交部長前不久，甚至以孫中山和李大釗針對亞洲團結的著述為基礎，概約提出一套名為「新亞洲主義」的理論。[3]這些形式的區域化，被視為是默認廿一世紀的國際現實。然而，回顧百年多前的討論，亞洲主義的目標看起來可能與習近平所表達的意圖大相逕庭。政治的區域化可能並非必不可免，雖然因為東亞緊密的經濟和文化連結，論者往往視其為必然。

東亞地區問題的史學研究者指出，涵蓋東亞大半部的世界觀長久以來一直存在，且對全世界有重大影響。[4]他們也提到，從十九世紀末到一九四五年日本的大東亞共榮圈終告慘烈失敗為止，反覆有人嘗試將不同形式的東亞區域體系付諸實行。廿一世紀對區域化的討論，往往是國際關係對經濟與安全利益的評估，[5]與此不同，二戰前東亞知識分子寫下的區域主義文獻，大多使用地區文化、種族、傳統、道德等觀念作為一體化的基礎，即使其真正關心的是研擬軍事或經濟策略以拯救或提升自己的國族。日本知識分子與政治人物迄今在此主題上著作最豐，內容從十九世紀末對日本政府放棄亞洲的譴責，逐漸轉向一九三〇至四〇年代對日本帝國主義的支持論述。本書雖聚焦於中國對亞洲主義的討論，但由於相關論述範圍可能很廣，有必要考慮亞洲主義此一名詞的定義及其相關脈絡。

亞洲主義

將亞洲主義視為一個「概念」，是源自近來熱門的概念史學界所提出的方法論。此種理論由德國史學家萊因哈特・科塞雷克（Reinhart Koselleck）首先引入，並將其定義為「Begriffsgeschichte」（德語，即概念史）。齊慕實（Timothy Cheek）解釋，概念史「提供一組架構，透過找出一個概念的基本思想或觀念，以及這些思想觀念如何被應用，敘述一個概念的生命發展」，從而在知識史和社會史之間提供連結。齊慕實把「概念」定義為「代表某一想法的一個單詞，在一段論述中既強烈到足以指導思想，又模糊到能

2 關於習近平如何使用這個概念，詳見 Barmé, “Introduction,” XII。

3 王毅，《思考廿一世紀的新亞洲主義》，6–10。英譯可見 Weber, “Wang Yi,” 361–69。

4 Duara, “Asia Redux”; Frank, *ReOrient; Frank and Gills, The World System; Shigeru, Gentlemanly Capitalism*。

5 例如可見廣受推崇的 Katzenstein, *A World of Regions.* 也可見 Ravenhill, *APEC and the Construction of Pacific Rim Regionalism; Evans, “Between Regionalism and Regionalization.”*

夠容納諸多意義。」[6]本研究即是透過相關文獻追溯亞洲主義此一概念，重點集中在知識分子之間雷同的假設與扞格之處，以揭示此一概念的生命發展。

亞洲主義一詞到一九一二年後才常見於漢語，當時一名日本外交官在上海國民黨報《民立報》提及，而後於一九一三年三月獲國民黨出版人兼政治宣傳者葉楚傖重視及闡揚。[7]用此概念的人很少嘗試定義它。一九二〇及至三〇年代，中國的亞洲主義著述上達顛峰，知識分子採其簡單可塑的定義，著重於討論統一或排外思想，提出諸如「亞洲是亞洲人的亞洲」等口號，無一不是在重申認同或批判。要到二次世界大戰後，竹內好才思考起亞洲主義的多義性。他思索此一概念在帝國主義和反帝國主義雙方面的呈現，認為亞洲主義的共同點是「促進亞洲國家團結的意圖」。[8]儘管我接受共同點是亞洲團結這個想法，但我對竹內使用「意圖」一詞抱持疑問。我並不把亞洲主義看作一種意識形態，或又一個「主義」，我視之為一個策略概念，因此我傾向把竹內好的定義擴充成「暗示亞洲國家有團結的意願」。這個定義兼容帝國主義和反帝國主義的主張，且不分國家。正如嵯峨隆所指出的，亞洲主義在中國的發展不大相同，因為廿世紀初中國的境況是帝國資本主義的受害者，而非加害者，但我發現，綜觀數十年，相關論述在中國的多樣性與在日本一樣豐廣。[9]即便所有著述亞洲主義的作者可能都聲援亞洲團結，但他們用此概念各有目的，且如我後文所示，他們的目的通常都與民族主義有關。

民族主義在廿世紀的霸主地位，促使大多數持亞洲主義概念者——包含中國人、日本人、韓國人、臺灣人、印度人、越南人，或其他亞洲國家人——用此概念救國於危亡或提升民族地位，壯大民族以禦外患。廿世紀資本主義透過民族主義發揮力量，建構出民族國家的發展空間。相較之下，宗教、文化或文明論述則罕能左右社會空間的建構。不過，這些論述結合上亞洲主義和民族主義，卻影響了亞洲人與所認知之西方對照下的自我建構。因此，亞洲的論述建構，同時也是身分認同的建構。這個超越的亞洲，雖然部分建立在對東亞的東方主義觀點上，實則把東方主義倒反過來，是一種為廢止西方對文明之主導所行的努力。不同於薩伊德認知的東方主義，在東亞所見的東方，知識分子利用對立差異以達自己的論述目的，經此展現自身的能動力。此與愛德華・薩伊德所述的東方主義，關聯顯而易見。不過本書不欲研究東方主義。東方主義文本有助於建構一

6 Cheek, "Chinese Socialism," 110–11.

7 《民立報》刊登之日本政治人物名為井深彥太郎；雖然於我尋無其人，但我相當確信作者應為井深彥三郎。至第四章和第六章會再作說明理由。

8 引用於 Weber, *Embracing "Asia,"* 32。

9 嵯峨《アジア主義と近代日中の思想的交錯》107。

套二元論，突顯西方在東方之上的權力差，但亞洲主義嘗試的是在論述上消除權力差，同時研議在實質上撤銷西方的優勢。雖然亞洲主義多少默認東方主義施加的二元觀，但其論述否定二元論的力量，並且反過來，重新建構這些二元概念以為東方所用，而不是反對東方。「論述」和「想像的」兩詞在前文似乎頻繁出現，那是因為本書完全接受「區域首先是一種論述建構」這個論點。更且，一個區域的建構，包括這個區域的邊界與特徵，絕大部分是任意而定的，從本書研究的文獻對「東方」或「亞洲」的認知流動不定且往往投機取巧，我們就能窺見一二。「亞洲」和亞洲主義一樣是個概念。而這個概念所指涉的遠超過一個陸塊代表的地理空間。中國知識分子如何看待這個概念、用怎樣的空間關係去定義這個概念，又經常以此來界定自己與西方「他者」，是本書關注的焦點。

除卻薩伊德對西方建構東方的批判，凱倫・魏根（Kären E. Wigen）和馬汀・路易士（Martin W. Lewis）認為「東方與西方的分立完全是武斷的」，所有後設地理學（metageographical）概念皆非基於科學，而是基於論述建構。[10]魏根和路易士認為，我們必須超越這些任意概括而論的後設地理符號，這些符號妨礙我們認識這個世界。

這就引至一個閱讀魏根和路易士著作時不免會興起的疑問：「亞洲」如果是一個建構概念，那是為了什麼、基於誰的目的而建構？為理解這一點，我翻閱另一本探討區域建構概念的書《島鏈裡有什麼》（*What Is in a Rim?*）。這是一本廣收各界文章的文選，阿里夫·德里克（Arif Dirlik）為本書作序，定義「太平洋島鏈」。他認為太平洋島鏈是一個「被發明的概念」，最能定義其實質基礎的「不是自然地理，而是有具體歷史沿革的多重關係（經濟的、社會的、政治的、軍事的、文化的）」。[11]是「關係」界定區域。漢學家傅佛果（Joshua Fogel）將這些歷史關係的重要性化作概念，形容漢語圈有如一不斷變化的原子，中國位於核心。和物理原子一樣，原子核和「繞行核心的實體」相互依存。[12]但界定東亞的不光是區域內的關係，還有區域與其他區域或人民之間的關係。區域認同和國族認同一樣，是這些關係、彼此衝突與合作的產物。「亞洲」或許是個歐洲發明的語彙[13]，這代表亞洲主義的用語和世界觀是帝國主義的產物，但建構起亞洲的是該區域人民與彼此之間的關係。中國位處關係中心的歷史定位，及至廿一世紀又重回

10 魏根和路易士把後設地理學定義為「一組空間結構，人們用以整理對世界的認知。」Wigen and Lewis, *The Myth of Continents, XI, 3*。

11 Dirlik, "Introduction," 4。

12 Fogel, *Articulating the Sinosphere, 4*。

13 「亞細亞」（亞洲）一詞咸認為源於希臘語，至少是透過希臘語進入其他歐洲語言，成為世界通用詞。但研究顯示，該詞有可能出自巴比倫語的「asu」，意思是「升起」，因此是一個源自亞洲語言的詞彙，代表太陽升起之處。Hay, *Asian Ideas of East and West, 13*。

中心，這對中國人和非中國人理解亞洲概念都至關重要，近代的亞洲觀念也誕生自十九世紀和廿世紀的帝國主義。因此，我同意魏根和路易士的史觀，但至少在修正對地理的無知這方面，我發現建構出東西方二元論，有助於亞洲國家用以擬定一套抵抗策略，讓東亞得以面對廿世紀西方帝國主義有組織的進犯。從這方面來看，可以說亞洲主義師法東方主義二元論，用其創建出一套反霸權論述。

而亞洲主義不只是反霸權論述。就和民族主義一樣，國際區域主義具有反外部壓迫的傾向，但也常被用作壓迫的工具。討論亞洲主義時如果不思考日本帝國主義就不算完整。一九三〇至四〇年代，亞洲主義為日本軍事擴張提供了合理說詞及辯護。我們應避免把日本視為一個整體勢力，應認知到日本的亞洲主義倡議者多數不是帝國主義者，就算是戰時那幾年也一樣。我們也應了解東亞在一九三〇年代陷入怎樣的動盪，同時對當時知識分子可能持有的觀點保持心態開放。本書雖然表面是關注中國對亞洲主義的討論，但無可避免會著墨於過去及現在的中日關係。在這一段近代亞洲主義發展史中，可以反覆看到日本但有一動，中國就有一應。事實上，除了少部分改寫自古文成語，中國知識分子在亞洲主義觀念上使用的概念名詞或關鍵詞多採借自日語。[14] 因為有這一段歷史，與亞洲主義相關的學術著作絕大多數出現在日本研究領域也就不奇怪了，雖然這也是近年才有的趨勢。

二戰結束後不久，亞洲主義和泛亞洲主義等用語[15]，因與日本帝國主義關係密切而沾染汙名，從此隱沒於政治領域。哪怕只是提及這個概念或總體而言也包含正面要素的亞洲區域主義，都有可能被貼上為日本發動戰爭辯護的標籤。[16]儘管有一些左傾評論人，特別是竹內好，憑藉亞洲主義批判帝國主義、日本政府和戰後資本主義，但學界總體仍依循政府的政治路線，直到近二、三十年來少有對此主題進行的研究。[17]學者開始首先是以韓語和日語慎書此一主題，涉及亞洲主義的英語研究偶爾可見，如傅佛果和入江昭的著作，但就如傅佛果為盧閣的專著《再認識日本》（*Re-Understanding Japan*）作

---

14 採借自日語的包括興亞（raise Asia）、大東合邦（Great Eastern Federation）、日中提攜（Japan–China cooperation）、亞洲連帶（Asian union）、日中同盟（Japan–China alliance）、東亞聯盟（East Asian League）、亞洲主義（Asianism）、大亞洲主義（Great Asianism）、泛亞洲主義（pan-Asianism）、東亞共同體（East Asian Community）、大東亞共榮圈（Greater East Asia Co-Prosperity Sphere）。

15 「泛亞洲主義」是長久以來討論一九三〇至四〇年代日本帝國政府宣揚之亞洲主義的標準用語。我亦常用於接續過往研究。「Pan-Asianism」一詞至少早在一九一二年就譯入中文，時稱汎／大亞細亞主義。

16 堀田江理表示現在日本仍有此現象：Hotta, *Pan-Asianism andJapan's War, 232*。

17 竹內好對亞洲主義研究貢獻眾多，包含其著述和收集的資料：竹內好《アジア主義》。關於竹內好，及其認知的亞洲主義和他的研究脈絡，簡要描述可參閱 Saaler and Szpilman, "Introduction," 29–30; Uhl, "Takeuchi Yoshimi"。

序所言，一直要到最近才有稍多談論中日關係的英語專書。[18]

對日本帝國主義的記憶使然，亞洲主義研究在中國也遭遇困難。這個研究領域到最近才復甦。近期有汪暉和孫歌等學者的著述，重新思考「亞洲」概念在區域主義中隱含的意義，復興過去反帝國主義論述把「亞洲」置於資本主義和帝國主義西方對立面的策略。[19]印度學者杜贊奇（Prasenjit Duara）則闡明，東方文明的泛亞論述從一九一一年到一九四五年「作為一場知識、文化、社會運動，在中國蓬勃發展」，但爾後礙於民族主義的敏感神經，在史學界遭到忽略或排除。[20]本書同意杜贊奇的看法，但認為相關論述十五年前（作者按：一八九〇年代）即獲發展。近年對中日關係和亞洲主義的研究有加速趨勢，這與學界對杜贊奇提到的民族主義敏感神經有新的認知有關，學界在過去二、三十年一直致力於解構國族概念。此外就如芮納．米德（Rana Mitter，英國史學家）和入江昭所言，既然中國、日本和印度在廿一世紀尋得和解，中日兩國重新討論起「亞洲」和「亞洲價值」，重新省視沉寂良久的亞洲主義也屬自然。[21]這無疑是薩勒（Sven Saaler）和考希曼（J. Victor Koschmann）出版文選《近代日本史上的泛亞洲主義》（*Pan-Asianism in Modern Japanese History*）的一大原因，書中探討泛亞洲主義意識形態作為「當代亞洲區域主義之前身」所包含的歧義。[22]不過，日本帝國主義仍舊是所有對亞洲主義的討論當中的首要課題。

日本的亞洲主義著述

以亞洲主義為題的學術著作，多把日本「脫離亞洲或領導亞洲」的爭論指為日本亞洲主義的根源。[23] 明治時代參與爭論的知識分子無不自問：日本能否成為一個「西方」國家，在體系內充分扮演一個民族國家的角色，憑實力成為帝國強權，進攻其他亞洲國家；或者應以東方最現代開發國家之姿，成為東亞同盟的領袖對抗西方帝國主義。對於該如何參與亞洲的權力互動，這兩種選擇展現截然不同的看法，但都是基於對西方的

18 Fogel, Preface, XI。
19 Sun Ge, "How Does Asia Mean?"；Wang Hui, *The Politics of Imagining Asia*。
20 Duara, "The Discourse of Civilization," 112。
21 Mitter and Iriye, Preface, IX。
22 Saaler, "Pan-Asianism in Modern Japanese History," 1。
23 Saaler, "Pan-Asianism in Modern Japanese History," 3–4; Hotta, *Pan-Asianism and Japan's War*, 54–57; *Hashikawa, "Japanese Perspectives on Asia," 328–30; Bharucha, Another Asia, xvii–xviii; Duara, "The Discourse of Civilization," 101; Sun Ge, "How Does Asia Mean?," 11–13*。

反應。這番爭論到二戰結束前始終僵持不下，導致日本的對中政策具有兩相矛盾的論述。此一矛盾在任何亞洲主義相關討論都很重要，也為廿一世紀前許多研究提供核心焦點。[24]

近來對日本（泛）亞洲主義的研究則更加深入對此概念進行定義和分類。有學者考慮到亞洲主義思想隨時代的變化，建構出一套歷史分期，如在薩勒和考希曼的文集《近代日本史上的泛亞洲主義》即占有要角。薩勒在序章界定亞洲主義經歷不同主導形式的三個時期。明治時代，亞洲主義雖然常受討論，但還只是個模糊的觀念。[25]明治時代晚期，重要的亞洲主義團體如東亞同文會之成立，使亞洲主義在大正時代進入一段較有規章的時期。此時期的亞洲主義泰半建立在「同文同種」思想上，力求東亞各國平等，團結以抗西方帝國主義。[26]最後，薩勒認為在一九三〇至四〇年代，行動者利用亞洲主義的帝國形式，合理化日本在此時期的殖民統治。[27]此三階段歷史分期，源自日本學者狹間直樹於二〇〇一年到二〇〇二年爬梳眾多文獻做出的開創性研究。[28]不過，這個歷史分期雖多少有助於想像亞洲主義的敘事史，卻可能有誤導之虞，因為不同形式的亞洲主義實際在明治晚期全都發展蓬勃。更近者有韋伯（Torsten Weber）提出一套顧及權勢落差的架構，把亞洲主義論述的傳播分為一九二〇年代自下而上和一九三〇年代由上至下，顯見亞洲主義在不同社會階層的盛行。[29]研究中國亞洲主義，我發現依照概念具體如何被使用進行分類，對於分析更有幫助，因為這種分類方法能結合相關論述和歷史趨勢。

堀田江理就在《泛亞洲主義與日本戰爭》（*Pan-Asianism and Japan's War*）書中提供這種分析方式。她研究一九三一年到一九四五年的「十五年戰爭」，用以下三個分類思考泛亞洲主義：

1. **茶派泛亞洲主義**：強調亞洲在思想層面的共同點。與西方通常處於二元對立立場，著重亞洲各個文明面向，例如共產主義相對於西方的自由主義。
2. **漢字泛亞洲主義**：基於同文同種論，尋求在亞洲各國，特別是東亞各國之間創立同盟。
3. **盟主論泛亞洲主義**：於一九三〇至四〇年代占據主導，將日本定位為對抗西方帝

---

24 如 Hashikawa, "Japanese Perspectives on Asia"。

25 Saaler, "Pan-Asianism in Modern Japanese History," 9。

26 Saaler, "Pan-Asianism in Modern Japanese History," 10–11。

27 Saaler, "Pan-Asianism in Modern Japanese History," 12。

28 根據 Kuroki, "The Asianism of the Koa-kai," 34–35。

29 Weber, *Embracing "Asia,"*

國主義的「亞洲盟主」。[30]

顯然，堀田的分類和前述薩勒著作中的歷史分期很相像。堀田成功避開歷史分期的侷限，指出這三種形式的泛亞洲主義皆顯見於整個戰爭期間——雖然盟主論泛亞洲主義明顯占據主導地位。中國知識分子於一九一〇年代接觸到泛亞洲主義時，上述這些特徵皆已存在，只是中國知識分子感興趣的是堀田所稱的「茶派」和漢字泛亞洲主義。可想而知，日本以外的知識分子不是排斥就是憎惡盟主論泛亞洲主義。盟主論為日本宰制亞洲找到合理說法，並不可避免地支持日本走向軍國主義。

這樣的分類依然有其侷限，不過堀田對泛亞洲主義的分類和她對日本戰時意識形態的深入分析，雖未有足夠清晰的定義涵蓋泛亞洲主義的所有面向，但仍起了拋磚引玉之效，突顯日本帝國主義並不只關乎物質實務，也有意識型態做為基礎。後文會看見，本書採用一個更複雜的分析架構，按時間進展爬梳中國亞洲主義論述的概念核心。

中國的亞洲主義著述

日本研究學者在中國亞洲主義的研究上取得穩定進展，包括近年有薩勒、嵯峨隆、韋伯等人的優秀著作。但由於偏向日本知識分子觀點，且立論反覆將中國的論述置於日本的對立面，這些著作的引用來源和視野多有侷限，低估了中國的能動性。[31]杜贊奇可說為中國亞洲主義提供最多英語著述。以他對非國族救世團體（non-national redemptive society）的研究為始，杜贊奇對文明的關注一直影響我的理解，特別是我在第四章對第一次世界大戰的討論。杜贊奇把亞洲主義視為廿世紀身分認同的一種形式，與民族主義和種族不同的是，這種認同立基於文明。[32]他闡述文明這個觀念的歷史，強調文明（Civilization）——首字母大寫，以彰其作為專有名詞的特殊性——在當時是線性的發展史，此一概念透過福澤諭吉（一八三五—一九〇一）的著作進入日本，而後由梁啟超帶入中國。這個論述是西方帝國主義思想的重要組成，依據各國的文明程度授予

30 Hotta, *Pan-Asianism and Japan's War*, 7–8。

31 Saaler and Szpilman, *Pan-Asianism*; Weber, *Discovering "Asia"*; Saga, *Ajiashugi to Kindai Nitchu*。

32 Duara, "The Discourse of Civilization," 99–100。

不同等級的權力。[33]這種達爾文式的文明演進模式，到一戰後基本仍完好無損，只是基於赫德提出的「文化」（kultur）概念，單一文明獨大的觀念一夕之間讓位給眾多文化／文明共存的觀念。在威爾遜提出民族自決和蘇維埃革命的精神下，民族主義終於戰勝帝國主義，成為支配全球的意識形態。[34]也因為杜贊奇探究了民族國家和亞洲主義在廿世紀的結合，他的著作也變得格外重要。他發現亞洲主義是奠基於文明的立論，根源於文明使國族成立的論述，也是這一論述使亞洲主義能與民族國家相結合。[35]杜贊奇近期對此主題的論著再度回到這些觀念，透過把泰戈爾、岡倉天心、章太炎等人視為廿世紀初各自從信仰或宗教角度思考亞洲的亞洲主義知識分子，勾勒出亞洲主義和民族主義間的複雜關係。[36]

瑞貝卡．卡爾（Rebecca E. Karl）的《佈局世界》（*Staging the World*）也預示本書的研究脈絡，她在書中指出世界各地的被殖民國和被殖民地區發生的政治事件，對中國民族主義發展出某些重要特徵有莫大的影響。[37]其著作中也點出，晚清的中國知識分子不只透過與日本和西方的關係省視自己，也把自己置於發展不均的全球空間之中，只是特別著重在亞洲。這個看法有助於理解一九二〇至三〇年代的報刊和亞洲主義團體，這些我會在第七章談到。卡爾強調在全球空間中自我定位的重要性，這暗示知識分子是以相對於西方的立場思考自身作為亞洲的一員，對亞洲主義的著述也不脫這種新的空間認知。這與中國民族主義興起的關聯，表明以中國為中心的亞洲論述重要性。雖然未有其他研究明確回顧與民族主義的這種關聯，但有少數研究言及其重要性，為本書提供架構基礎。

本書首見整合中國對亞洲主義諸多不同的討論並提出分析，分析上將這些討論視為相關聯但不一致的論述，且與中國民族主義和中日關係有所交集。我的重點在中國的著述，但也時常取借日語和英語文獻，尤其是對中國知識分子有影響的文獻。除少部分是檔案文獻、書信和政府資料外，本書的引用來源多數是已出版的書籍與文章。不過，不同於多數歷史學者，翻譯文本也常引起我的注意。

翻譯了什麼、由誰翻譯、為誰翻譯、譯文在何時何地刊登出版，這些訊息透露許多關於知識分子的故事以及他們的所思所想。在翻譯研究上，這一套方法被安東尼·皮姆

33 Duara, “The Discourse of Civilization,” 100。
34 Duara, “The Discourse of Civilization,” 101, 103, 105。
35 Duara, “The Discourse of Civilization,” 125–26。
36 Duara, “Asia Redux.”
37 Karl, *Staging the World*。

（Anthony Pym）歸類為「翻譯考古學」，是翻譯史當中「史」的重要構成，且把翻譯研究和思想史聯繫起來，在皮姆的分類中具有「解釋」的作用。[38]知識分子努力在語言之間尋找或創造對等，往往也使概念得以在文化之間流動變化，點出以歐洲為新的知識霸權崛起所帶來的權力落差。在後續的章節會看到，這些翻譯文本——通常譯自日語、英語和俄語——往往占據世紀末中國報刊大部分版面空間，譯者則是當時最傑出的知識分子。因此，翻譯史對理解東亞思想史至關重要，研究日中之間亞洲主義文獻的翻譯，也為理解中國知識分子與東亞近鄰間的關係變化開啟新的門扉。

中國、日本，與東亞

堀田江理認為研究亞洲主義與理解中日戰爭同等重要。根據堀田所見，泛亞洲主義是「日本從一九三一年到一九四五年發動、延續，乃至延長戰事」的原因。[39]在中國，亞洲主義作為一種亞洲文明以中國為中心對比西方帝國主義的論述，影響也歷歷可見。例如盧閣即考究了此論述對戴季陶的影響、何以在孫中山去世後對國民黨產生重要作用，以及在定義戴季陶強烈的反共意識時扮演要角。[40]亞洲主義也為戰時合作的做法提供正當理由，促使國民黨暫緩在中國的對內防衛。很大程度上也是因為這些原因，中文界對此時期區域化的研究直到近年才有新的進展。

以盛邦和發表於二〇〇〇年的文章〈十九世紀與廿世紀之交的日本亞洲主義〉為始，中國學術界開始對日本研究採取新的態度。[41]從以往過度批判的論述退後幾步，用較正向的眼光看待早期的亞洲主義，出現諸如強調各國平等聯合以抗西方侵略的論點。王屏發表於二〇〇六年的《近代日本的亞細亞主義》將這一步踏得更遠。[42]這本專書研究意義重大，不只因為它代表著中國學者對日本研究的轉捩點，幾乎是到了忽略過往學者研究成果的程度，也因為王屏的地位與立場。她是中國社會科學學院的學者，並就對日政策在多個政府智庫效力。她至今仍針對日本時事，定期為《人民日報》等中國官方新聞撰稿。王屏不只是歷史學者，在中國政界也有影響力，這提醒我們，亞洲主義的發展史對現今的中日關係依舊是重要課題。儘管有當今政治環境持續施予的壓力，盛邦和與王屏的著作皆經過悉心研究，持開放心態寫下，對本書的寫作不無影響。他們表現出

38 Pym, *Method in Translation History*, 5。
39 Hotta, *Pan-Asianism and Japan's War*, 16。
40 Yan, *Re-understanding Japan*, 151。
41 盛邦和，〈十九世紀與廿世紀之交的日本亞洲主義〉。
42 王屏，《近代日本的亞細亞主義》。

回顧廿世紀中日關係的謹慎態度，但觀點並未將日本與其人民簡單視為單一整體。

介於中國和日本之間，韓國與臺灣在這段時期處境艱難。因為地理位置和政治立場，兩者在中日對亞洲主義的討論中都是關鍵。出現在本書中的韓國人與臺灣人既是爭論的焦點，也是影響周圍兩大國內部論述的動因。其中又以韓國人在表述意見上更加大膽，十九世紀末至廿世紀初，有金玉均和安重根等倡議人士慷慨著述，呼籲亞洲團結以救朝鮮。這些努力一直充分反映在韓國的學術研究，特別是對合作的研究上。朴露子（原名弗拉基米爾．吉洪諾夫，Vladimir Tikhonov）仔細詳述韓國對早期亞洲主義社會的參與。該研究對我的第一章極有幫助。[43] 安德烈．施密德（Andre Schmid）對世紀末前後韓國報紙的研究，同樣也顯現出亞洲主義論述在亞洲各地的盛行程度。[44] 雖然過往幾代研究者忽略或摒棄這些文獻，但現有李憲柱（Lee Heonjoo）等學者反對「韓國知識分子是受日本惡意愚弄」這個過時的觀點，立論指出：韓國對亞洲團結的盼望，實際上奠基於源自傳統中國中心秩序的世界觀。[45] 文由美（Yumi Moon 音譯）循此思路，並極為小心地處理道德預設錯置時代的問題，研究韓國十九世紀末最臭名昭著的親日組織——一進會。她反對民族主義歷史只是單純譴責一進會與日本帝國合作，指出一進會的意圖是在帝國脈絡下賦予人民力量。[46] 對於更近代的事件，申基旭（Shin Gi-wook）

研究韓國知識分子是如何討論以「亞洲」概念和亞洲團結振興韓國與東亞、擺脫西方宰制。[47]

由於論及韓國的地位和身分認同不斷變化的論述格外重要，從多方面來說，韓國研究也引領亞洲主義史研究，最近期有裴京漢（**Pae Gyonghwan**）研究韓國對來自中日的亞洲主義持何種態度。[48]中國的歷史經驗與觀點明顯與韓國不同，但論述和詞彙的相似地方非常明顯，研究其中一者不可避免能增加我們對另一者的理解。韓國研究有時代錯置較少、對思想史較能同理的趨向（於李憲柱、文由美和其他人的著述中均可看到），對我本身的研究有影響匪淺。此外，雖然我聚焦於中國觀點以及亞洲主義和民族主義的重合，但我希望本書對研究韓國與日本的研究者也有用。

---

43 Tikhonov, "Korea's First Encounter with Pan-Asianism."
44 Schmid, *Korea between Empires*。
45 Lee Heonjoo, "1880 Nyŏndae Chŏnban."
46 Moon, *Populist Collaborators*。
47 Shin, "Asianism and Korea's Politics of Identity."
48 Pae, *Chunggguk kwa Ashia*。

各章架構

本書講述近代中國與日本亞洲主義對話下建構的亞洲主義，從初期接觸的苦惱，發展至含糊的否決，到最後的理論重建。第一章始於清代知識分子初次接觸日本的亞洲主義論述，我在其中指出，在一八九八年維新前後，若干中國知識分子實際上對於中日同盟相當感興趣。這些討論有時略顯雜亂，但有建構知識網絡及術語的作用，為亞洲主義概念在廿世紀中國與日本的發展播下種子。

第二章續論與亞洲主義的接觸，但採取不同方法，分析中日合作下誕生的機構——日本大同學校，十九世紀末由中國公共領域最著名的幾位人物——梁啟超、康有為和孫文——所創建的學校網絡。我透過探究參與建校的知識分子和相關文獻，揭示亞洲主義論述在前述教育機構扮演要角。這些有影響力的知識分子和教育家建構並宣揚的是一種與中國也與亞洲相連的身分認同，只是關注重點在以儒學作為團結亞洲的力量，維新派對此有持續發展的理解。

本書第二部分，我檢視從種族和文明角度重整知識分子世界觀的各種嘗試。第三章回顧廿世紀初始十年的中國文獻當中的種族團結論述。特別是章太炎（一八六九—一九三六）、鄒容（一八八五—一九〇五）、劉師培（一八八四—一九一九）、陳天華

（一八七五—一九〇五）的著述。透過分析革命著述，我認為，因應反對白人種族在亞洲境內遂行壓迫而形成的一種流動的種族概念，在此時滲入成長中的中國民族主義。

同樣脈絡下，第四章看向多文明的新典範如何被當作分類東方與西方的工具。我把焦點放在來自《東方雜誌》（*Eastern Miscellany*）的史料，揭示第一次世界大戰如何導致東方重新定義與西方對立的自身。此時期也能看見眾多譯自日本的亞洲主義文本，但因中國與日本作者皆定義東方文明是反帝國主義的，某些形式的日本亞洲主義把日本定位為亞洲盟主，在此時不可避免遭到否斥，致使亞洲主義有必要重新建構一個以中國為東方文明中心的概念。

本書第三部分，討論知識分子在一九一七年至一九二四年間建構出的中國亞洲主義的主導形式。雖然論述亞洲主義者眾，但李大釗和孫文提出的理論最獲關注，影響也最廣。第五章討論李大釗的新亞洲主義論作為對日本霸權的回應。我發現這種為求民族抵抗的準馬克思主義區域聯合態度，是中國亞洲主義的一個重要定義，呈現出民族主義和亞洲主義在國際化與社會主義背景下的連結。

第六章續述中國亞洲主義的建構，揭示孫文如何透過斷言儒家價值——以至於中國——是亞洲主義的核心，把李大釗的反帝區域主義推展得更複雜。孫文強調中華民族對亞洲的重要意義，並以他的區域化政體顯示亞洲主義在民族與帝國間求平衡之艱難。孫文雖提出一套自帝國解放的戰略，但他與亞洲主義相關的著作和演講，因為被日本作家挪用於戰時的政治宣傳，事實上助長帝國壓迫的可能。

在本書第四部份也是最後一部分可看到，孫文去世後，一陣書寫亞洲主義的熱潮緊隨而來，絕大多數圍繞在孫的「民族主義」演講和「大亞洲主義」演講，兩者都發表於一九二四年。第七章探究一九二〇年代末，中國、印度、韓國、菲律賓和日本知識分子，在中國各省城市為團結亞洲所成立的眾多機構當中的幾個。透過相關文獻，可知在此時期，亞洲主義在中國的論述和實踐日趨國際化，且關注於全亞洲的解放。

第八章研究一九二五年到一九三七年，國民黨對孫中山的亞洲主義、東亞團結倡議、中國領導地位的官方論述。我們看到帝國與反帝國主義的簡單二分法在此時期瓦解。尤其一九三一年以後，中國知識分子激烈反對日本在任何亞洲聯盟或聯會的立場，多數人把日本視為不受歡迎的帝國主義列強。本章比其他各章更深入討論當時希望中國先領導國內各民族、再領導亞洲各民族的強烈呼聲。由於日本也用「亞洲主義」一詞，使用的亞洲團結論述也大抵相同，很多中國知識分子在一九三七年戰爭爆發後紛紛避用這個概念。不過，在第九章會研究戰爭期間繼續使用亞洲主義作為親日概念的人士，揭示一九四〇年到一九四五年汪精衛政府如何利用亞洲主義做政治宣傳及其對戰前論述的延續，探討親日亞洲主義如何導致整個亞洲主義概念在大半個廿世紀裡被視為禁忌，以此總結本書。

以上分章可以解讀成對中國的國際區域化論述中不同面向的關注。換句話說，各章雖依時間順序排列，但也可以按主導或形成於各時期的亞洲主義「種類」劃分為：儒家亞洲主義、種族亞洲主義、文明亞洲主義、社會主義亞洲主義、泛亞洲解放亞洲主義、中國中心亞洲主義，或日本中心亞洲主義。此分析架構影響本專著的研究及寫作過程，每章各關注一個特定分類。不過，這些分類不該被視為時代定義，也不該被看作僅限這樣分類而不容許有其他劃分。這單純只是一個研究架構，幫助我們理解亞洲主義在此時期與當時的主要典範和主流觀念交錯結合的眾多方式。其中最重要的也許就是亞洲主義與民族主義的結合。

本書迂迴錯雜的敘述段落會不停回到廿世紀民族與帝國之間搖搖欲墜的平衡，這個近代中國史上的複雜問題，也持續為今日的中國帶來政治難題。中國人民在此時期建立的國家，總是離不開身分認同論述，與保護自身不受他者侵略的鬥爭脫不了關係。這個過程即是本書的重點。透過把中國亞洲主義的概念發展史當作濾鏡，我們得以重新檢視知識分子在政治現代化以及民族主義建構過程中的思想掙扎，看到超國族架構如何熔接進中國的身分認同。此外也能窺見亞洲主義與民族和帝國的關係變化。這種變化不定的特性造就了複雜的歷史記憶，說明今日對亞洲主義何以立場各異，也照見區域主義用語從戰間期一直到進入廿一世紀，始終保有驚人的連貫性。

Chapter

1

脣齒相依

與日合作的響應和排斥

以「脣齒」為喻，表明中國與日本存在一種相依存的形勢，這在甲午戰爭前不曾出現於中國文人的著述中。

中國十九世紀末為改革所行的努力，特別是一八九八年所謂的百日維新，近來被重新視為中國現代化的關鍵時點。[1]此時期的特點是，中國帝制行將不復，中國知識分子和清政府對重大政治和思想變革表現出新的意願。一八九八年的維新變法大大影響教育、工業化、軍事和政治制度。一八九八年九月廿一日發生政變後，改革諭令絕大多數遭到廢止，但有幾項變革在幾年後又重新實施。這些變革並非直接仿照西方國家，而是康有為和光緒帝一邊維持皇帝為國家元首，一邊嘗試效法明治日本成功的現代化改革。甲午戰爭（第一次中日戰爭，一八九四—一八九五）後僅僅幾年，許多中國知識分子開始有興趣循日本先例，從日益壯大的帝國主義西方勢力下求取解放。不過，在新世界秩序崛起之際與中國的東鄰合作，並不是中國知識分子熱切嚮往之道，而是在此不幸的處境下不得不為的選擇。

道格拉斯．雷諾茲（Douglas Reynolds）在《中國一八九八—一九一二：新政改革與日本》（*China 1898-1912: The Xinzheng Revolution and Japan*）書中認為，「然而，從一八九八年到一九〇七年，中日關係極有收穫且相對和諧，稱之為『黃金十年』或無不妥。」[2]雖然這段時間中日關係確實頗有斬獲，甚至可謂和諧，但「黃金十年」的美麗形容掩蓋了一個事實：此時的中日關係其實深為兩國歷史恩怨及穩步邁向殖民關係的國力差異所擾。葛兆光認為「這都忽略了當時中國人真正的心情和感情，更誤看當時歷史，用表面熱情掩蓋背後蔑視。」[3]當時的中國知識分子相信，透過日本機構與出版物逐漸升高的論述力量，傾向日本可以實質受惠。在這個新型態國際關係的初始階段，中國知識分子漸感災禍將至，開始採行一些適應策略調和他們的世界觀和全球資本主義的新帝國秩序。這是一個漸進的過程，新觀念在慢慢尋求正當性，譯者則努力在中國的語言和歷史中尋找對應概念，為翻譯來的現代性建構論述詞句。但這些用語、概念和文化並沒有真正的對應，也導致改革方法混亂。中體西用之策，包含建立新政治制度的實質工作，也包含建立背後的意識形態和知識基礎。[4]而日本為維新派實現這些目標提供了

1 Rebecca Karl 和 Peter Zarrow 詳述近來中國學術界此一趨勢，提到「一八九八年改革時期現常被舉為非社會主義現代化（夭折的努力）的發端，而今中國（終於）又重回此一進程。」見 Karl and Zarrow, *Rethinking the 1898 Reform Period*, 2–6。

2 Reynolds, *China, 1898–1912*, 5. Douglas Reynolds 和 Carol Reynolds 更近的著作《東方遇見東方》指明，其先前認為晚清中國文人是以中國中心世界觀看待日本，這個認知是有缺陷且有侷限的。兩人看到中國中心的典範早在一八七九年已出現轉移，但一八八七年才在經驗客觀的浪潮中迸發。Reynolds and Reynolds, *East Meets East*, 23, 233–35。

3 葛兆光，〈想像的和實際的：誰認同亞洲？〉，28。

4 我指的是 Max Ko-wu Huang 和 Thomas A. Metger 所言的「中體西用」對策，晚清維新派設法藉此在嘗試現代化之際也保留某些傳統，如見 Max Ko-wu Huang, *The Meaning of Freedom*。

一條可行途徑。

科塞雷克借索緒爾的觀點，認為概念必須放在相關的「傳承語言庫」（handed-down linguistic inventory）中理解及分析，並把這種結構主義分析用於概念史。[5] 我在本章重新思考中國知識史上的一個關鍵時期，揭示在中國知識分子力求救國之際，是如何透過傳統概念的語言庫化用亞洲主義思想。本章將不僅只言及中國中心朝貢體系的實質存在，也會具體分析古語和古典思想相關歷史。在這個重要時期，許多中國菁英不只爭論是否有效法明治日本的必要，也爭論是否應與日本結盟，論及眾多同盟甚至是聯邦的形式，為後續諸多關於亞洲聯合的討論奠下基礎。這段歷史並不僅是中國對日本行動的反應。關於中日聯合的論述，乃至最終關於亞洲主義的論述，是兩國之間的對話，誕生自兩國民族主義各自所懷的恐懼。中國知識分子如梁啟超、康有為、孫文等人，對日本亞洲主義的建構有重要影響，正如同日方的論述激發並影響中國書寫亞洲主義。本章鋪敘這一場對話的敘事脈絡，揭示新團體、新刊物、新翻譯的引入如何促使親日維新派亞洲主義論述萌芽發展，中國菁英不只思考效仿日本、也盤算是否應該與日聯合。一八九〇年代的這些討論雖未慮及東亞以外的國家，但我認為這個時期對後來中國亞洲主義的發展至為重要，因為關鍵的概念和語彙都建立於此一時期，中日同盟的重要問題亦然，而這個議題是後續所有亞洲主義討論的核心。早期這幾年，中日共同的書寫語言和相通的文學、歷史與文化，促進雙方的這場對話，西方帝國主義進逼的威脅也刺激中國菁英在甲午戰後不過數年即尋求與日合作。

維新派的策略性親日

一八九四年中日甲午戰爭，及隔年一八九五年簽訂的《馬關條約》，是近代中國史上一連串令中國知識菁英羞恥至極的事件之一。知識分子的憤怒與沮喪於當時期的文本歷歷可見。最近透過大眾媒體，這些事件又被重新提起，對這段歷史的氣憤，逐漸凌駕於對鴉片戰爭這起中國遭受外侮的首要代表。[6]可即便戰爭才結束不久，許多中國學人也傾向於選擇與日本拉近關係。對維新派來說，師法日本明治維新，是中國在現代民族國家世界求存的關鍵。

5　Koselleck, *Sediments of Time*, 171。

6　相關事件大受歡迎的戲劇改編，可見電視劇《走向共和》（譯按：在臺灣播出時又名《滿清末代王朝》）。將皇帝批准《馬關條約》的鏡頭時間拉長，以及戲劇化的運鏡和配樂，表現出導演張黎對此事件的強調。張黎，《走向共和》。

宰相李鴻章在下關受辱，簽下《馬關條約》，招致數代中國人仇視，之後他反對與日本進一步和解。一八九六年，李鴻章赴俄簽署《中俄密約》。這份祕密協議很快即廣為人知，密約內俄國承諾未來中日發生衝突會支持中國。[7]然而隔年俄羅斯又繼續侵占中國領土。康有為對慘痛的《馬關條約》也同感忿恨，但他的作法和李鴻章截然不同。他提出著名的《公車上書》，呼籲中國參照日本明治維新徹底變法。康有為說，唯有變法圖強，中國才可能憑藉國力拿回琉球群島和臺灣。[8]但見到俄國開始進犯中國領土，康有為建議加入英日同盟。與日本戰爭後僅兩年，他就提出亞洲主義熟悉的「脣齒」之說，主張中日聯合。脣齒乃是兩國之間關係緊密。[9]他說：「日本與我脣齒，俄德得志東方，非彼之利者……其來請聯助，乃真情也。」[10]

以「脣齒」為喻，表明中國與日本存在一種相依存的形勢，這在甲午戰爭前不曾出現於中國文人的著述中。不過，早在鴉片戰爭時期就有日本思想家用此形容。[11]可見中國正明顯發生變化，文人努力在古典語彙中納入新的現實，其中也包括納入對日本的新觀點。

其他學者也多同意康有為對中國未來的憂懼，敦促與日本進一步合作。有此突然的態度轉變，主要有兩個原因。一是戰略考量，二是情感使然。西方勢力——尤其是俄國

——當時給中國帶來實質威脅，尋求外援以衛國土的必要性與日俱增。同時，甲午戰後日本給中國的大量援助，也大為影響中國的對日態度。[12] 這些援助不論是日本出於戰略考量，或真誠相信有此責任，都改變部分中國知識分子對日本的印象。戰後幾年間，中國的維新派逐漸傾向於向日本尋求各種形式的協助。對此，王曉秋解釋：「可見，仿日，聯日以變法，這是當時中國維新派的一致觀點。」[13]

7　簽訂於一八九六年六月三日的密約，也同意讓西伯利亞鐵路跨滿洲延伸至海參崴。見 Cheng and Lestz with Spence, *The Search for Modern China, 173*。

8　王曉秋，《近代中日啟示錄》，88。

9　「脣亡齒寒」是一句中國成語，語出儒家典籍《春秋左傳》，往往與上一句「輔車相依」並用，原形容虢、虞兩國互相依存、關係緊密（見 Legge, *The Chinese Classic*, 145–46）。十九世紀廣被使用，經常用於描述中日關係，學人試圖回歸傳統，以儒家對邦交關係的政治理論來解決時務。有趣的是，脣齒的比喻至今仍常被中國作家用以指稱與東亞各鄰國在團結時期的關係。冷戰時期，這個比喻與則用於指稱中國與盟友北韓的關係。見 Chen Jian, "Limits of the 'Lip and Teeth' Alliance"。

10　康有為，《康南海自編年譜》，40。

11　水戶學派學者用此比喻表示中國倘若滅亡，日本也難生存。見 Tikhonov, "Korea's First Encounters," 204。

12　王曉秋，《近代中日啟示錄》，90。

13　王曉秋，《近代中日啟示錄》，91。

亞洲主義團體在中國興起

甲午戰爭的震撼，使康有為、梁啟超等維新派一夕轉向日本，但亞洲主義概念能在日本境外建立，關鍵在於相關語彙和論述的跨國流動，而實現此跨國流動的，是早期日本泛亞洲主義團體對中國知識分子的招募。其中最先出現的是興亞會，至其後繼的亞細亞協會，則發展得更成功。

興亞會由曾根俊虎（一八四七—一九一〇）於一八八〇年創立。[14] 官任海軍上尉的曾根堅決反對明治政府實行擴張主義政策，吉洪諾夫指出曾根與其追隨者「不能被簡單歸類為明治時代知識菁英用於外交施策上的工具」。[15] 他們衷心希望東亞國家能合作抵禦歐洲威脅，擔心日本的擴張野心可能會危害東亞民族的未來。這時距離甲午戰爭尚早。日本發展現代化雖然已超過十年，但在一八八〇年，中國仍被認為具有軍事優勢。當時的亞洲主義者自然也希望保存他們自身認定所屬的文化。興亞會的首要目標是推廣漢文教育，扭轉歐洲與亞洲不平衡的權力，為「白種人與黃種人」在全球的衝突預作準備。[16] 除了興辦語言學校，為中日學者提供聚會場所，並定期舉行聚會外，興亞會也定期發行報刊，名為《興亞會報告》。[17]

興亞會於東京創立後不久，清政府便派來第一批駐日洋務使團。首位駐日公使何如璋（一八三八—一八九一）是由李鴻章親薦。隨後來到東京的則是很快傾向維新派的黃遵憲（一八四八—一九〇五）。兩人是晚清眾多旅居日本的知識菁英先驅，他們很快受邀加入興亞會，對協會早期發展有重要影響。不過，他們始終對此團體持觀望態度，黃遵憲雖然是倡議興亞會章程的一員，但是從未真正接受會員身分。[18]《興亞會報告》第二期發行於一八八一年四月一日，述及曾根勸說何如璋支持興亞會，文章題為〈何欽差大使與曾根氏相談〉。[19]談話中，曾根特意強調「同文同種」和「同心協力」的重要性，

14 Aydin, *The Politics of Anti-Westernism in Asia.* 興亞會和亞細亞協會創辦宣言之摘錄翻譯可見於 Urs Matthias Zachmann, "The Founding Manifesto"。

15 Tikhonov, "*Korea's First Encounters,*" 212。

16 《興亞會報告》。

17 《興亞會報告》於一八八一年三月創刊時內容以日語為主。頭幾期通常有一至兩篇文言文（漢文）文章，其餘大多以日文寫成。但至一八八一年十一月十五日出刊的第十二期，格式改變，往後內容多用漢文寫成。雖然一個月後會報背面增設日文版面——且有幾期日文版面和漢文版面等大——但新格式打開大門，方便中韓學者閱讀投稿。十一月十五日出刊這一期，開頭用一句話簡要說明日文出版致使諸多亞洲人無法閱讀，有違協會宗旨。《興亞會報告》，76。

18 Zachmann, "The Founding Manifesto," 55。

19 《興亞會報告》，9。

並引「脣齒」作比喻。往後數十年這個比喻持續為亞洲主義者所用。[20]就中國對亞洲主義的看法，這篇文章可以說是極具象徵性的對談，特別是其中許多用語，在往後數十年仍持續被用於說服中國文人亞洲主義有其必要，展現了古典概念與新觀念的融合。

雖然《興亞會報告》述及其會內最活躍的成員說服中國使臣支持協會的過程時洋洋得意，但何如璋多大程度真的相信興亞會的總體宗旨，多大程度是策略上的讓步，則很難說。他可能對協會嘗試推廣漢文研究印象深刻，也可能受對抗西方帝國主義的論點感動。但他身為中國朝廷命官，立場與日本擴張派的作為有直接的接觸和衝突。琉球王國被併吞一事令人記憶猶新，他對這件事甚感不平。何如璋在事態最動盪的時候，曾接到琉球人的請願書，而後修書給李鴻章說：「日人不念情理，瘋狗也似，隨意欺凌他人。」[21]知識菁英在中國的戰略考量與日本一致時，隱藏了對日本的蔑視，但這種表面的熱情卻也促使亞洲主義團體擴張。

一八八三年，因為有中國成員於一月東京的聚會對會名表示不滿，興亞會正式改名亞細亞協會。[22]日本會員人數逐漸增加，同時主要透過會內少數中國成員，協會也在一八九八年變法初期拓展至中國境內。上海亞細亞協會除了保留興亞會時期的舊支持者，也有新成員加入。一八九八年及更早的重要中國成員包括外交官何如璋、散文家黎庶昌（一八三七—一八九八）、學者兼譯者王韜（一八二八—一八九七）、維新派的鄭觀應（一八四二—一九二二）、日後滿洲國的國務總理大臣鄭孝胥（一八六〇—一九三八）、外交官李鳳苞（一八三四—一八八七）、革命知識分子唐才常（一八六七—一九〇〇），以及報人汪康年（一八六〇—一九一一）。由於眾多維新派名人與亞細亞協會有關，而協會在上海的成立，近年來又重新受到中國和西方學界關注。[23] 桑兵十分重視一八九八年在上海創立的亞細亞協會，認為這是百日維新所促成的最重要團體，學者過去輕忽其重要性，未察覺這是民間第一次接受親日議程。[24] 從上述名單可以看出，亞

20 《興亞會報告》，9。

21 何如璋當時正與初行侵略擴張的日本政府打交道，但同時也與反帝國主義的亞洲主義人士往來。照此來看，他最有可能偏向採取策略立場，對亞洲主義的潛力持開放態度，但很難說這位受古典薰陶的中國學者，多大程度上能接受把日本當作平起平坐的盟友。引自鈴木勝吾，《文明與帝國》。Shogo Suzuki, *Civilization and Empire, 160*。

22 Kamachi, *Reform in China, 123*。

23 例如郭武，《鄭觀應》，esp. 79–85。日本對上海亞細亞協會的研究比中國和西方學界早很多。桑兵在其貢獻良多的文章中，就重要日語文獻提供一份帶註解的簡明書目：桑兵，〈興亞會〉。易惠莉論及鄭孝胥日記中記載之鄭觀應對亞細亞協會的看法：易惠莉，《鄭觀應評傳》。

24 桑兵，〈興亞會〉，42。

細亞協會受到諸多中國知識菁英關注。與當時深受日本刊物影響的各報刊一樣，亞細亞協會是日本亞洲主義思想進入中國的一個管道。

當時各大報紙皆提及亞細亞協會之創立，包括《湘報》《大公報》《新聞報》《萬國公報》《集成報》。很多也一併刊出《亞細亞協會章程》十五點全文。

亞細亞協會給自己的定位是反階級人民團體，允許成員以樂捐方式支付會費。會員資格公開且平等：「會員不論官紳，亦不論士農工商，均可自由入會。無論身分顯赫卑微、資質聰慧或愚鈍，皆會受到無歧視之平等對待。」[25]國家也不影響會員資格：「凡協會之成員，無論其國家大小強弱……將不再劃分界線。眾人將如兄弟一心一志。」[26]相對的，協會強調現代化，呼籲有特殊長才或興趣的成員透過協會齊聚一堂，推動亞洲在各領域的進步。

亞細亞協會與其宣傳，是民權運動和自由主義浪潮的產物，這股浪潮在十九世紀末席捲日本及至中國知識分子。[27]正如協會主力招攬的中國維新派，日本亞洲主義者也同樣被自由主義的思潮捲入。興亞會自成立之初，就有證據顯見其對自由民權運動表示認同。一八八〇年代初，興亞會創辦首間教授白話漢語、韓語、文言漢語的學校，教師同時也會開課講授彌爾（John Stuart Mill）的《論自由》（*On Liberty*）。[28]協會旨在吸引有志者以自由主義方針思考遭遇西方帝國主義所面臨的問題。基於共有的屈辱感，協會敦促個人獨立於政府之外，挺身行動互助。同時，協會在其下機構也主張各國平等。這可能吸引不了早期幾代中國學者，但至少就上述簡單的論點來說，與自稱維新派的這個新世代志趣相投。在擴張的日本帝國邊緣，中國菁英分子無疑也捲入了民權運動思潮。

亞細亞協會也很明確表示其欲推動全亞洲現代化的目標。在簡短的宣言中提及多個具體構想。聯合專業與專才解決跨大陸的問題，如此壯舉肯定吸引了相信科學和進步可治中國之症的新興一代菁英。

這份宣言最重要的是：它徹底忽略政府與國體。明日的亞洲不應仰賴任一國政府，所有問題應由其人民解決，財富與權力應由亞洲各國不分階級的所有人民團結共創。因此，這個非政府機構從不考慮亞洲內部政治問題——若非政變導致維新終止而使協會提

---

25 此處翻譯乃根據刊於《集成報》的〈亞細亞協會章程〉。

26 〈亞細亞協會章程〉。

27 「民權運動」是指明治時期一連串呼籲民主及增加政治參與的運動，以及一時間湧現的關注此一思想的文本，尤以來自德國和大不列顛居多。雖然夸夸其談，這些「權利」在實踐上很少擴及上層階級以外。不過，中國知識分子逐漸認識到這些論述並產生興趣，在十九世紀末大力投入翻譯相關著述。簡論民權運動，見 Bowen, *Rebellion and Democracy*。

28 Kuroki, "The Asianism of the Koa-kai," 37。

前解散，此一特徵可能也註定協會將以失敗落幕。從這方面來說，亞細亞協會成員未能預見國家權力和民族主義的未來走向與崛起。他們尋求的救贖與民族解放的理想有關，但有種族和地理條件的限制。協會幹部援引紅十字會當作值得仿效的機構。紅十字會早此數十年創立，沒有民族或國家限制。這些亞洲主義者也期望發展一種類似的超民族主義，聲明目標是全亞洲民族的解放。

一八九八年亞細亞協會的創立，與親日維新派及其目標緊密相連。與協會創立參與最密切者有汪康年、曾廣銓、唐才常和福本誠。[29]這幾人在一八九八年的上海出版業界都有一定權力。尤其是汪康年和黃遵憲，以其卓具影響力的《時務報》（一八六八—一八九八）在出版界有叱吒之勢。黃遵憲在一八九七年至九八年初管理階層異動期間，鞏固了他對《時務報》的完全掌控。[30]透過以上幾人和其他人的努力，出版業成為亞洲主義概念在此時期進入中國的重要途徑。

親日報導的翻譯

《時務報》是一八九八年維新運動之聲。一八九六年在張之洞指導下於上海創報，主持者有發行人黃遵憲和總監汪康年這兩名亞細亞協會的顯赫成員，以及編輯梁啟超和師從康有為的儒學者汪懷卿（一八六〇—一九一一）。《時務報》是晚清極具影響力的刊物，歷史學者長年來一直對它甚感興趣。一八九八年四月《時務報》人氣巔峰時期，發行量達到一萬份。[31] 尹承柱（Seungjoo Yoon 音譯）稱之為「晚清中國由文人主導的現代報刊先驅」。[32] 儘管廣受歷史學者關注，卻很少有人認真留意與翻譯相關之細節，翻譯在《時務報》的文本內容占了極大部分。但就如莉迪亞．劉和其他多人很早便主張，翻譯突顯出文化間的權力落差，且為歷史學者分析這些差異開闢蹊徑。

《時務報》打從最初就是譯入世界各地知識的重要途徑。當時中國出版業尚未發展到能普遍派駐通訊記者至世界各地，報紙和其他期刊重度仰賴對外國出版物的翻譯。這個作法一直延續到廿世紀。與當時同類刊物一樣，《時務報》常有大片版面用於翻譯特定一種語言。這些版面通常占去每一期內容的五成以上。譯文多數譯自英語或日語，但也有譯自法語和俄語。英語翻譯幾乎都出自張坤德，日語翻譯則全部出自古城貞吉

29 桑兵，〈興亞會〉，42–46。
30 Yoon, "Literati Journalists of the *Chinese Progress*," 63。
31 Britton, *The Chinese Periodical Press*, 93。
32 Yoon, "Literati Journalists of the *Chinese Progress*," 48–76。

（一八六六—一九四九）。譯自日語的文本對梁啟超、康有為和維新運動影響甚鉅。兩人創立的大同譯書局於存在的兩年間翻譯出版多部譯著，特別是下文會討論的樽井藤吉（一八五〇—一九二二）對《大東合邦論》的譯寫[33]，除此之外，《時務報》是此時期譯介日本著述的主要通路。由於梁啟超和圈內人尚未熟諳日語，翻譯工作乃由圈外人擔任。古城貞吉時居東京，每一期往往翻譯十篇以上文章。他為《時務報》奉獻大量時間，對中國維新運動有可觀的貢獻。可自行挑選並翻譯合適文本的權力，給了古城影響中國維新派看法的力量。此人與他的譯作值得在此簡述。

古城貞吉是日本明治時代晚期一位優秀的漢學家，著有多本評論中國文學的專書，自然也影響日人對中國的看法。《支那文學史》（一九〇六）是他在日本最出名的著作，在當時廣為流傳，被譽為「近代中國最早的中國文學史」。[34]

這位出眾的漢學家當時尚處生涯早期，《時務報》幸有機會聘募他為員工。古城盡忠職守，供稿量遠遠超過其他撰稿人。他的翻譯通常能占去每一期四分之一以上版面。他出任此職是受黃遵憲之邀，黃遵憲旅居日本期間花了相當多時間與日本的漢學家來往。[35]古城被賦予很大的自由，可挑選中國讀者會感興趣的文章。兩年間，他翻譯數百篇取自四十多個不同來源的文章，在為《時務報》讀者介紹歷史趨勢和中國之外的世界這方面，扮演無可替代的重要角色。而當時最迫切的議題，不意外的就是帝國主義在東亞的崛起和西方勢力侵吞中國。

從一八九六年到一八九八年夏天，有無數關於俄羅斯侵占西伯利亞和東北三省的報導翻譯刊出。這些報導均由古城翻譯，為北方外患進逼的問題提供日人觀點。與這些議題相關的文章，是由期刊《東邦學會錄》和《太陽報》翻譯而來。偶爾在極其有限的俄國版面會刊出一篇俄語翻譯報導，但與每一期眾多的日語翻譯內容相比實屬罕見。關於俄國的報導往往充滿憂心忡忡的預測，擔心未來不免開戰，俄國終將統治中國甚或全亞洲。更有文章預言：「中國將來大局。其為俄國之屬土也必矣。」[36] 幾乎每月都有報導稱俄羅斯將隨西伯利亞鐵路延伸而握有更大勢力。這件事是中國和日本菁英分子心頭大石。時間日久，古城對俄國情勢的翻譯，也從兩三行短文變成完整的報導文章，內容往

33 對於「合邦」一詞，知識分子並未給出令人滿意的定義。「聯日」和「合邦」的意思高度重疊。此時期的文獻大量提及類似用語，諸如聯邦、邦聯、同盟，也常使用單字「聯」或「合」，必須結合上下文脈絡檢視。

34 陳一容，〈古城貞吉與《時務報》〉，100。

35 有些文獻提及是汪康年引薦古城加入《時務報》，但陳一容的說法較令人信服，他認為邀請古城背後是黃遵憲的意思。陳一容，〈古城貞吉與《時務報》〉，100。關於黃遵憲在東京的生活，見 **Kamachi**, ***Reform in China***。

36 〈俄國將吞噬亞洲〉，一六三五。

往警惕中國人不可輕忽提防俄國的威脅。同時間，關於日本的報導則對導致兩國分裂的中日戰爭表露不贊同。[37]《時務報》刊出的日語譯文也把韓國形容為受西方帝國主義侵擾的國家，有待援助以實現自治。古城在〈朝鮮志士提倡自主〉一文中闡明，朝鮮知識菁英感受到外來的壓力，「朝鮮名為獨立，實無自主之權。」其軍事遭俄羅斯控制，財政則被英國把持。[38]日本當時對朝鮮和東北三省明顯感興趣，除了這兩地的相關報導，《時務報》也刊載與帝國主義整體議題相關的翻譯報導。關於德國入侵膠州的報導，古城翻譯不下七篇。他偶爾也選譯西方種族歧視的文章，譯有兩篇關於加拿大人頭稅和中國移民在溫哥華生活境遇低劣的報導。[39]

中國當時幾無駐外記者，古城發揮了重要的中介作用，援引古籍和譬喻，使讀者能透過通暢且熟悉的文言漢語，接觸到日本媒體對中國議題的觀點。在變法前那幾年裡，《時務報》透過翻譯版面提供多樣觀點擴展讀者世界觀。要說倒向一方則絕對不然。英語翻譯版面經常刊出各種日本侵略行為的報導。讀者肯定能充分意識到自身已遭帝國主義全面包圍。

古城譯介的報導雖然適切譴責了西方帝國主義者的暴行，但卻淡化日本對朝鮮的勢力擴張，將日本描繪成同為西方帝國主義下的受害者。而論及中國與日本的文章，雖有幾篇指出晚清政府無能腐敗，但大多聚焦於雙方友好之情，或以讚揚討好中國讀者。[40] 對關於日本國內事務的報導，則廣泛涵蓋各類新聞，尤以財政、經濟和政治性質居多。對希望效仿明治日本模範建立新中國的維新派來說，這一類報導很重要。據陳一容所述，這些報導經過挑選，是中國讀者會感興趣的，但同時也是當時代日本媒體的選樣。[41]

這些報導最突出且有必要在此一提的一個主題，是這些文章屢屢提及大隈重信。大隈重信是日本最早也最具影響力的亞洲主義者。大隈各場演講的報導，即使和中國沒有多大關係仍經常在報上刊出。[42] 當時大隈的人氣接近巔峰。他在那幾年制定出人稱「大

37　〈論俄國日強〉。
38　原載於《日本報》，March 26, 1897。翻譯於《時務報》*25 (Mar 2, 1897), 1712*。
39　〈加拿大自由黨國政〉和〈加拿大排擠華人〉。
40　〈論中國人民之心智〉。
41　陳一容，〈古城貞吉與《時務報》〉，頁100。
42　古城翻譯關於大隈的報導有：〈大隈伯論幣值〉，原載於《日本新報》，二月十五日，一八九七，《時務報》，三月十三日，一八九七；〈論日本大隈伯提倡新說〉原載於《国民》3.13，三月二十二日，一八九七，《時務報》25，五月二日，一八九七，一六三九；〈大隈伯演說於上議公所〉原載於《東京日日報》，五月二十八日，一八九七，《時務報》30，2045，六月二十日，一八九七；〈大隈伯論變更國政〉原載於《日本新報》，六月十一日，一八九七，《時務報》31 and 32，2117–18，2178–82，六月三十日，一八九七。

隈原則」的外交政策目標，期望將日本的外交施政重新聚焦於東亞的共同利益，提振東亞的地位與國力。[43]大隈是堅定的亞洲主義者，也是日本最早的亞洲主義團體——東邦協會的共同創辦人。東邦協會多由學者和政治人物組成，荷裔歷史學者馬里厄斯．詹森（Marius Jansen）將會名英譯作「Oriental Cooperation Society」。[44]

透過翻譯，《時務報》為兩份東邦協會的相關報刊提供進入中國的管道：《日本人》和《東邦協會報告》，古城如果在《時務報》提到後者，多稱之為《東邦學會》。古城翻譯的短篇報導多來自日本的幾個大報，長篇報導則有很多取材自《東邦協會報告》。包含連載版面在內，共有十八篇來自《東邦協會報告》的文章出現在《時務報》，而且都是古城版面上的頭條報導，僅有兩例不是。雖然與摘自《東京日報》或《大阪新聞》的文章數量相比，十八篇並不多，但這些都不是短篇新聞，而是長篇報導，且幾乎全都與俄羅斯對中國東北情勢發展的影響日益加重有關。[45]康梁兩人所屬的維新派本已十分親日，書寫及閱讀這份相對親日反俄的報刊，更促使他們於一八九八年流亡日本。他們在日本除了尋得支持，也結識了大隈和其他亞洲主義高官。《時務報》內雖有許多譯自亞洲主義期刊的文章，但這些譯文並不直接呼籲亞洲團結甚或結盟。真正呼籲團結的呼聲主要來自中國的撰稿者。

《時務報》內提倡與日結盟的中國聲音

陳熾（一八五五－一九〇〇）在刊於《時務報》的一系列文章裡，對俄國及其向東擴張之勢表達出與日俱增的不信任。這種情緒首見於李鴻章與俄簽訂合作抗日密約的五個月後，於一八九六年十月刊出的〈中日之戰六國皆失算論〉。[46] 該文表示，陳熾認為中、日、英、法、德在調停中日甲午戰爭期間都有失算計，導致俄國成為東亞最大的威脅。三個月後，陳熾更進一步闡述這些想法，認為中國必須轉向日本和英國尋求保護，以抗俄國進犯。又過幾個月，他的評論立場更加顯著，在標題激動寫道：〈俄政蠻橫如

43 Jansen, *The Japanese and Sun Yat-sen*, 53。

44 Jansen, *The Japanese and Sun Yat-sen*, 52. 日本駐華大使矢野竜渓（矢野文雄）所屬的組織。東邦協會由不同政治派系的人士組成，但籌畫及主導者是政教社，一八八八年成立以反對政府親西方意識形態的組織。政教社廣為流傳的刊物《日本人》，是該組織及其思想的支持者三宅雪嶺（一八六〇－一九四五）的發聲筒，三宅雪嶺長年強調日本與亞洲合作的重要性。

45 例如〈中國邊事論〉(On Events on China's Frontiers) 跨《時務報》第十二、十五、十六、十八期。〈俄國外政策史〉(A History of Russia's Foreign Policy) 跨第三三、三四、四七、四八、五〇期。

46 陳熾，《陳熾集》，309–12。

秦國〉。[47]而後至一八九七年，陳熾續又寫下多篇類似文章，呼籲聯日抗俄。茅海建指出，這些文章顯示在德國於一八九七年十一月開始進攻膠州灣之前，就已有一些中國知識分子支持與日結盟。[48]的確，在這段時間有不少中國知識分子贊同與日結盟，但其中多數人僅將此視為可保護中國的國際合盟。許多有影響力的意見領袖是顧念中國自身的國族利益而倡議合盟，例如張之洞於討論利用日本軍事力量對抗德俄時，用上「同文同種」的論點。[49]章太炎也呼籲應基於此時的亞洲主義原則締結中日同盟。

一八九八年維新的前幾年，章太炎居於上海為《時務報》供稿。他可能受《佐治芻言》一書影響——該書於一八八五年倡議中國與日本聯合締結一個更大的國家——和當時其他維新派相同，希望與日結盟以禦西方帝國列強。[50]

此時，章太炎尚在建構他的種族和民族觀，但黃種人與白種人之分已日漸融入當時的「常識」。往後幾年，章太炎因為聲援印度，以及成立位於東京的亞洲和親會之故，在日本成為重要的亞洲主義者。[51]他在廿世紀初寫下多篇文章論亞洲團結之必要，但早在一八九七年，他二十八歲時寫下的基於種族和地緣關係主張中國與日團結的文章，似乎更呼應梁啟超移居日本後的著述。[52]章太炎在一八九七年一月廿一日發表〈論亞洲宜自為脣齒〉，文中闡述與日合作對抗德俄帝國野心的可能性，但也可明顯看出論述有極大部分奠立於中日的地緣和種族關係。章太炎仰賴科學新知理解世界的劃分，也理解國際間的結盟在新世界可能有哪些效用和必要。他首先用地理詞彙描述歐亞大陸：「天地以五大洲別生分類……故自唐堯以來，以裏海烏拉嶺為戎索，以絕亞、歐，以區黃人、白人。」[53]

章太炎不只完全接受東西方二分，且將西方等同於歐洲和白種人，將東方視為亞洲和黃種人。這是中國最早有基於黃種人概念主張亞洲團結的論述。正如「脣齒」所喻，中日兩國及至亞洲諸國，必須互相合作支持，方能在這一波帝國主義浪潮中存活下來：「無相負棄，庶黃人有援，而亞洲可以無躓。」不過，章太炎並未提及西方人無權涉足亞洲，也未如廿世紀許多亞洲主義者所論，倡行「亞洲為亞洲人所有」的排外政策。東

47　陳熾，《陳熾集》，312–15。
48　茅海建，《從甲午到戊戌》，252。
49　複印於茅海建《從甲午到戊戌》之電報。Mao Haijian, *Cong Jiawu dao Wuxu*, 248–49。
50　楊際開，〈章太炎的東亞聯邦構想〉，275。
51　更多亞洲和親會之介紹見第三章。
52　章太炎，〈論亞洲宜自為脣齒〉。
53　章太炎，〈論亞洲宜自為脣齒〉，3–4。

方與西方、歐洲與亞洲、白人與黃人互通，對章太炎來說是勢不可免：「故放於東海，放於西海，其不能不相通者，期會然也，夫通則何病也？」[54]章太炎並不反對東方與西方接觸，反而發現與外接觸增強了歐洲人的實力，並認為歐洲人之所以展開接觸，正是緣於地理差異。「地體（地理）華離，犬牙相錯，其本氐於歐洲，其標末於亞洲。於是乎震旦病。」[55]章太炎用上地理學知識，比梁啟超翻譯黑格爾的地理決定論早出現幾年（應該是不經意所為）。[56]

發現種族與人民之間固有的差異與地理有關後，章太炎認為中國應與日本而非俄國結盟，俄國雖在中國北境，但在章太炎眼中是一個從遠處控制堪察加半島的帝國：「近在肘腋，可以相倚依者，闔亞洲維日本……雖以窮髮之國，饕餮於朔方，忘其欲噬，密與為盟誓。背同類而鄉異族，豈不左哉？」[57]章太炎以「同類」立論，與亞洲主義常見的「同文同種」論點稍有不同。不過，章太炎明顯很熟悉當時的亞洲主義論述。他的文章見報時間雖先於興亞會在上海成立分會一年，但興亞會的刊物《興亞會報告》早自一八八一年起已在中國文人圈內廣傳。章太炎很可能深知有這些論述。以下這一行可看出他至少很熟悉日本對團結的論述：「昔興亞之會，剙於日本，此非虛言也。中依東，東亦依中，冀支那之強，引為脣齒，則遠可以敵泰西，近可以拒俄羅斯，而太平洋澹矣。」[58]

章太炎使用「脣齒」的比喻，表現出他對亞洲主義著述整體，特別是與日同盟概念，兼及古典觀念和歷史典故的採納。為解釋何以能不計日本發動甲午戰爭、侵略朝鮮，以及日本在外交關係上令多數中國人憤慨的軍國主義態度，章太炎把一切簡單約化成：日本只是主動防禦。在他弱肉強食的論調裡，他甚至讚揚日本驅策中國積極起來參與競爭：「使中國生其霸心，發憤圖自強。」[59] 章太炎認為，中國不應如春秋時代勾踐圖謀復仇，而應與日本團結合作，效法三國之蜀國聯吳抗魏。這個簡單的譬喻把俄國比作眾人憎惡的曹操統治的魏國，但更強調中國為求生存發展，必須保有理性和策略。章太炎詳述中國歷史上多個關鍵時刻，以強調理性思考未來的重要，但他的策略極端得令

54　此處的通字很重要，戊戌變法時期經常出現。詳見本章結論。章太炎，〈論亞洲宜自為脣齒〉，3–4。
55　章太炎，〈論亞洲宜自為脣齒〉，3–4。
56　梁啟超譯介黑格爾和巴克爾 (Henry T. Buckle) 的地理學理論，詳見 Ishikawa, "Liang Qichao, the Field of Geography," 156–76。
57　章太炎，〈論亞洲宜自為脣齒〉，3–4。
58　章太炎，〈論亞洲宜自為脣齒〉，3–4。
59　章太炎，〈論亞洲宜自為脣齒〉，3–4。

人訝異。

他在文章末尾說：「馬尾之險，可以失之。發憤而為雄，而後以隣國犄角為可恃也。不然，則一飯之頃，已潰敗決裂矣。」[60] 馬尾之險，意思是尾巴雖為身體一部分，移除後也無損於身體運作。要適切解讀這段話，應以章太炎上書李鴻章的一封信作為背景脈絡，信中的意思更明白，他建議宰相把威海衛行政區贈予日本政府，以抵消德國在山東的勢力。[61]

十九世紀末大量出現親日著述，章太炎的這篇文章也是其中代表，表露出早期親日維新派亞洲主義猶疑不定的策略。此外，章太炎也納入許多早期亞洲主義的口號和意識形態，用種族和地理決定論的偽科學方法立論。他的文章預示亞洲主義思考將轉向種族和地理，這兩者定義了廿世紀初的亞洲主義。作為一個早期範例，從這篇文章可以看見中國如何適應新概念，為日後接受亞洲主義思想鋪路，但同時也顯見日本亞洲主義著述在甲午戰爭後幾年對中國維新派青年志士的影響，譬如章太炎大量借用當時流行的亞洲主義語彙，甚至提到日本人呼籲中日團結。這麼做的並不只章太炎一人，只是有些人對東亞未來的想像比較明確。大約在同一時期，與章太炎和《時務報》相關的其他維新派人士，對日本倡議東亞結盟的著述也表露興趣。梁啟超和康有為再版的一本名著，就很能夠代表十九世紀末的日本亞洲主義。

翻譯種族、民族和自由主義

樽井藤吉的《大東合邦論》，可能是第一部透過中文廣為流傳的論亞洲團結的重要文本。[62] 一九八一年在日本首度以文言漢語發表於《自由平等經綸》雜誌上，一八九三年全文彙集成冊出版，同年稍後傳入中國、朝鮮和臺灣。在朝鮮和中國廣為閱讀。根據鈴木忠志所述，這本書在梁啟超作序的版本問世後，在中國人氣高升。[63] 樽井選擇用文言漢語寫就全書，有值得深究的意義。一八九〇年代，日本學者雖然能閱讀文言漢語，但以文言漢語寫作者日漸罕見。[64]

60 章太炎，〈論亞洲宜自為脣齒〉，3–4。
61 章太炎，〈上李鴻章書〉於《章太炎先生年譜長篇》，61–63。
62 樽井藤吉以筆名森本藤吉出版本書。
63 Tadashi Suzuki, "Profile of Asian Minded Man," 84.
64 樽井不是日本首位以文言漢語寫作的亞洲主義者。興亞會前八個月以日文出版《興亞會報告》，後於一八八一年十一月起改以文言漢語出版。他也不是最後一人：泛亞洲主義團體黑龍會晚至一九〇八年仍以文言漢語出版會刊《東亞月報》。

樽井的文章也揭示出一些會伴隨亞洲主義進入下一個世紀的關鍵矛盾。論述中混合社會主義和帝國主義，使其成為一種複雜的典範，進而得到力量，可被傳播者以各種方式運用。此外，文章也用西方政治思想的框架想像出一個真實的東方社會。

樽井是針對亞洲主義寫出具份量著作的第一人，也是亞洲第一個將社會主義一詞使用在黨名上的政黨創辦人。其成立的政黨名為東洋社會黨。[65] 雖然旋即被政府宣布違法並解散，但不應低估這起事件的意義，以及這件事與早期之亞洲主義想像的關聯。從黨名可看出，東洋社會黨尋求一種可跨東亞三國的國際形式社會主義。不過，我們從樽井的論述中可以窺見，這個理想有一個更長遠的目標：「所有在當前東方文明潮流中成長的你們，都是我們東洋社會黨一員；人類道德的興衰，決定於我黨的成敗。」[66]

樽井與眾多後繼者一樣，把東方視為全球的道德力量，認為人類最後的希望就在東方。東方提供一種普世救贖，可以克服資本主義帶來的不平等與不正義。但樽井也長年出任眾議院議員，效力於政府期間，日本帝國擴張兼併臺灣而至朝鮮。臺灣本不在他的計畫之內，但與朝鮮聯合是樽井構想、東亞合邦的重要一步，然而日本合併朝鮮的方式，卻與他原來概述的方式完全不同。

《大東合邦論》描述了朝鮮和日本未來的合邦，兩國以看似平等的方式攜手聯合。

他以語言和人種分析，為兩國和平合併的可能性建立基礎：「兩國現雖說不同語言，但字序文法盡皆相同，證明彼此是為同種。」[67]綜觀全文，樽井也用「我兄弟黃人」指稱朝鮮人和中國人。此時期，世界的種族化正逐漸取得論述霸權地位，亞洲主義也依照種族的界線編排。樽井總結全書，強調依他所見，白人與黃人之間的戰爭勢不可免。他擔憂未來白人會試圖消滅黃人：「與同種族者為善，與異種族者為敵，如諸君所見，此乃世間自然趨勢。」[68]第三章會闡述，對種族戰爭的恐懼，長久以來一直被用作倡行亞洲民族聯合的動力。之於樽井，這雖非決定因素，但卻是一個能支持其意識形態和立論的重要論點。他的東亞合邦論不是因為恐懼戰爭而擬定的消極計畫，而是奠立於對社會邁向自由平等狀態的積極信念。

早在嚴復翻譯史賓賽和彌爾著作留下名譯的數年前，樽井藤吉已將兩人的著作引進中國，把他們的概念與孔子和老子等傳統、舒適、熟悉的亞洲觀念體系牽上關聯，只

---

65 Tadashi Suzuki, “Profile of Asian Minded Man,” 82。
66 引用於 Tadashi Suzuki, “Profile of Asian Minded Man,” 87。
67 樽井藤吉，《大東合邦論》，97。
68 樽井藤吉，《大東合邦論》，134。

是用了社會主義亞洲主義的新包裝。樽井當前考慮的雖然是日本與朝鮮合邦，但他也很關心清國的發展，因此納入一章，說明他認為在清朝治下受苦的人最終也會加入大東合邦，並且也論及清國尚未準備好加入合邦的原因。在〈論清國宜與東國合縱〉一章，樽井表達出他的盼望：

我國若盼清國富強，然清國不願與日本交好，則我等將永陷於災禍。西人稱東方有兩大強權，即日本與中國。東亞有此二國幸甚，可保黃人種族尊嚴。若此二國非為黃人領土，則白人勢將劫掠我亞洲大陸，奴役我兄弟黃人，一如彼等奴役非洲黑人。[69]

從這一章可以看出，樽井認為日本與朝鮮在不遠的將來應當合邦，中國雖然本身即為強權，且攸關黃人的存亡，卻尚未有合邦的必要。樽井認為中國人是受清政府壓迫的人民，尚未實現獨立和民族自決。他解釋：「東方人若要團結並參與政府，則清朝治下的中國人、韃靼人、蒙古人、藏人及其他各國，務須恢復獨立，並允准人民參與自己國家的政府。」[70]

樽井眼中的國（state），是以族裔民族（ethnic nation）為基礎的統治結構。這使得他的文章流露一種緊繃關係。他雖然希望清朝最終能與大東合邦聯合，但這件事短期內無法想像，因為清朝治下的眾多民族尚未實現獨立，因此也難配合他想像中的亞洲政府。他雖希望與清國合作，但他的論述卻等於間接呼籲清政府解體。

他對民族的信念，想必使他受到當時許多中國知識分子喜愛。十九世紀末的幾十年間，清朝衰落之際，漢民族主義作為堅決反對滿清統治的意識形態，開始在知識分子間興起。此時，樽井的話想必會在中國的愛國人士心中激起恐懼，他們深信中國有必要一統，各民族在包容中國境內各族的大中華民族意識下團結一心。整個廿世紀直至廿一世紀，領土完整和國族主權仍是中國菁英極少妥協的議題。

《大東合邦論》傳入中國後，雖然吸引眾多知識分子，但這個論述不被接受，有些句子遭到刪改。該書的中文版由梁啟超的學生編輯，從一八九七年起，不少段落都用上新的措辭。[71] 透過挖改幾處細節，段落文意變成指出中國不應分裂，使維新派有理由

69 樽井藤吉，《大東合邦論》，133。

70 樽井藤吉，《大東合邦論》，132–33。Tadashi Suzuki, "Profile of Asian Minded Man," 96。

71 雷家聖細讀兩份文本，指出此處及其他重要更動。見雷家聖〈《大東合邦論》與《大東合邦新義》互校記〉，92–93（分別在原文本 132–33 和 65–66 頁）。

相信滿清皇帝應當繼續統治全中國，清帝國不必依民族種裔進行劃分。《大東合邦論》確實在關鍵時間點引入民族主義、種族、政治理論的相關論述，但也對維新派提出許多難題，包括傳統中國世界觀應當如何容納民族主義乃至於亞洲主義——這些問題挑動著民族與帝國之間緊繃的神經，而且不容易回答。從一八九八年，梁啟超寫下的序文之簡略、之矛盾，就能看出這種糾結。

經翻譯後複雜化的樽井亞洲主義

《大東合邦論》首次完整出版於一八九三年，但要到一八九八年才受到中國知識分子特別關注。[72] 新版在中國改革最盛的時期問世，並換上新的書名《大東合邦新義》。但最重要的也許是，新版附有一八九八年變法名人之一的梁啟超所寫的序文。新版發行後沒幾個月，梁氏就因參與變法，被迫流亡日本。該書於一八九八年八月，以兩百八十文錢在幾大報上刊出廣告，相比當時其他刊售的書籍，費用相形合理。[73] 出版《大東合邦新義》的是康梁二人創辦的新出版社：大同譯書局。梁啟超介紹新書局，詳述為佐變法運動，譯書乃當務之急：「是以憤懣，聯合同志，創為此局。以東文為主，而輔以西文。以政學為先，而次以藝學。」[74] 維新派認為譯書可開啟向西方學習的大門，而日本之為門戶，《大東合邦論》會是第一批接受「翻譯」的著作，意思是文本將有一些刪改，以符合中國讀者的需要。

雖然這本書在當時頗受好評，但梁氏的序文是少數未選入其文集的文章。日本帝國主義崛起後，《大東合邦論》便大為失寵，此版印本也變得極其罕見，一九四九年後，該篇序文在中國幾乎已無人知，到二〇〇五年以前，僅有日本學者簡短提到，在中國則可能完全沒人提過。幸而，夏曉虹對梁啟超未發表之文章所做的研究，為學界立下里程碑，也使序文起死回生，現在收錄於《飲冰室合集集外文》廣泛流通。[75] 要理解維新派針對「能否與日聯合」此命題的複雜觀點，這篇序文是重要關鍵，從文中能洞見在這個中國改革變法的節骨眼上，梁啟超有哪些冀望和疑慮，以及維新派力圖救國之際，兼容不同世界觀所遇到的難處。

論及樽井看法的優點，梁啟超首先引用《詩經》和《周易》，大抵從理論角度討論

72　今日可在上海圖書館找到的是一八九三年版。我在韓國研讀過一八九七年於上海出版的版本，可在高麗大學圖書館特藏區找到，但此版本未附梁啟超的序文。附梁氏序文的一八九八年版原本未能尋得。

73　見《湘報附張》（一八九八年八月八日刊）頭版廣告。

74　〈大東譯書局敘例〉，《時務報》四二期（一八九七年十月十六日刊），28、36–37。

75　梁啟超，〈大東合邦新義序〉於《飲冰室文集集外文》。

「合」的概念。他駁斥有些人評議時事未能放眼全局，認為時人不能只擔憂個人的安危。「孔子道『大同』，墨子說『尚同』，胥萬物為一體，溥眾生其如接，大道無我，亦良美哉！而必各君其國，各子其民，境界而胡越之眇乎，其不足道矣。然而天下大勢，有不能一蹴及者。」[76]

以中國古代政論起始，梁氏接著轉向討論其他國際合作和邦聯實踐的例子。他提到古希臘城邦同盟開啟希臘化時代、歐洲十八國聯合對抗拿破崙，最後提到北美十三殖民地聯合建立美利堅合眾國。這些歷史彰顯了同盟的優點，並成為梁氏討論中日合盟的背景脈絡：

> 眾逢者昌，孤立者斃，驕蹇自大，甯非謬歟？夫日神濛霧，幕障於東溟；亞洲選耎（音軟），刀俎於殊族。黃白兩種，勢逾冰炭；東南利藪，角分一臠。而凡百士夫，瞑然酣睡，積薪厝火，猶以為安。猝有變故，輔車無補，形隔勢殊，幾何不為蛇豕餌也！故欲策富強，非變法不可；欲衛種類，非聯盟不可。[77]

尋求以種族為解方，消除當前的危機弊病，這種簡單的謀略相當符合十九世紀末的科學。[78]不過，梁氏在段落末尾認為，中國和日本「非聯盟不可」。作為一篇合邦論書籍的序文，梁啟超在此前的段落多在遊說讀者「合」的益處。他寫的若是「非合邦不可」，便明顯是在呼籲支持作者觀點。但梁氏用了「聯盟」一詞，這就透露出維新派在這方面曖昧含糊的看法。他深知與日聯合雖能提高保存中國的可能性，但也如同步入未知險域，因此他對樽井的論點保持謹慎和警惕。序文末尾，他也確實對樽井提出令人費解的批評：

摭攟（音執牽）《合邦新義》一書，考其人則森本丹芳，亦一時之豪傑也。夫宗廇（音芒六）摧折，則庸膚護之；長材矯揉，則規矩繩之。「合邦」云者，葢護教之庸膚，保民之規矩焉爾。惜乎摭論繁蕪，立意狙險，似持公論，旋狃私見，攘我藩服，搖我心腹，援隙奮筆，殊屬枝梧。然於列國情弊，合縱條理，批謬剔瑕，洞中肯肩，固歷朝史

76　梁啟超，〈大東合邦新義序〉於《飲冰室文集集外文》。
77　梁啟超，〈大東合邦新義序〉於《飲冰室文集集外文》。
78　第三章會再回頭詳述對種族的這種依賴。

案之餘唾，亦東方自主之長策也。[79]

這段批評雖然矛盾且帶有猶豫，但也顯露梁氏對日本帝國主義日漸茁壯的恐懼，尤其又事關朝鮮。樽井這本書寫在甲午戰爭之前，鑒於日本複雜的行動和與朝鮮相關的言論，梁氏對此事理應有後見之明的優勢。很可惜梁啟超並未在序文中進一步討論他的疑慮。甲午戰爭後僅三年，他就同意出版一本論日本合併朝鮮的書，這件事意義重大。他對日本逐步占據朝鮮雖然表露憤慨，但他認同這本書的大原則，並認為書中最大的缺失是忽略了儒家傳統及其在經世治民上的重要性。梁氏認為，但凡論及國際結盟，都有必要考慮儒家傳統教誨。這和他的導師對儒家思想的信仰不謀而合。康有為對合盟的主張，看法和梁啟超如出一轍。在其名著《大同書》中，國之聯合是邁向大同的重要一步。康有為寫道：「夫國界進化，自分而合，乃勢之自然。」[80]論及聯盟，康氏偏好各國自理內政，由一聯合政府統管其他事務的體制。這與康氏對歷史發展的認知相符，他認為人類正在經歷成為他所謂的升平世的過程。[81]對康有為來說，聯合的最終目的是世界大同，而對梁啟超來說，聯合是富強的方法。

梁啟超在日期間，愈來愈重視中國富強之重要，在他為樽井著作所寫的序文裡強烈表達出此一傾向：「故欲策富強，非變法不可；欲衛種類，非聯盟不可。」這句話突顯富強、變法與日本的連結。梁氏心知中國唯有憑藉富強，才能抵禦西方帝國主義的猛攻。而富強唯有透過改革，改革則代表借鏡日本的成功，或以新的國際合作方式與日本聯盟。雖然與他自身的儒家世界觀相衝突，但梁氏將此看作一種很現代的國際聯盟。

新版本的《大東合邦論》在中國蔚為風潮，如果樽井在一九一〇年的估算可信，該版本銷售出十萬冊。[82]不論這個數字是否準確，這本書無疑引起中國菁英大量關注。一八九八年供職於翰林院的蔡元培，在一八九八年九月對該書「翻譯」版進行縝密分析。蔡元培列出原著各章節，並簡短回顧全書主題——即中、日、朝鮮聯合抵禦西方——之後稱此書為傑作。[83]至於梁啟超出版的版本，蔡氏指出書中做出多處變動，有些改動甚至是多此一舉，例如把「我國」改為「日本」，而對其他細部刪改，他則提出了疑義。此舉直接引起當時住在日本的康梁二人注意。

79　梁啟超，〈大東合邦新義序〉於《飲冰室文集集外文》。
80　康有為，《大同書》，87。
81　汪暉，《現代中國思想的興起》，774。
82　Min Tu-ki, "Daito Gappo ron," 93–94。
83　蔡元培，〈日本森本丹芳《大東合邦論》閱後〉，78–80。

蔡元培細審兩版本之間差異的一百一十年後，雷家聖決定對這兩個文本再做比對。[84]要用這種方式回顧文本，雷家聖聚焦的重點自然相當不同。作為近代中國史聯邦制的研究者，雷氏審視文本時問的是：「中國出版《大東合邦論》與『聯邦』在百日維新期間是何種概念，兩者之間有什麼關聯？」[85]雷氏發現，兩文本之間的差異並不只有上列的表面差異。大同譯書局的編輯還改掉不少清朝當廷或維新派都不樂見的語句，包含許多強調滿族統治與漢族自立矛盾的段落。[86]

根據雷家聖所見，康有為當時亟欲與日本合邦。他引用諸多文獻證明康有為對合邦的支持，也詳述康氏如何向人施壓，好把想法上呈給皇帝。雷家聖認為，導致變法戛然而止的合邦構想，與康氏對樽井著作的解讀直接有關：「百日維新的『合邦』計畫顯然是追隨《大東合邦論》的腳步。」[87]不過，雷氏認為這將導致中國遭日本併吞，因此依雷氏所見，是慈禧太后的先見之明拯救中國免於此番下場。[88]

小結

中國於十九世紀末陷入危機，改革西化同時維持獨立的迫切必要，成為當代知識分子的關注焦點。時人以各種方式想像一個可能的新中國，不過這裡所分析的史料，頻頻訴諸與日本結盟或創建某種東亞國際聯邦的願景。在此期間，亞洲主義團體和文本大量湧現並進入中國，且愈來愈具影響力。這些新知識、新人物、新觀念的流動，促使中日雙方知識分子就東亞團結聯合展開初步對話。中國的知識分子努力嘗試將新觀念和新的未來納入傳統觀念與歷史中，而日本對此已有許多經驗。

這為日本造就新形態的知識生產霸權，在西方帝國主義從後推動之際，把維新改革志士拉向日本。親日知識分子這時所做的選擇，既不代表黃金十年的熱情，也不是對傳統漢文化圈的鄙視，而是反映出他們在帝國主義日益壯大的威逼下，於救國圖存和接受替代方案之間的掙扎。但中日力求合作以保衛東亞、對抗西方帝國主義的想法並非不真誠。他們呼籲彼此協助，定然帶著誠意，對一方倒下另一方也將覆滅的擔憂也是真實

84　雷家聖，〈《大東合邦論》與《大東合邦新義》互校記〉，87–108。

85　雷家聖，〈《大東合邦論》與《大東合邦新義》互校記〉，88。

86　雷家聖認為這些更動可歸因於維新派的觀念體系，但其中有些更動是為迎合地方當局似乎也不無可能。樽井原書有些段落公然攻擊清政府所行不義及滿人的祖先不擇手段。

87　雷家聖，〈《大東合邦論》與《大東合邦新義》互校記〉，103。

88　雷家聖在《力挽狂瀾：戊戌政變新探》書中認為，維新派對包含聯邦論在內的外國政治僅有基本認識，他們對光緒皇帝提出合邦構想，隨即遭慈禧太后介入中止維新。雷氏對康有為評價不高，認為康有為過分受到滿心渴望統治中國的日本人影響。雷氏的假設，為康有為何以出版樽井的著作提供有趣的見解。

的。就如本章標題所示，脣亡則齒寒，中日兩國互相依存，只是中國知識分子後來會發現，牙齒不時想要咬下嘴脣。

於中國知識分子間扎根的親日維新派亞洲主義，並未在一八九八年後憑空消失，只是中日之間的對話的確有所變化。一八九八年以後，流亡海外、權力地位遭革除的維新派，把焦點轉向教育和出版。下一章會看到，他們創辦的學校和報刊倡行一種與儒家思想更為相連的亞洲主義。一八九八年九月廿一日，慈禧太后發動政變，戊戌變法戛然而止。維新派這時已與不少日本知識分子交好，日本友人接濟他們前往橫濱和東京，在那裡共商合作之計，欲從滿族守舊派和西方帝國主義者手中救出中國。

第二章將會闡述，《時務報》的譯者漢學家古城貞吉，早先已經將維新派介紹給大阪一位頗具影響力的漢學家山本憲，確保維新派領袖康有為和梁啟超在日本受到款待。廿世紀初規模最大、最具影響力的亞洲主義團體——東亞同文會，於不久後創立，對梁啟超的思想在中日傳播起了重要作用。[89] 一八九八年後，這些知識分子見中國對與日聯合的興趣激漲，受此鼓舞，日本的亞洲主義論述明顯變得更具有侵略性。[90]

89 東亞同文會也於一九〇〇年開始在中國發行多份中文報刊，對東亞各地影響卓著。見翟新，《東亞同文會與中國》。

90 一個絕佳例子可見於高山樗牛對中國報紙的描述，Zachmann, *China and Japan in the Late Meiji Period*, 74。

Chapter

2

輔車相依

日本中華街的儒家亞洲主義

教育者把帝國威脅下共通的受害者意識教授給新一代。這種受害者意識和自我保全的需求，正是民族主義的心理基礎？

本章論文版本曾以 Smith, "The Datong Schools and Late Qing Sino-Japanese Cooperation" 之名發表於 *Twentieth-Century China* 42, no. 1, 3-25, January 2017.

說是優勢也好，阻礙也罷，帝國主義研究往往能假定某一個歐洲大都市為帝國中心。晚清中國處於一種半殖民狀態，與其他多數殖民地不大相同，但保有許多殖民地最不幸的特徵。雖然名義上始終是獨立國家，從未落入單一殖民帝國統治，但中國確實受害於十九世紀末的帝國主義。中國的知識分子一如其他殖民地的知識分子，向大都市聚攏以教育新一代青年、傳授現代化知識，讓他們準備好對抗帝國主義。但和其他殖民地不同的是，中國可在多個帝國中心之間進行選擇。所統轄的殖民地近在咫尺的日本也是一個特例——不久前也是歐洲帝國主義的受害者，且依然受西方帝國威脅，俄羅斯帝國擴張的威脅尤甚。中國與日本雖在一九〇〇年以前皆維持一定程度的獨立，但兩國知識分子都有感於西方帝國主義對其主權是如何虎視眈眈。儘管一八九四年發生中日甲午戰爭，向日本求援仍是中國知識分子自然而然的選擇，而他們在日本也受到盛情接待。

創立於橫濱和東京的大同學校，象徵中國知識分子所做的努力，透過融合民族主義儒家思想和西方傳入的新知識，抗衡西方帝國主義帶來的危機。[1] 由於在中國難以推行有意義的改革，知識菁英轉而來到日本，在此既可有效學習所謂的新學，也能培育新一代知識分子帶領中國走向現代，又不至於讓新青年投向西方。在日這幾年，維新派知識分子在語言中使用的日語新詞增加，也進一步突顯他們的著述中多有日本流行的思想觀念。不過，這並不是單向的。這幾年是一段中日菁英合作的時期，有些明治知識分子曾經呼籲「脫亞」，把亞洲視為過去，歐洲才是未來。而今知識分子拋下「脫亞」口號，共同想像一個既亞洲又現代的未來。這點尤其可見於橫濱大同學校的創立及早年發展。本章雖然仍以維新派與日本菁英的對話為主軸，但把焦點轉向他們如何在日本倡行儒家中國教育，把大同學校視為中日合作的場域進行考究。

我在本章考究提倡中日團結的現代儒家亞洲主義之相關論述。這種論述在世紀之交最為盛行，雖然在此之前就已經存在，到一九二〇、三〇年代乃至於第二次甲午戰爭期間，也仍透過華人亞洲主義團體持續發揮作用，但在日創辦維新學校是這種型態的亞洲主義的最佳範例，呈現中日菁英如何透過合作對話建構觀念。這些論述雖然很多可以解

1　我（在原書中）提到大同學校使用普通話拼音「datong」單純是為讀者之便。該校存在期間不曾被以「datong」稱之。日語官方名稱是「daidō」，學生及職員操持粵語則唸為「daaitung」。本章大抵著重於一八九七年創立於橫濱、一八九八年開始運行的第一所大同學校。也會論及一八九九年創立的東京高等大同學校，其學生和職員多與橫濱校相同。

讀成中國人對日本東道主的口頭承諾，但其中的政治言論也在中國青年心中扎下根基，新一代知識菁英在有選擇的情況下，選擇採納導師的教誨和著述中的革命元素。

新世代生活在這個國際合作的關鍵時期，觀念和身分認同傳承給新一代之際也不免發生變化。我認為大同學校可說是中日知識分子合作的具體產物，不只用於教育學生的民族主義和亞洲主義觀念及身分認同，也是在協力合作下為救中國和東亞於西方帝國主義之害的認識論產物。這些救國的努力結合現代特質的儒家教育為核心，造就一群具受害者意識的民族主義青年，呈現出亞洲主義和民族主義的關係。這段時期是一個大合作時代。正如同一名日本報刊記者用上另一個古典成語對兩國當代關係的形容：「中日兩國一如輔車相依。」[2]

這些學校與眾多中日菁英有顯而易見的關聯和重要性，但關於初始幾所大同學校的文獻卻很有限。一九二三年關東大地震，大部分紀錄連同橫濱總校全毀。[3]本章所使用文獻主要來自報紙、期刊和書籍刊載的內容，以及數本回憶錄和一八九七年創校後幾年間校方寄出的未發表書信。

維新派與東亞同文會

如第一章所示，康有為和梁啟超為首的維新派試圖以明治維新為範，重建中國的政治體制，但亂無章法的努力以失敗告終。與日本合作的各種可能性在一八九八年浮上檯面，但九月戊戌變法的失敗使希望破滅，維新派被迫逃亡，終在日本找到容身之地。他們落腳於橫濱，這是個中日合作的重要場所，直至二戰期間仍持續為兩國公民的合作發揮作用。[4]維新派在日受到款待，部分多虧他們在《時務報》結交的日本朋友，部分歸功於新跨國機構的成立。一八九八年，維新派出逃日本恰逢影響深遠的日本亞洲主義團體——東亞同文會創立。

東亞同文會創立於一八九八年，就在《清議報》創刊號發行的幾週前，往後它將成為廿世紀最知名、最具影響力的亞洲主義組織。其會員組成多元，包含熱衷政治且支持

2　與第一章討論的「脣亡齒寒」很像，「輔車相依」一語最早源於《左傳》，指兩國之間共依存的關係。〈興清論〉《清議報》，48。

3　地震中，橫濱另外三所中華學校——至誠學校、華僑學校、中華學校，也遭震毀。之後大同、華僑、中華三校合併，一九二六年更名中華公立學校重新開辦。

4　橫濱作為戰時合作地的歷史，見 Han, "A True Sino-Japanese Amity?"

擴張的東亞會、自由派的同文會，以及其他如孫文的朋友宮崎滔天和平山周。會員並不只限日本人。創會成員之一就是康有為的學生，徐勤（一八七三—？），他當時人在橫濱，準備出任新開辦的大同學校校長。[5] 這層關聯也許促成了日本菁英對康梁二人的歡迎，也或許可說明東亞同文會與《清議報》的關係。東亞同文會成員定下四條綱領：

1. 保全支那。
2. 促成支那的改善。
3. 討論研究支那的時事以期實行。
4. 喚起輿論。[6]

這些綱領顯示出東亞同文會的意旨是單方向的。比起關心與中國知識分子合作，它更關心積極影響中國。維新派來日，帶來一個機會推動這些目標。上言之東亞同文會綱領，很可能會吸引致力於相同目標的維新派。《清議報》在東亞同文會支持下創刊，旨在喚起旅日中國維新派的興趣，編輯群在創刊號提出他們自己的四條綱領：

1. 維持支那之清議激發國民之正氣
2. 增長支那人之學識
3. 交通支那日本兩國之聲氣聯其情誼
4. 發明東亞學術以保存亞粹[7]

與東亞同文會的綱領相比，這幾條綱領明顯更著重於「亞洲」。在日本亞洲主義團體討論中國，以及日本應拿其如何之際，與日本合作的中國知識分子所討論的是東亞，以及鼓勵與日本合作。

《清議報》成為東亞同文會早期的重要發聲管道。在第一期第二十三頁，東亞同文

5 東亞同文會成立前，已有幾名成員與中國的維新派有接觸。根據創會成員宗方小太郎的日記，他曾於一八九七年二月於上海與梁啟超、汪康年、李盛鐸討論中日聯合。見翟新，《東亞同文會と中國》，73。山本憲與維新派在上海會見，見本章後續段落。關於徐勤和《太陽》報，見 Zachmann, "The Foundation Manifesto," 116–17。

6 Zachmann, "The Foundation Manifesto," 117。

7 《清議報》1, 4. 發行至第三年末，報上已不再提及這些綱領，可知梁啟超對亞洲主義策略失去信心。馮客指出《清議報》第一百期紀念文完全未提到這幾條綱領。Dikötter, *Discourse of Race in Modern China*, 86。

會刊出全版廣告，申明上述意向和創會綱領，邀請中國士大夫加入。[8] 該段短文再度用上標準的「脣齒」比喻，述及中國和日本久有兄弟情誼，嘆兩國如兄弟鬩牆。文章重點是呼籲重建連結和交流，末尾寫道：「請兩國士大夫，同生於此洲，同志於此時者，贊此意，入此會，以戮力於此。」[9]

也許是突然受到東亞同文會影響，維新派於一八九八年赴日後，著述變得更加傾向亞洲主義，梁啟超因此經常被今日的亞洲主義團體舉為中國重要的泛亞洲主義論者。[10] 梁啟超確實為文寫過亞洲團結及與日合作，但和孫文不同，梁氏的亞洲主義意識形態顯見於文章裡，只有在戊戌變法而後的短短幾年間，必須放在時空條件下檢視。梁啟超是在他認為的危機時期，做出向日求援以除中國弊病的合理選擇。總體而言，他始終堅信民族主義和自由主義才是邁向現代的正確道路，但在其他重要議題上，梁啟超的想法不時有變，晚清末年，他的關注焦點在共和體制和君主立憲制間搖擺不定。泛亞洲主義也是世紀之交這段時間裡，梁啟超考慮過的一條通往現代之路。

在梁啟超親日的數年間，中國與日本締結某種形式的聯盟，對他來說是合理的。他從未清楚構思這個亞洲聯盟概念，但在清廷政變前曾含糊提及團結，乃至在政變期間和之後還曾天真呼籲日本、中國、美國和大不列顛建立荒謬的聯盟。[11] 這些論述嚴格來說稱不上亞洲主義，但暴露了梁啟超和其他人這段時間的絕望，但也顯見梁啟超一八九八年時的想法，與他後來在日寫作經常表露的現代民族主義觀念有多大落差。只不過，後世評論者多將梁氏替《清議報》撰文指為他傾向亞洲主義的證據。《清議報》第一冊敘例末尾最後一句話，編輯申明：「我黃色人種欲圖廿世紀亞洲自治之業者當共贊之。」[12]

這段聲明呈現了維新派抵日後的知識界氛圍，以及東亞同文會與支持中國之日人的短暫合作。《清議報》是維新派逃亡日本初年的發聲筒，也是大同學校最重要的推廣工具兼學生教材。今日《清議報》仍是研究這些學校最重要的史料來源，本章會經常提

8 《清議報》1, 47。

9 Dikötter, *Discourse of Race in Modern China*, 86. 同刊於第一期前面幾頁的還有〈與支那有志諸君子書〉，《清議報》1, 25-31，作者僅簡記為東亞同文會員某君，該文表達東亞同文會對西方白人優越於東方黃人此一西論的憤慨，呼籲中國應現代化，為亞洲恢復己身世界強權地位。

10 如見亞洲融合會（Society for Asian Integration）著述，或亞洲主義論部落客 Niraj Kumar 發言的許多網站、部落格和臉書頁面。見 Kumar, *Arise, Asia!*, 172。中國現任外交部長王毅二〇〇六年的文章〈思考廿一世紀的新亞洲主義〉，也稱梁啟超為亞洲主義在中國的倡議者。

11 梁啟超一八九八年十月廿七日與志賀重昂會面。譯文可見於 Masako, “Shiga Shigetaka”, 206。

12 《清議報》1, 4。

及。不過大同學校本身，作為維新派倡行儒家亞洲主義之具體證據，比《清議報》創刊和維新派抵日要早了一年。

創辦大同學校

首間大同學校於一八九八年在橫濱開辦，集結眾多有志一同之士，目標以教育使中國現代化。創校並非維新派的意思，而是橫濱華人的決定，雖然之後維新派很快會主宰學校並掌控教學。橫濱港自一八五九年起對外國人開放，中國居民雖然要到一八七三年《中日修好通商條約》通過後才獲得合法身分，但中華街仍迅速發展起來。移居人口主要來自廣州，少數來自三江地區，他們自然希望有一所可用

圖二・一　橫濱大同學校學生集會。此珍貴照片見於一九〇八年《大同學錄》（張學璟，一九〇八），大同學生與檳城時中學校和神戶同文學校來訪的學生合照。公有領域。橫濱開港資料館（博物館）。

粵語母語向學生授課的學校（圖二．一）。[13]辦校最初是橫濱華人會與孫文及其革命組織興中會商議後構想的計畫。他們計畫於一八九七年開辦中西學校，計畫之初由馮鏡如（一八四四？—一九一三）和馬紫珊主持。[14]華人會決定差遣鄺汝磐前往上海尋覓合適的教師。康有為當時已頗有名氣，鄺氏設法聯絡上他，轉達孫文欲任命新校長的請求。

根據一九〇八年校史，康有為對鄺汝磐說：「此校若稱中西學校，則少一字代表日本。若稱中日學校，則又漏掉西字。不如起名為大同學校。」[15]從此該校即名為大同，既表明儒家仁治社會理想，也是康有為名著《大同書》的主題，一八九七年當時他正在撰寫此書。康有為的思想除了表現於校名，也表現於教學和教員。為予學生適當的改革派儒家教育，康氏派任徐君勉（一八七三—一九四五），即眾所熟知的徐勤，以及陳默庵、陳蔭農、湯覺頓（一八七八—一九一六）為代表。[16]徐勤是康有為早年的得意門

13　Han, "Narrating Community in Yokohama Chinatown."
14　伊藤泉美〈横浜大同学校〉4–5。
15　張學璟，《大同學錄》，2。
16　張學璟，《大同學錄》，2。

生，獲任為新校校長。[17]

辦學的需要因此來自於三方。第一，維新派在中國各地辦學之餘，在橫濱也很活躍，橫濱華人是他們求助資金的對象，遣送一些最好的知識資源過去也很合理。第二，橫濱當地居民希望有一所學校供子女就讀，才不必再忍受日本外國人學校普遍可見的惡劣種族歧視。第三，日本亞洲主義者希望創立學校，繼續推廣改革「興中」，並願意提供必要援助。

維新派的一個重要想法，是想普及儒家思想結合新學的教育，新學即西方傳入的科學、政治、哲學知識。從本質上來說，正如康有為所述，這代表在以儒家思想作為國教的框架下，推動教育有改革意識的新青年。[18]這些教育上的新作法，首見於康有為在中國著名的廣州萬木草堂和長沙時務學堂，其中時務學堂的開辦者就是中國駐日最高外交官黃遵憲。[19]不過，一八九八年維新派於朝廷失勢以後，國內的維新學校不是關閉就是失去影響力，新學校改於海外遠至新加坡、印尼泗水、加拿大溫哥華等地的華人聚居地開設。[20]大同學校旨在成為華人學校向全球拓展的中央機構。[21]維新派重要成員於一八九八年末定居橫濱和東京以後，大同學校便成了其他諸校的榜樣。

至於地方居民對區隔就學的需求，對此深有體會的馮自由，針對日本外國人學校歧視中國人的現象寫下嚴厲批判。馮自由在這一類學校親身體驗過西方人睥睨的態度。一八九六年，他被送入曉星學校（Ecole l'Etoile du Matin），是東京一所天主教法國學校。洋人學生對中國學生的惡意欺侮令人難以忍受，他僅就讀四個月就放棄了。據馮氏所述，洋人學生不停羞辱、指控中國人骯髒，這個主題在當時的報紙上也歷歷可見。

一八九八年《神戶週報》一篇記有大同學校的報導中，作者以居高臨下的語氣嘲諷中國人骯髒。反過來在同一段裡，作者卻稱讚橫濱中華街是全世界最乾淨的地方，只輸[22]

17　此事另有兩個略有差異的說法，但看似都不太可能且與早年史料不符。一說華人會原本希望鄺汝磐帶回梁啟超出任校長，但康有為方請梁任職《時務報》編輯，因此不願答應讓梁赴日。此說貌似合理，但華人會指名道姓提出要求未免奇怪。此說法成為官方校史，見：《橫浜山手》，45。此說源頭可能出自馮自由《中華民國開國前革命史》，42。馮在書中指陳少白推薦梁啟超。另一說則稱孫文和華人會希望由康有為親自出任校長，這可能是列文森讀李劍農著作但誤解意思所致。列文森，《梁啟超》，50。李劍農，《最近三十年中國政治史》，68。李的參考來源也是馮自由。

18　陳來，〈百年來儒學發展〉，42–46；藤谷浩悅，〈橫浜大同学校と孔教〉22–23。

19　Reynolds and Reynolds, *East Meets East*, 34。

20　樂群義塾在溫哥華開辦，見 Hong Jiang, "A Socio-Historical Analysis," 11–14。

21　〈東京高等大同學校公啟〉，《清議報》23, 7–8。

22　該校規模不大，由 Alphonse Heinrich 創辦於一八八八年。校舍毀於關東大地震，但學校長存至今。見曉星學校網站：http://www.gyosei-e.ed.jp/newhp/pages/ayumi.htm；馮自由，《革命逸史》，50–51。

給荷蘭殖民區內的中華街，後者「那裡的華人——無疑令他十分憎惡但沒說出口——不只要維持自身清潔，還要維持道路和自己營地內部的整潔。」[23]作者接著不勝驚訝地表示，大同學校的學生看起來比日本學生還要整潔。有一張學童照片——雖然拍攝於多年後的一九一五年，但從中多少可看出學生的儀容教養，與《神戶週報》記者的看法大相逕庭（圖二·二）。事實上，作者對大同學校儘管正面評價，但仍忍不住嘲諷被派來日本教育孩童的維新派人士。報導結尾說：「但以教師立場論，我等不甚確定生在吃燒臘、讀《論語》長大之國

圖二·二　一九一五年的橫濱大同學校。公有領域。http://www.oisii-net.co.jp/tousai/2k12/tokushu2k12.htm（取用於 2020.10 13）。

度能有何優勢。」[24]西方人此時也多不願幫助中國人，鄙視無所不在。

居於日本的海外華人提出創辦大同學校的需求，但辦校進程大幅加快的關鍵是維新派抵達日本。不到兩年，日本的華人聚居區先後開立兩所新學校，一在神戶，一在東京。神戶校是梁啟超於一八九九年走訪神戶提出的建議，起先命名為神戶大同學校，但在開辦前夕更名為同文學校。[25]「同文」有「同文字」和「同文化」兩層涵義，是當時中日合作關係的重要用語，也是日本最大亞洲主義團體、於幕後援助維新派的東亞同文會的一半會名。同文學校的校長麥少彭是梁啟超的熟人，在神戶商界家族顯赫[26]，犬養毅則被推選為名譽校長，並於三月一日開學典禮發表經充分準備的亞洲主義演說。[27]這所學校是唯一存在至今的大同學校，校舍雖在一九四五年六月五日的神戶大空襲中毀

23 "The Chinese School in Yokohama," *Kobe Weekly Chronicle*, October 1, 1898, 306–7。

24 "The Chinese School in Yokohama," *Kobe Weekly Chronicle*, October 1, 1898, 306–7。

25 〈神戶清人將開大同學校〉，《清議報》19：〈記神戶同文學校開校事〉，《清議報》38。

26 陳來幸，〈海外中華總商會〉，160。

27 演說稱揚中日合作辦學，引同文同種和脣齒相依等成語，批評日本偏離了孔孟思想這共有的文化根源。另外，創校日期往往記為二月一日，但其實是舊曆第二個月的第一日，公曆的三月一日。〈記神戶同文學校開校事〉，《清議報》38。

損，但後來獲得重建，並持續在神戶華僑界扮演要角。[28]

海外華人創立的另一所學校是高等大同學校，期以救國為目的，栽培日本、中國和其他各國經過遴選的有才之士。[29] 創校於日本而非在其他國家，列出的原因有經費、遠近、儒家傳統、文字、種族，以及願意支持中國的日人眾多。創辦大同學校的過程中，華人找到許多具有社會影響力且可以求助的日本友人。由橫濱華人團體撰寫，刊登於《清議報》一篇文章，便表達出倚賴日本之必要，以及經營第一所大同學校兩年來，他們看見日人給予的支持：

列強皆在他洲，日本則吾鄰耳。土壤相接，種族相類，文字相同，我之受學，已為易入。而日本朝野達識之士，念輔車脣齒之義，咸以扶植中國為第一大事，其情之相親相愛，已倍蓰于白種人，則扶攜教誨，自能無微不至。況我中國他日所借以聯日本青年，以扶東亞之局者，亦惟此高等學校為起點焉。[30]

關於大同學校的這些啟事，很多都提到大隈重信和犬養毅的協助。「脣齒」這個常用於比喻中日互助的亞洲主義用語，以及提及種族的文字，在前述段落和其他許多維新派在日見報的文章裡十分醒目。亞洲主義論述在《清議報》版面占據大量篇幅，與大同學校相關之人和支持者也多是堅定的亞洲主義論者，部分原因在於維新派抵日的時機，以及他們抵達後隨即成立的團體。

中日菁英合作與大同學校

大同學校是一個重要象徵，代表中國的維新派和革命派，以及中日志士、政治家、漢學家的交會點。大同學校早期最有趣的一個要素，是這些菁英日本亞洲主義論者參與辦校的人數。他們可以分成三類：一是所謂志士，以孫文的知交好友宮崎滔天為代表；二是日本政界菁英亞洲主義論者，一八九八年他們在日本掌握新的權力；三是夢想一個奠基於古典傳統的亞洲能在現代世界發展蓬勃的儒學者。我們常按他們的信念和行動

28　此乃根據官方校史。神戸同文学校，〈学校紹介〉，2。另《朝日新聞》對該校一一〇週年校慶之紀念報導也有提及：〈同文學校成立一一〇年〉，《朝日新聞》，September 10, 2009, 25。感謝神戶海外華僑歷史博物館職員提供這些及其他同文學校相關史料。

29　〈東京高等大同學校公啟〉，《清議報》23, 8。

30　〈東京高等大同學校公啟〉，《清議報》23, 8。

區分不同的亞洲主義論者，但在像這樣的議題上，他們也可能鼎力合作，支持一個共同使命。

當戊戌變法因慈禧太后政變而夭折，孫文急忙連絡他的日本亞洲主義志士友人，協助逃亡人士躲避清朝衙役追捕。宮崎滔天被差往香港，找到藏身在英國船隻上的康有為，平山周則被差往北京，找到受困日本大使館的梁啟超和王照。[31] 兩大反對清政府的團體在橫濱短暫聚首，在日「支那通」與中國改革的重要推手交上朋友，並在危難關頭證明自身價值。雖然這些志士在三群亞洲主義論者當中，對大同學校的影響最小，但其身影經常出現。徐勤任職校長期間與宮崎滔天的通信，透露宮崎的重要性，以及孫文對大同學校的影響力漸漸減弱。徐勤誇飾中國猶如風雨飄搖的小船，急待日本援助。[32] 當然，宮崎一年前才剛把徐勤的導師救來日本。徐與孫文雖有歧見，但仍希望與宮崎維持友好。其他對大同學校影響較大的日本亞洲主義論者，所居地位則更為有力。

維新派在一個恰是時候的時機抵達日本，獲得日本亞洲主義論者相助。方成立不久的東亞同文會，協助梁啟超創辦、發行他最新的期刊，《清議報》在一八九八年十一月匆促面世，負責印刷的馮鏡如是大同學校的創辦人之一，也是大同學校日後最出名的學生馮自由的父親，後面會再論及馮自由。[33] 東亞同文會成員對大同學校的參與昭然可見。法制局長官神鞭知常（一八四八—一九〇五）經常出席學校典禮。犬養毅的助手柏原文太郎（一八六九—一九三六）[34]任執行祕書，常向學生演講。[35]東亞同文會最重要的兩名會員，犬養毅和大隈重信，對學校營運的影響也不容小覷。

從一八九八年六月三十日至十一月八日，犬養毅在大隈重信內閣任職文部大臣。之後不久受任為大同學校的名譽校長。[36]學生數不到兩百人的一所小學校，能請到前文部大臣出任名譽校長，無疑為學校奠定公信力，想必也吸引到更多支持者。不過，犬養毅在這個位置並不輕鬆。對孫、康兩陣營來說，大同學校是康有為抵日後，雙方又一個水火不容之處。被史學者詹森稱為「大同學校教父」的犬養毅，努力協調兩陣營合作，成

---

31 孫文居中扮演的角色也許沒有馮自由所述那麼重要。無論如何，宮崎和平山確實在一八九八年十一月接康、梁二人赴日。馮自由，《革命逸史》，48。

32 Jansen, *The Japanese and Sun Yat-sen*, 79。

33 關於馮鏡如，詳見馮瑞玉，《橫濱大同學校と馮鏡如》。

34 一九三一年至一九三二年出任日本總理大臣的犬養毅，參與過多個亞洲主義團體，包括東亞同文會的前身東亞會，以及多年後惡名昭彰、時有恐怖攻擊活動的黑龍會。見 Saaler, "The Kokuryūkai, 1901–1920"。

35 〈大同學校夏季進級記〉，《清議報》23, 7。另見 Jansen, *The Japanese and Sun Yat-sen*, 79。

36 康孟卿在一八九九年二月三日的信函中知會山本憲，犬養毅受任名譽校長，並表示犬養毅對此甚表歡喜。山本憲關係資料，C–214。

功創辦並支持多所華人學校營運。但隨著康有為來日，好景不常，孫、康兩人的關係很快又被敵意占據。[37]

與大同學校相關的另一位政界大人物是大隈重信。大隈是康、梁、孫三人重要的朋友，從一八九八年首度出任總理大臣，到一九一四年至一六年第二次就任期間，始終不斷為三人提供協助。他在這第二任也是最後一段任期內，因為主導推動對華廿一條要求，最終失去中國友人的愛戴。大隈重信為大同學校提供資金和政府援助[38]，也為該校學生寫個人推薦信——依照推測，似可保證學生錄取他在東京創辦的東京專門學校，日後改名為早稻田大學。[39]

山本憲與維新派

最後一位與大同學校相關的日本亞洲主義論者，在此處提到的人裡最不知名，但對大同學校的影響可能是最大的，且就意識形態來說，與持儒學思想的維新派康有為、梁啟超、王超、徐勤等人可能有最多共同點。山本憲（一八五二—一九二八）是少有人知的一位日本儒學者，從早期階段就與維新派聯繫密切，對大同學校兼及其他事務都提供許多幫助。[40]

一八八五年，山本憲因幫助韓國著名的改革者金玉均（一八五一—一八九四）而有了亞洲主義行動者的身分，他在大阪自宅儲放炸藥，為金玉均政變失敗後做準備。[41]在這起大阪事件中，山本憲被認為涉入重大，因而遭到判刑，在獄中度過幾年。[42]一八九七年底，他走訪北京和上海，在一八九八年戊戌變法前結識多位維新派友人。這些友誼維持數十年，兩方通信交流不斷，相互影響。他在日本民權運動中的作用不是最大，但透過他對梁啟超認識新文學的影響，仍把民權運動的許多概念傳達給了一群求知若渴的中國讀者。[43]從相反的角度看，他這些儒學思想的中國朋友則支持他的亞洲主義

37　Jansen, *The Japanese and Sun Yat-sen*, 79。也見馮自由，《中華民國開國前革命史》，43。宮崎滔天也有諸多貢獻。他在此時認為孫是行動先鋒、康是教育家，雙方都是革命所必須。宮崎滔天，《三十三年之夢》，129、143。

38　日期八月廿五日的一封信裡（未註明年份，但可推測是一八九九年），梁啟超感謝大隈的支持，並詳列出東京高等大同學校的需求。這封信可在早稻田大學圖書館大隈檔案室取得。

39　馮瑞玉，《橫濱大同學校と馮鏡如》，36。

40　山本憲也參與多個非政府亞洲主義團體的創辦和理論背景建構，包括亞細亞貿易保護協會和日清協和會都涵蓋在內。

41　Jansen, *The Japanese and Sun Yat-sen*, 75。

42　呂順張，〈山本梅崖と汪康年の郊〉，29。

43　Willcock, "Japanese Modernization," 833。

理想，甚至透過《清議報》作為理想發聲的管道。

山本憲與多位維新派人士保持聯繫，但在這一群人和大同學校裡，他的主要聯絡對象是康有義（康孟卿）[44]，康有為的堂兄。八十四封康孟卿致山本的信，今日保存在山本憲檔案館，其中多數使用橫濱大同學校的地址。[45]山本憲在自傳裡述及康孟卿一度邀他出任大同學校校長，但他不能離開自己在大阪開辦的學校——梅清所。[46]

山本憲既是民權倡導者，也是熱心的儒學者。他所持的亞洲主義很獨特，支持君主立憲制，東亞各國人民在此之下齊心合作抵禦白人迫害。他的亞洲主義觀點最先發表在〈論東亞事宜〉，於一八九八至九九年各期《清議報》上專欄連載，相同文章後來集結成二十八頁小冊於一九〇〇年夏季發行。[47]文章聚焦於俄羅斯對東亞自治的威脅，強調合作之必要。山本憲以戰國時代為喻，把俄羅斯比作秦國，與陳熾一八九七年在《時務報》發表的文章不無相似，山本憲應也熟悉陳熾的文章。[48]

《山本憲關係資料目錄》的序文裡，檔案管理員表示：「山本憲奉行的亞洲主義，其價值仍是重要的研究課題。以儒家思想作為中日互助的基礎，與日後盛行之推舉日本為亞洲領袖的大亞細亞主義明顯不同。」[49]確實如此，不過在〈論東亞事宜〉中，山本憲不只著重儒家的解釋，也強調亞洲主義是一種應對俄羅斯的防禦策略。山本憲雖把儒家思想當作社會假定的基礎，但他的亞洲主義也牢牢建立於對人民主權的信念。他反對東亞由君王握有絕對主權，也反對給予政黨過多權力。他對東亞未來的願景，建立於他的自由主義思想加上對儒家思想的穩固信念，同時他也接受社會達爾文主義的作用力，這使得他在十九世紀最末幾年，恰是康有為與其門下學生的絕佳夥伴。[50]

維新派抵日後，他從關東回到大阪，創立日清協會，為保存中國與東亞推動知識合作，並強烈反對政府干預。他在《清議報》經常為協會宣傳，提到：「清韓與我，鼎立東方，利害所關，有類脣齒輔車。」[51]梁啟超寫了一封信給山本君，感謝他敦促日本政府保護康、梁二人，並稱許他新創立的協會，表露對合作的期許，稱此協會為「東方之

44　康有義號孟卿，後人提到他多稱康孟卿。
45　眾多書信中，另有十九封信來自汪康年，十封來自康有為，九封來自梁啟超，六封來自王照。
46　增田涉，〈西學東漸與中國事情〉，34–60。
47　山本憲，《東亜時宜》。可見於山本憲關係資料，A9。
48　討論見上一章。
49　高知市立自由民權紀念館，〈序章〉，13。
50　康事實上寫過一首詩，稱頌山本憲為「大山本君」，《清議報》25。
51　山本憲，〈善隣協會主旨〉，《清議報》2，102。

幸」。[52]

山本憲是康有為的朋友，自也熟悉康的著作，甚至可能是《大同書》草稿出版前就先看過的幾個圈內人之一，草稿中對大同之道的想像更極端。徐勤曾將康有為其中一部著作未付書名的印本寄給他，附上的信中簡要說明了康的論點：「南海先生（即康有為）宣揚孔子之大同，中心思想是欲端正民心以救中國，救中國以興東亞，興東亞以期世界太平。」[53]山本憲見此想必是很高興的。他和康、徐二人一樣，認為中國是救東亞的關鍵，求世界太平必不可少去儒家思想。像

圖二·三　徐勤（左）與梁啟超合影。一九〇八年《大同學錄》（張學璟，一九〇八）。公有領域。橫濱開港資料館（博物館）。

這樣的書信往返正是中日菁英對話的代表，中日菁英的對話催生廿世紀初的亞洲主義，而山本憲和徐勤正是對話的關鍵要角。

徐勤：大同學校校長

第一所大同學校初始幾年，康有為的得意門生徐勤（圖二．三）出任校長，即照片中與梁啟超合影者，對該校的教育方針很可能有最大影響。一八九六年，康氏派徐勤出任長沙時務學堂校長，為徐勤後來在大同學校的工作提供寶貴而必要的經驗，徐勤接掌大同學校時才二十五歲。一八九七年，就在他移居橫濱前夕，徐勤在澳門創辦《知新報》。[54] 該報主要關注俄羅斯的威脅擴張，徐與編輯皆將俄國視為中國的頭號大敵。他們與梁啟超和《時務報》的撰稿者一樣，也鼓勵與日本締結更緊密的聯繫，對抗俄國威脅。可想而知，《知新報》對宣傳維新理念也很重要，並翻印轉載許多《時務報》和《湘

52　梁啟超，《飲冰室合集集外文》，57。

53　信件日期七月廿四日（無年份）。見於山本憲關係資料，C–213。

54　《知新報》雖創辦於澳門，卻是維新派的重要刊物，在《清議報》於橫濱開辦之前也被徐勤用來刊載許多關於學校的啟事。

報》的文章。徐勤承襲康有為，在儒家思想傳統之下檢視所有改革維新的可能性，盼能找到一個方法融合古典傳統與新學。徐勤是康有為最早的門生，並一直是康氏鍾愛的弟子，長年來在康氏主持的多個機構中出任眾多職位。也有人說他相當於康有為的影子，甚至稱他是「康氏之子路」。[55]

任職校長期間，徐勤致力教育學生儒家思想的重要。就這方面來說，大同學校是一間保守的機構。徐勤推崇的儒家思想，自然是康有為的改革派儒學，帶有社會達爾文主義色彩，強調進步以臻大同。維新派相信，這些教誨結合在日本習得的西方新學，可使中國強盛到足以驅退西方以及徐勤深惡痛絕的唯物主義。

一八九八年，徐勤列出大同學校乃至中國改革邁向未來的五大重點，刊於《知新報》和《湘學報》。這五點是：「立志、讀書、合群、尊教、保國！」[56]對徐勤來說，這些與具改革之志的儒家思想相關，且都有抵抗西方的目的。徐勤對西方的敵意並不只是單純的仇外心理，而是出自他對儒家思想近乎虔誠的信念，相信儒家思想是人類實現偉大唯一可能的途徑。因此，西方帝國的行為明顯欠缺道德，最佳解釋就是他們無知於孔子思想。徐在談論大同學校的文章說明他的信念：

若夫海外之民，遠離故土，目不覩孔子之書，耳未聞孔子之名，習非成是，罔而弗察，日所尊奉而膜拜者，不流於異教，則惑於淫祀，其甚者，歸心彼旅，棄我神州，謂孔子之教，足以弱人家國，嗚呼！[57]

徐勤一如山本憲，視基督教為對儒家思想的最大威脅，也因此會危及人類邁向大同。在學校，他堅持要學生跪拜孔子像，這是基督徒無法接受的行為，因此引起學生之間的摩擦。[58] 徐勤認為皈依基督教的日本人形同迎合「彼族」，背叛遵行儒家思想的漢語中心秩序。他認為忠於自己的「族」與忠於傳統教誨密不可分。

徐勤在論及大同學校的著述中，概述了他認為重要的多層身分認同。其中支持中國與傳統教誨是最最重要的，但他也強調種族和世界大同。徐勤是民族主義的奉行者。他

55　陳學章、王杰，〈徐勤與橫濱大同學校〉，256–58。此文包含徐勤的完整生平，亦詳述他的思想觀念和在校事業。對於徐與日本友人合作，陳、王二人批評徐勤沒發覺作者眼中日人的「野心」及形塑親日中國人的企圖。

56　徐勤，〈日本橫濱中國大同學校記〉，518–520。陳、王指出這五點和徐勤的整體教育觀念有很多借自康有為的《長興學記》。陳、王，〈徐勤與橫濱大同學校〉，262。

57　徐勤，〈日本橫濱中國大同學校記〉，520。

58　馮自由，《革命逸史》，51。

同種同文復能同教相聯未許西歐逞虎視

大清大日從此大成并合遙看東亞慶麟游

圖二．四　一八九八年孔子誕辰慶典上懸掛之對聯。對仗結構經主辦者特意安排，橫讀文字可表達另一層涵義。其中大同二字反覆出現，暗示中日合作可往大同社會邁進。清種（有「滿清種族」或「純種」之意）一詞也預示維新派和革命派未來數年將走的方向，第三章會進一步分析。

發覺中國突然被拋入一個現代體系，不是民族國家體系，而是帝國主義建立的新世界秩序。他可能接受了一些亞洲主義概念，但中國的存續才是他的最終目標。而當下最好的辦法，就是與日本友人合作，教育在日本的中國學生。

大同學校與多層身分認同

選擇赴日留學原因不言自明。日本已經熟諳新學、費用在負擔之內，而且距離近在咫尺。梁啟超並補充說：「則中土撥亂之才，安知不出于東土之學校，以保我種族，保我國家。其關係豈小補哉？」[59] 梁啟超和徐勤一樣，提及種族是中日合作的基礎。維新派期盼橫濱的學生不要像留學歐美的學生，拋棄中國，謀求己利。他們教授新學之餘仍極度強調儒家思想，並帶有傾向社會達爾文主義觀點的民族主義。但橫濱的學生能接觸到不侷限於教師希望指導他們的新學和儒家思想，他們在校會研讀儒家經典，以及康有為和梁啟超的著作。

康有為的教育理念是一個絕佳例證，呈現塑造現代民族認同過程中打從根本明顯存在的緊張關係。維新派一方面回顧傳統，希望延續過往身分，同時又前瞻現代化進程，希望在新世界體系紮下基礎。為此，康、梁二人設法重新構想儒學，拋棄以往著墨的重點，改而把儒家思想視為變革的媒介，是一門預示如何邁向現代以至大同的學說。[60]

大同學校內高度強調維新儒學。每週日，所有學生皆須跪拜孔子像，就算學生是基督徒也必須跪拜，否則會遭到開除。一八九八年的孔子誕辰慶典有眾多中日政要蒞臨，孔子像兩旁掛起一副對聯：「同種同文復能同教（指儒學）相聯未許西歐逞虎視，大清

59　梁啟超，〈日本橫濱中國大同學校緣起〉，《飲冰室文集》第四冊，703。
60　Duara, *Rescuing History from the Nation*, 13–14。

大日從此大成并合遙看東亞慶麟游」（圖二．四）。[61]這裡所遵奉的亞洲主義迴避了「誰為領導」的問題，與後來主導廿世紀以日本為首的亞洲主義不同。這種亞洲主義和大同學校本身一樣，被視為合作的要務，以儒學思想為基礎，有在現代帝國主義體系下保護中國與日本的抱負。另外在對聯中還可見到，另一個結合要素是種族。

一八九八年，即大同學校創辦首年，「同文同種」一語十分流行，時常出現在中日兩國的維新派報刊和來往書信中。這個詞語雖然更早就已存在，但近衛篤麿（一八六三—一九〇四）發表於廣為流傳的《太陽》雜誌上一篇極度煽動種族意識的文章，讓這四個字又熱烈流行起來。這篇亞洲主義文章在歐洲並未獲得好的迴響，反而加劇歐洲人對「黃禍」的無理恐懼。[62]尚沉浸於親日階段的維新派，在著述中廣用「同」字創造各種各樣的結合。雖然這是但凡提及中日關係都會拿來示人的象徵用詞，但也呈現出那個時代的氛圍。宣明自己與日本人相同的渴望。有時近乎荒謬——事實上，如果這是一場競賽，康有為可以奪冠，他在給山本憲的一封信中有一句挺突兀的話：「貴國與我同信仰、同政體、同風俗、同文同種。」[63]

對「同」的此般強調，不出表裡兩種關係。從「裡」來看，宣稱自己的國族與另一國族似同，可以看作恭維對方，但外在關係更加重要。強調日本與中國相同，暗示彼此與西方有異，這是嘗試聯合以抗共同敵人的一種戰略。這樣的種族認同，與十九世紀末到廿世紀初種族戰爭始終存在密切關聯。由於西方帝國霸權經常聯手合作，對「白禍」的恐懼不僅很合理，而且蔓延甚廣，也促使聯合抵抗的策略形成。很顯然不管是種族或民族戰略，目的都是希望抵禦帝國主義。下一章會解釋，當時認知的「同文同種」尚未有明確定義。建立在種族上的亞洲主義，依賴的是與民族主義類似的身分建構。沒意識到後者，前者也難以存在。雖然談的是種族相同，但大同學校相關史料中反覆出現的首要意識形態，是民族主義。

馮自由回憶徐勤「敦促學生盡救國之業」，「聞者無不動容。」教室黑板和課本書面都大字寫著標語：「國恥未雪，民生多難，每飯不忘，勖哉小子。」[64] 師生每天放學前都須大聲念誦。另外還有愛國校歌和其他標語。為在現代帝國主義體系下求存，中國

61　馮自由，《革命逸史》，51–52。感謝二〇一三年國立中正大學國際青年學者漢學會議上，一位聽眾為我指出對聯順序。

62　Zachmann, "Konoe Atsumaro."

63　信可見於 YKA, article C-95。康有為受近衛的文章感動，於一八九八年十一月寫了封信給近衛篤麿，鼓勵日人參與中國事務。見趙軍，《孫中山和亞洲主義》，195。

64　馮自由，《革命逸史》，51。

必須轉型成經濟更富強的國家。學生主要懷著帶領中國步入現代的動力畢業，自創校起不到幾年，只要提到大同學校，談論內容絕大部分是愛國情操，反而不是日中合作的論述。[65]馮自由曾提到東京的中國學生對未來的想像充滿革命精神。[66]這股精神表現於眾多不同方向和不同層面的身分認同，包括從廣東獨立倡議到跨國亞洲主義。關於這些學生往後人生的詳細記述很少，但至少有一人後來活躍於東京的亞洲主義團體，此人就是蘇曼殊（一八八四—一九一八）。下一章會討論他如何參與章太炎的亞洲和親會。[67]

小結

大同學校代表近代中日民間合作的重要時刻，使後人得以一窺當時的人所想像以儒學為中心的跨國際現代東亞，以及為此所作的努力。即便在五四運動破除偶像迷信後，儒家亞洲主義仍不時會出現在中國知識分子的論述中，其中大概又以一九二〇年代孫文的幾場重要演講表現得最強烈。這種亞洲主義在此重要的早期階段，並不僅是中國思想的產物，也是中日菁英合作對話的成果。

與大同學校相關的這些人，怎麼也不會認為自己是保守派。力求進步邁向現代化攸關他們的自我認知；他們拒斥帝國主義和西方文化霸權。大同學校所倡奉的儒家思想中心，是對社會達爾文主義核心主張的堅定信念，同時深信經革新的儒家思想只要發展健壯定能應對考驗。康有為、徐勤及其他人對歷史和人類未來的看法根植於競爭，特別是民族間和人種間的競爭。這個在競爭環境下產生的堅定信念，將現代化儒家思想與國族和地區意識興起連結在一起。

注入大同學校與後來輸出的東西，在很多方面有所不同。共同的受害者心理和反帝國意識依然存在。不過，維新派與他們的亞洲主義朋友想像的現代，與廿世紀實際成形的現代相去甚遠。親日情緒最高漲時期的維新派，與亞洲主義開始轉向以日本為首的帝國主義策略前的日本亞洲主義論者，在此時攜手合作保衛中國與東亞對抗共同的敵人：西方帝國主義和白人種族主義。教育者把帝國威脅下共通的受害者意識教授給新一代。這種受害者意識和自我保全的需求，正是民族主義的心理基礎，為意識到自己兼有其他

65 例如見一九〇三年〈橫濱大同學校五年紀念會祝典〉文中表達的愛國主義。《清議報》45。

66 馮自由，《革命逸史》，45。

67 蘇曼殊本名蘇戩，字子穀，十四歲即剃度出家，普遍以法號曼殊為人所知。他翻譯過雨果、拜倫、羅伯特．伯恩斯等人的著作，數部梵文佛典，以及數量驚人的英國和印度女詩人的詩作。他創作的詩詞小說雖不曾有遠大影響，但被視為過渡至新小說時期的作品，廣見於許多文學選集中。柳亞子，《蘇曼殊研究》，52–54。

身分開啟大門，這些身分不只限於國族，還包括地域表現。大同學校的畢業生懷有強烈革命意識，以不同程度表現在與身分認同相關的活動中，包括多數學生加入的興中會，以及職員多為大同校友的革命刊物《開智錄》。最後，有些學生在種族層面展現反帝國主義意識。人種在十九世紀末成為中日知識分子最熱的話題，帶出新一層面的身分認同，使東亞更形複雜，並迫使知識分子重新思考自己與其眼中同種人或他種人的關係。因此，下一章將考究在日中國知識分子對種族的討論，思考這些論述對中國與日本、與西方、與亞洲其餘各國的關係有何影響。

Chapter

3

同文同種

「歷史者何？敘人種之發達與其競爭而已。捨人種則無歷史。」

——梁啟超

從十九世紀到廿世紀，除了帝國霸權宰制，基於生理差異所區分的人種優劣高下，也被強加於世界大部分地區。十九世紀末到廿世紀初，中國知識分子認同以歐洲為中心之新學的主導權，透過翻譯引進自由主義、社會主義和個人思想之餘，也譯介人種學說。人種之分進入中國人的認知，對亞洲與歐洲、民族與帝國二元對立的概念產生深遠影響。艾提安・巴利巴爾（Étienne Balibar）指出「人種與民族的論述從來只有一線之隔」，在中國尤其如此。[1]

人種（race）是亞洲主義建構的重要因素。人種化（racialization）雖誕生於歐美現代化過程，但隨著帝國主義浪潮席捲全世界，與國族（nation）、民族（ethnicity）、文化、文明論述緊密交織。[2]全球帝國主義促成且加速人種概念傳播，並如法蘭茲・法農（Frantz Fanon）六十年前即指出的，幾乎全面使階級依人種劃分。在東亞的想像裡，這個概念被當作對帝國主義的抵抗。十九世紀末中國關於人種學說的著述突然備增，部分是因為意識到西方白人的聯合進犯，部分則是因為一群中國青年知識分子發現日本人的論述把滿族與漢族定位為不同人種。兩族有別的科學主張使革命派為之振奮，革命派欣然接受人種學說，並發現這些學說可以輕易調整至迎合他們的需求。利用權威話語可將敵人定義為人種的他者，這為中國知識分子採納人種學說帶來動力，但這些學說被採納的過程實則更複雜，是我們理解人種與廿世紀早期亞洲主義如何相關的重要關鍵。

許紀霖在闡述現代中國思想如何吸收文明論述的一篇文章當中解釋，古代的「夷夏之辨」使中國人能夠全心採納西方的人種典範。所謂夷夏之辨，將不接受古典中國文化者與接受者區分為「夷」和「夏」。許紀霖指出這種天下主義觀念不僅能吸收傳入的典範，且也使新典範能夠輕鬆與古典觀念結合，使廣大中國文人能夠接受武斷絕對的人種典範，並且填補夷夏相對之分留下的論述空間。[3]從下述可見，廿世紀初的人種著述沿用夷夏之辨的語彙，將作者認定以外的種族歸類為「夷」，並將天下主義的同心圓架構用於區分黃種（yellow race）的等級。中國知識分子採納帝國主義的種族分化階級制，進一步認識了殖民現代性，並獲得新的觀念武器。

本章我將指出，人種是一個流動的概念，易於配合論者的意向塑造成區分他者的工具。人種的概念一如亞洲的概念，被當作一種思想工具，用於號召受壓迫的民族團結對

1　Balibar, "Racism and Nationalism," 37。

2　Dirlik, "Race Talk, Race, and Contemporary Racism," 1364–67。

3　人種典範是絕對而武斷的，因為人無法改變其所屬人種。不過，中國傳統在夷夏之辨等論述中所說的「種族」，其實是一相對的概念，建立於可跨越的文化差異之上。許紀霖，〈天下主義／夷夏之辨〉，69–70。

抗帝國主義西方勢力，因此是廿世紀初亞洲主義的重要元素。此一以人種為基礎的亞洲主義在十九、廿世紀之交備受矚目，日後在眾多亞洲主義者的論述中雖仍是重要特徵，但本章主要分析廿世紀初始十年在中國革命派著述逐漸顯露的「同種」團結論，以及他們的想法如何從寄望日本支持，轉變為相信亞洲受壓迫意識正在崛起。我首先回顧早期中國的種族著述，指出種族概念是如何與對種族戰爭的想法——與白種（white race）和黃種（yellow race）的衝突緊密相連。隨著「黃禍」論傳入東亞，不只該概念受到採納，對種族的自豪也隨之建立。中國知識分子在人種的概念下，面對內有滿人持續壓迫、外有歐洲人進犯的歷史現實，極力界定「自我」和「他者」。這使得人種觀念產生極大轉變，顯見這些知識分子所關注的並不是對人種進行準確、靜態的分類。相反地，他們把區分人種當作工具，用以協助反抗霸權。我發現，內有亞洲帝國主義、外有歐洲帝國主義所造成的複雜局面，可說占據廿紀初中國革命派的人種論述，促使他們多次重組對人種的分類，終至建構出一種新型態的亞洲主義，脫離「同種」團結論，走向建立於共同受害意識之上的亞洲團結。

十九世紀末中國的人種論述

中國的人種論述可上溯至古代，但十九世紀末，西方區分種族階層的觀念在中國出現，伴隨的科學研究也使相關論述獲得一種深受信服的、足以建構新世界的合理性。[4]現代的人種概念主要以膚色及其他生理特徵來區分人類，這個分類系統最初並非透過日本傳入中國。對此一西方概念的討論，事實上首見於晚清傳教士傅蘭雅（John Fryer，一八三九－一九二八）出版於一八九二年的《格致匯編》。其中〈人分五類說〉這篇翻譯文章，以生理人類學角度描述黃、白、紅、棕、黑這五個人種，所根據的全是生理特徵。[5]不過，這篇早期的文章並未像往後幾年出現的論述那般廣獲採信。

一八九五年，緊繼甲午戰爭之後，嚴復發表在《直報》的四篇文章，改變眾多同胞的世界觀。「白人」和「黃人」等語雖然早有人使用，前段所述的西方人種論也在三年前就譯介進入中國，但經由嚴復這幾篇文章，人種之說才首次在中國普及開來。[6]他的

4　馮克指出種族概念和種族偏見雖有不同，兩者自古均已存在於中國。Dikötter, *Discourse of Race*。

5　Ishikawa, "Anti-Manchu Racism," 212–13。

6　黃色因象徵皇帝及中國本身，甚受中國知識分子青睞。反之，白色則象徵死喪。Dikötter, *Discourse of Race*, 55。

文章描述黃、白、棕、黑四個人種，並且不同於過往對種族的理解，是將人種置於演化競爭這個至關重要的脈絡中定義。往後數十年間，演化競爭論一直與人種論述密切相關。梁啟超在其創辦的《新史學》中順此脈絡，稱歷史無非「敘人種之發達與其競爭而已」。[7] 他將人種分為有歷史的和無歷史的。由於在梁啟超看來僅黃種人和白種人有歷史，繼而發展出未來求存所必要的水平，所以未來戰爭勢必發生於此二人種之間。

人種與種族戰爭

本於人種的世界觀並不是早期亞洲團結的唯一基礎，早期的亞洲團結更像是眼見西方勢力以武力攻勢強行打開市場，而群起產生的反帝國主義反應，但對世界人種的想像很早就進入亞洲主義論述，並成為核心要素之一。將西方帝國主義看作「白人」聯合進攻「黃人」是無可否認實際存在的思維，尤其不論是在東亞和世界各地，壓迫者本身也奉行這樣的人種之分。很難判定種族政治確切在何時進入思想論述，但吉洪諾夫（作者按：吉洪諾夫移民韓國後更名為「朴露子」）主張「最早在中日關係用上人種分類的一例」是曾根徹虎（一八四三—一九一〇）於一八八一年對何如璋講的話，他說服何氏接受興亞會的亞洲主義理念，為他此後在中國的活動爭取到重要菁英支持。[8] 馮客指出，中國知識分子的主流論述在一八九五年前後轉向相信可能發生種族戰爭，自此「眾多革命派逐漸接受世界秩序受白種人主宰，黃種人必須反抗圖存的觀點。」[9]嚴復除了是把關於人種的科學論述介紹進中國的第一人，也是最早假設黃種人可能滅亡的人。[10]

人種戰爭這個主題反覆出現在中國人的著述中。對此戰爭的恐懼延續於大半個廿世紀。二戰期間，汪精衛利用這種恐懼為泛亞洲聯盟找到理由，並把這些想法與孫中山的立論連結起來。在他為孫氏彙編於一九四一年的英語文集所寫的後記裡，汪精衛說：「此為泛亞洲主義之起源。如前所述，美國、澳洲與今之非洲，原有的三個人種相繼滅亡，亞洲黃種的命運危在旦夕。」[11]對人種戰爭和種族滅絕的恐懼，在東亞知識分子之間雖然影響顯著且深長，但這個概念根源於帝國歐洲。

其源頭可說與「黃禍」觀密切相關，西方人憂懼亞洲游牧部落大舉入侵，以軍事或經濟力量控制西方。這種恐懼被用作對世界各地施行種族主義和帝國主義政策的理由。

7　Ishikawa, “Anti-Manchu Racism,” 215.
8　討論見第一章。也見於 Tikhonov, “Korea's First Encounters,” 218。
9　Dikötter, *Discourse of Race*, 69。
10　Dikötter, *Discourse of Race*, 75。
11　Wang Jingwei, “Preface” to Sun Yat-sen, *China and Japan*, 169。

西方人借基督福音和自由市場之名，團結聯合對歐洲以東的一切施行宰制。史上著名首創「黃禍」一詞的德皇威廉二世，出兵中國鎮壓義和團運動前，想必很清楚自己話中的諷刺意味：

各位即將與狡猾、勇敢、武裝精良、冷酷無情的敵人交戰。臨陣時要記住：不留俘虜，不放過任何一人。你們運用武器的方式，要讓未來千年的每個中國人打消睥睨德國人的念頭……（一九〇〇年七月廿七日）

各位將執行的是一項嚴肅而艱鉅的任務，無人知曉會如何收場。不無可能會是西方與東方大戰的開端。西方全體

圖三．一　〈黃禍圖〉（*Die Gelbe Gefahr*），一八九五年。畫作上原題有「歐洲各民族，保護你們神聖的財產」（Völker Europas, wahrt eure heiligsten Güter）。這幅畫轉贈西方各國領袖後，因公然呼籲西方團結而引起不小爭議。西方對進占亞洲一事的確團結一致，但直到威廉二世公開演說之前並未言明。

正在團結起來。為了共同的目標，就連長久以來互相對立、互為死敵的國家也加入了。（一九〇〇年八月二日）[12]

德國對東亞的帝國主義戰略，在德皇威廉二世口中被表述為西方與東方、白種與黃種的大戰。在此之前幾年，他安排畫家赫曼．克納克福斯（Hermann Knackfuß）畫下著名的〈黃禍圖〉，畫中佛陀乘火龍接近基督教歐洲（圖三．一）。[13]呼籲西方團結以抗「黃禍」的這種說法在日本與中國皆引起注意，兩地對於此種論述至今仍記憶猶新。

12　Wilhelm II, The Kaiser's Speeches, 260.

13　部分歐洲人非常反對這種看法，認為其他歐洲強權對自身利益威脅更大。英國觀點對此畫作所做的詳盡而諷刺的長篇分析，可見 Diosy, *The New Far East*, 330–34。迪奧西（Arthur Diosy，一八五六－一九二三）是英國日本學會創辦人，積極倡議英日同盟。也可見羅福惠，《黃禍論》，59–62。數十年後，魯迅仍稱德皇威廉二世為黃禍觀的始作俑者。魯迅，《魯迅全集 5》，343。

黃禍論

黃禍論一直是中日兩國諸多研究的主題，但很少見於英語研究。中日學者對黃禍論會有如此興趣其實並不意外。因為西方廿世紀初對亞洲崛起的擔憂同樣又出現在廿一世紀初，兩者的相似性難以忽視。[14]

關於黃禍論最具影響力的研究，也許當屬德國著名歷史學者海因茨．戈爾維策（**Heinz Gollwitzer**）的《黃禍》（*Die Gelbe Gefahr*）。戈爾維策認為黃禍論是西方帝國主義不可分割的一部分。他的著作未曾譯入其他歐洲語言，卻早在一九六四年就由商務印書館譯入中國。[15]日譯本則出現於一九九年，並於二〇一〇年再版。[16]

中國於一九七九年出版有《黃禍論：歷史資料選集》。編輯群為取材自英、美、俄、日等國與黃禍論相關的新聞報導和期刊文章提供翻譯。書中亦有一個實用部分，整理中國人對黃禍論的不同反應，但編輯群有所節制，未與這些文章對話，也未進行太多分析。較晚近有思想史學者羅福惠，以二〇〇七年於中國和臺灣兩地出版的專著《黃禍論：東西文明的對立與對話》，對黃禍論提出廣為接受的分析。

羅福惠稱種族主義的黃禍論，根源於一套經過精簡的西方思想體系，這套思想體系繼承自古希臘和希伯來思想史，在十九世紀西方帝國主義思想中具現成形。[17]羅福惠回顧第一波關於黃禍論的著述，研究中國各大知名刊物共七十篇文章：其中多數出自一九〇三年至〇五年，這段時期隨著俄國侵略滿洲而致引發日俄戰爭（一九〇四至〇五年），著迷於種族戰爭者忽然大增。[18] 刊登相關文章的報刊包括《中外日報》和《警鐘日報》。但又以《外交報》文章數量出乎意料最多。[19]《外交報》這段時間與嚴復多有來往，嚴復常被視為現代人種理論在中國的始祖。這些文章和頻繁出現的瓜分中國的報導一樣，持續助長擔憂中華文明未來的氛圍。對人種戰爭的恐懼持續了一整個廿世紀，至今猶

14　二〇一四年，歷史學者 John Kuo Wei Tchen 和 Dylan Yeats 以專著《Yellow Peril》總結了這股研究趨勢。較早的英語研究包括一九五七年美國學者 Richard Thompson 的《The Yellow Peril: 1890–1924》。另也有英國作家 C. R. Hensman 的《Yellow Peril? Red Hope?》。在日本，橋川文三著於一九七六年的《黃禍物語》最為有名。更近有橋本順光編輯的兩套以黃禍為題的英語文選：第一套共七冊，選錄英國小說，二〇〇七年於東京出版；第二套共四冊，收錄歷史文獻，二〇一二年出版。Hashimoto, *Yellow Peril*; Hashimoto, *Primary Sources of Yellow Peril Series II*。

15　不過，該書出版起初只限為「內部讀物」，並未於一九六〇年代接觸到讀者大眾。Gollwitzer，《黃禍論》。見羅福惠，《黃禍論》48–49。

16　Gollwitzer，《黃禍論とは何か》。

17　羅福惠，《黃禍論》26–27。

18　這些文章當中，二十五篇譯自英語，十五篇譯自日語，其餘三十篇原本即以中文寫成。

19　羅福惠，《黃禍論》292。

存，只是現在已被重述成「文明」之間的衝突。[20]這股恐懼對知識分子的思想影響卓著，著名知識分子在民國時期幾乎人人都曾對此發表議論，這股憂心被置入對歐洲與東亞分歧的見解裡，也融入日漸壯大的亞洲主義論述當中。

顛覆黃禍論

黃禍者誰亞洲我，我我我！——黃遵憲[21]

對黃禍論的反應因人而異。有人呼籲黃種團結對抗更迫近的白禍；[22]有人斥之根據的只是對西方的恐懼妄想。知識分子中較有創見者則逆轉危境，預見亞洲可以對西方帝國主義發揮那些正向影響。

魯迅即屬於第三類。他雖向來反對西方帝國主義，但他真正憂心的是中國人為了驅逐西方人，效仿西方的暴力與貪婪，從而落入同樣的窠臼。在竹內好著名的「作為方法的亞洲」論述中，眼見西方現代性將帶來殘酷競爭的資本主義未來，魯迅所看重的是亞洲可以如何提供其他可能性。一九〇八年，魯迅批評被西方黃禍論激怒而提倡暴力的人，他反過來主張黃禍應是一場世界和平運動：

今茲敢告華土壯者曰，勇健有力，果毅不怯鬥，固人生宜有事，特此則以自臧，而非用以搏噬無辜之國。使其自樹既固，有餘勇焉，則當如波蘭武士貝謨之輔匈加利，英吉利詩人拜倫之助希臘，為自繇張其元氣，顛仆壓制，去諸兩間，凡有危邦，咸與扶掖，先起友國，次及其他，令人間世，自繇具足，眈眈晳種，失其臣奴，則黃禍始以實現。[23]

孫中山對黃禍論的反應也暗示類似的結果，只是遵循的是民族主義模式。一九〇四

20　在日本，認定人種戰爭勢在必行，一直是促成二戰和大東亞共榮圈的一大原因。人種戰爭的概念長存於日本的大眾文化意象中，乃至進入許多流行的漫畫和文學作品。二〇〇四年的改編動畫《再造人卡辛》（*Casshern*）即是有趣的例子，背景設定於第三次世界大戰後的新秩序，歐洲與亞洲交戰的五十年後，「東方聯盟擊敗歐洲軍隊，統治了歐亞大陸」。日本是聯盟之首似為理所當然。（見《再造人卡辛》開場動畫。）

21　黃遵憲於十九世紀旅居日本多年，晚清親日知識分子中以其著述最具影響力。他與早期亞洲主義團體有聯繫（見第一章），但認為日本文化譜系系出中國。**Kamachi, *Reform in China*, 55 & 141**。

22　「白禍」一詞此後仍長時間持續出現在日本的著述中，特別是一九一三年永井柳太郎發表《白禍論》後。見 **Duus, "Nagai Ryūtarō: 'The White Peril.'"**。白禍論也是一九一七年小寺謙吉《大亞細亞主義論》的重要環節，下一章會論及。

23　原於一九〇八年在東京以筆名「迅行」發表於《河南》雜誌。魯迅，《破惡聲論》，108–109。

年，他鄙斥黃禍的概念是西方人不理解中國人愛好和平的天性才有的不實幻想。「如果中國人能夠自主，」他主張，「他們即會證明是世界上最愛好和平的民族。」若此，「黃禍畢竟還可以變成黃福。」[24]

面對種族仇恨，這些是正面且有建設性的反應。然而大多數民眾並未有這樣的耐心，對未來也不抱如此厚望。嚴復的諸多著述和翻譯都與人種論有關，或也可說對人種論負有責任，他認為白種與黃種之間的戰爭勢不可免，應當有所準備。[25]類似的著述往後數十年不斷出現，不過以日俄戰爭及第一次世界大戰前後最為明顯。

嚴復的文章明確呼籲黃種人團結驅逐白禍。這種觀點並無特出之處，但在當時，眾多知識分子號召漢人起義革命將滿族趕出中國，嚴復特別呼籲漢人應與滿人合作。他認為世界上僅有「四大人種」，滿族和漢族同為黃種，理應團結合作。[26]學者浦嘉珉（James Pusey）指出，「他對『白禍』提出警告……嚴復再度放眼中國以外，尋找達爾文式競爭的真正戰場。雖然當初刺激他提筆寫作的原因，是中國敗在同為黃種的日本人手裡，但嚴復的目光超越同種內的競爭，看向對他而言更可怕的競爭，即不同膚色之人種間的『終極』競爭。」[27]隨著種族分化的概念在東亞萌芽茁長，出現許多對人種和族類的不同解讀，將漢人與滿人放在種族有別的框架內建構漢–滿關係，一方面要求消滅滿族，一方面又矛盾地持續呼籲種族團結。不少人用上「同種」和「異種」這兩個詞，試圖把人種說組織成一種論理上的反抗策略。

同種與異種

亞洲合作始於十九世紀末、廿世紀初，同種的概念一直是合作背後潛在的原則。日本知識份子熱衷於使用這個概念以號召團結對抗帝國主義西方，也以此為藉口擴張日本在東亞的影響力。同種一詞至少早在一八八〇年，欽差大臣何如璋在東京與興亞會幹部會面時，在亞洲就有知識分子使用。[28] 整個一八九〇年代延續到一九〇〇年代，重要報刊如《時務報》和《東方雜誌》不斷呼應同種概念，警告有種族戰爭之虞，文章往往

24 孫中山，〈中國問題的真解決〉，62。
25 Pusey, *China and Charles Darwin*, 68。
26 Pusey, *China and Charles Darwin*, 68。
27 Pusey, *China and Charles Darwin*, 69。
28 《興亞會報告》，9. 興亞會是一八八〇年代創立於日本的早期亞洲主義團體。見第一章。也見 Zachmann, "The Founding Manifesto"。

直接借自日本泛亞洲主義者如樽井藤吉、近衛篤麿等。在中國具影響力的思想家如張之洞、梁啟超、章太炎、鄒容（一八八五—一九〇五）、孫中山之間，同種一詞是流行用語。不同於近代翻譯英語「race」一字常用的「人種」和「種族」，同種通常只用於指稱東亞民族。但和所有身分一樣，其涵蓋範圍會隨發言者的需求擴大或縮小，從鄒容和劉師培（一八八四—一九一九）的例子便可見得

東亞基於同種團結聯合的主張，雖然早先即有人提出，但在一八九八年才成為顯學，相關用語也才傳播開來，這部分起因於近衛篤麿寫下的著名論文〈同人種同盟——附支那問題研究之必要〉。[29]近衛告誡日本人勿因近來在「文明」進程上取得進步而自覺優越，並認為白種與黃種的種族戰爭近在眼前，日本有必要與中國協力合作。[30]十九世紀末葉，中日兩國知識分子多已接受生存競爭、適者生存的達爾文主義觀念。競爭被視為進步的要素，並可能導致一個文化、族裔或人種被另一方徹底消滅。

近衛的文章流行於眾多中國知識分子間。同年五月譯為中文刊於《蘇報》，而後於一九〇一年收入著名的《清經世文編》。[31]《蘇報》是時興於革命派之間的刊物，因其發行人與日本有家族淵源，在上海外國租界受到保護。近衛在其三頁長的文章裡，並未使用「同種」或「異種」，他用的是比較長的「同人種」和「異人種」。中譯用的則是比

較短的前者，這兩個詞業已廣用於討論種族議題的中國報刊，但也因用字精簡而存在一定的歧義。[32]

不同於近衛篤麿用的「同人種」，「同種」一詞並不單指「相同人種」，該詞早在人種理論出現前就已廣為使用，用法上有相近的含義，並一如前面的章節所述，該傳統觀念很容易與現代知識相結合。同種可以指「同種類」或「同類型」，只有上下文清楚表述之際才應解讀為「相同人種」。當然，「同種」一詞屬於人我二分的簡單概念，反義詞「異種」即用於指稱他者。異種通常解讀為「不同人種」，是東亞知識分子指稱西方人的常用詞彙，但其用法可遠溯至西元五世紀的《後漢書》，且含義驚人相似。[33]在現代，

29　Zachmann, "Konoe Atsumaro."

30　近衛稱此為「人種競爭」，後被譯為「種類之爭」。近衛篤麿，〈同人種同盟〉，1–2。

31　中譯文標題縮短為〈同種聯盟說〉，但說明近衛希望日本政府對華採取之政策也收錄在內。近衛篤麿，〈同種聯盟說〉。《清經世文編》收錄內容專注於與日同盟的相關文章。

32　這些也是該時期韓國報紙流行的用語。施密德（Andre Schmid）指出《皇城新聞》的親日社論經常使用「同族」「同種」「同文」等語，呼籲東亞合作對抗西方，但合作形式須保證三國的自主自治。見 Schmid, *Korean between empires*, 88–93。

33　詞源見於《漢語大辭典》。「異種」指不同部族或不同群體。以「種」的古義來說，此所謂不同肯定不是指生理差異，而是由所在地和所屬文化來界定。

同種一詞若出現於四字成語「同文同種」，則所指的就是人種。同文通常解釋為「相同文字」或「相同文化」；單論「文」字則可以指文化或文明。不過，「同種」二字單獨使用時，意思則不盡然明確。界定誰是或不是同種，並沒有合意的定論。反義的異種也一樣。「異種」——屬於不同種類——通常用於指稱西方白人，但也常被革命派用以指稱滿人，許多漢族知識分子領袖設法把滿人定義成不同「種類」或不同「人種」，以突顯彼此的差異。

人種與反滿民族主義

反滿論述出現雖然已有幾個世紀，但一九〇三年的一起突發事件，將反滿主張傳播向更廣的讀者群，慘痛後果亦隨之而來。當時廣受歡迎的《蘇報》於受政治庇護的上海外國租界營運，在章士釗（一八八一—一九七三）編輯下日益激進。章太炎和鄒容於一九〇三年來到上海後，組成汪榮祖所謂的「激進二重唱」。[34] 鄒容出版激烈排滿的《革命軍》一書後，由章太炎所寫的一篇序文同時刊登於《蘇報》，兩人旋即成為清政府的公敵，此事後被稱作「蘇報案」。雖然在外國租界庇護下，兩人免於死刑，但雙雙被關入獄，鄒容在一九〇五年四月三日於獄中去世，距離獲釋日期只剩七十天。[35]

在《革命軍》書中，鄒容頻頻言及人種。不過，他的用法與嚴復的認知有異。鄒容在全書多處稱滿族統治者為異種，即非我族類，同種一詞則用於泛稱漢族。[36]嚴復也用過同種一詞，但他將滿人、漢人乃至於日本人皆視為出於同「種」。[37]學者約翰・拉斯特（John Lust）翻譯《革命軍》一書，將種、族、人種、種族皆英譯為「race」。[38]然而，鄒容使用這些詞語，似乎往往只用於區分滿人與漢人：「（滿族人）本與我黃帝神明之子孫不同種族者也。」[39]

鄒容在書中第四章說明他何以強調人種。該章僅六頁，篇幅不長，題為〈革命必剖清人種〉，文章揭示鄒容對人種的認知混合了傳統中國對北方夷戎「蠻族」的不信任，

34 汪榮祖，《章炳麟與革命風潮》，40。受古典教育的章炳麟此時已是著名知識分子，但鄒容當時年僅十八歲，沒沒無聞。

35 經外國領事多方施壓，章太炎判刑三年，鄒容兩年。清政府認為章威脅較大，鄒容是「採納章的思想」（引用於四二頁）。汪榮祖，《章炳麟與革命風潮》，40–43。

36 鄒容，《革命軍》，8–9。

37 嚴復，〈原強〉，110。

38 例如：Zou, *The Revolutionary Army*, 68, 69, 80, 126。

39 鄒容，《革命軍》，23。拉斯特英譯為：”were not by origin of the same race as the illustrious descendants of our Yellow Emperor”。Zou, *The Revolutionary Army*, 80。

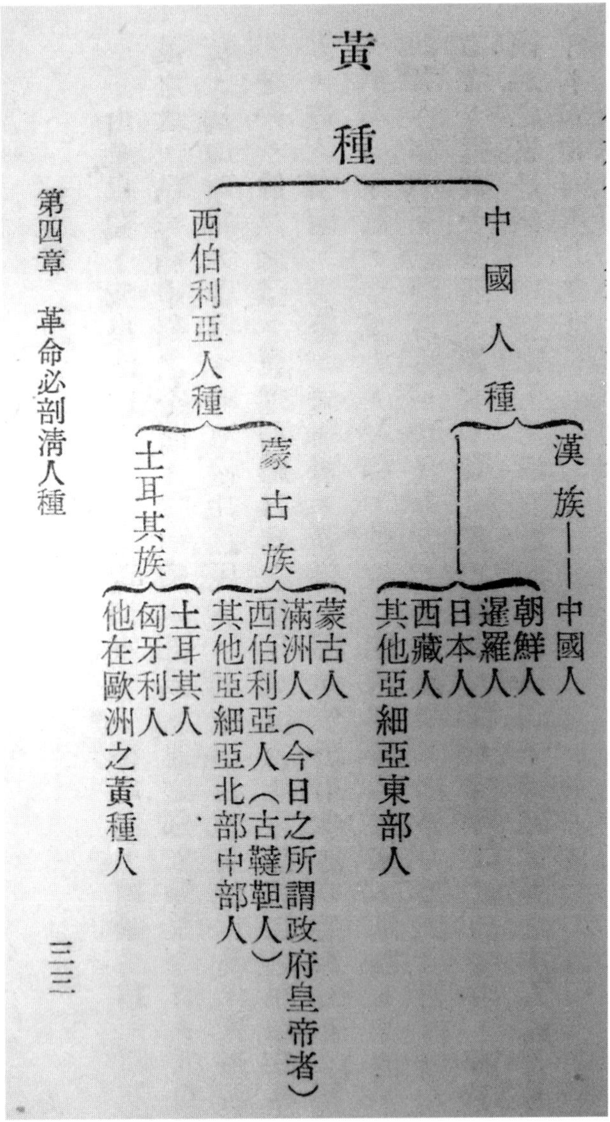

圖三・二　鄒容對黃種的分類。見於鄒容，《革命軍》（臺北：中央文物供應社，年代不詳），33。公有領域。

兼以現代對白人和黃人的人種區分。他和改革派的嚴復及康有為一樣，相信只有黃種與白種人有生存進化的價值，但不同於康有為相信兩人種終能合於大同，鄒容反映了嚴復對物競天擇的看法，認為人種戰爭無可避免：

> 地球之有黃白二種，乃天予之以聰明才武，兩不相下之本質，使之發揚蹈厲，交戰於天演界中，為亙古角力較智之大市場，即為終古物競進化之大舞臺。[40]

不過，鄒容認為黃種又可續分為兩人種：中國人種與西伯利亞人種。[41] 兩人種之下又可依民族再細分：中國人種包含漢族、朝鮮人、暹羅人、日本人、西藏人，及「其他亞細亞東部人」。西伯利亞人種則包含蒙古人、滿洲人、西伯利亞人（古韃靼人）、「其他亞細亞北部中部人」、土耳其人、匈牙利人，及「其他在歐洲之黃種人」，如圖三・二所示。[42] 由此應能清楚看出鄒容所述的中國人種，基本上列出了傳統中國漢文化圈內的

40　Zou, *The Revolutionary Army*, 106。
41　鄒容，《革命軍》，33。
42　鄒容，《革命軍》，33。

民族和周邊藩國。科學論述被挪用於支持古代中國觀點。

當然，鄒容著墨的重點，以及之所以要如此細分「黃種」，用意是欲突顯滿洲人非我族類，應當逐出國土。這麼做的同時，鄒容也找到與其他東亞民族的共同點；但其根據的並非當時常見的語言或生理特徵，而是對於歷史上民族遷徙模式的認識。上述「中國人種」的所有種族，在秦漢兩朝即遷徙至中原東北部黃河流域的今日所在位置。[43]假託科學之名對人種做出的此番解釋，是建構概念作為橋梁，方便從帝制時代中華中心朝貢體系，過渡到廿世紀以人種為亞洲主義立論的一個實例。不過，鄒容以中國的種族關係來界定人種，至於眾多亞洲主義者關注的白種，他很大程度上忽略未談。這方面很快就有鄒容親友圈外的人補充上去。

劉師培與〈中國民族志〉

劉師培一如鄒容，也是章太炎的追隨者，在東京參與革命派組織的反滿洲人團體。他雖然日後以無政府主義著述聞名，但他早期的主要著作之一與人種族裔有關，且公認是最早談論漢民族的重要文獻。[44]就在鄒容出版名作《革命軍》一年後，劉師培發表其漢民族歷史論，題名〈中國民族志〉。[45]承繼義大利革命英雄馬志尼（Giuseppe

Mazzini）對民族主義和政治行動主義的想法，劉的論述牢牢根植於社會達爾文主義觀念，認為民族最適者生存，並以漢族為中心重新思考中國歷史。在劉師培看來，民族奠立於血統，而一國應由同一民族統治。驅逐滿洲夷狄因此是為當務之急，就像義大利自奧匈帝國下解放，愛爾蘭人擺脫英格蘭統治。[46]如同鄒容，劉也視漢族為兩千多年來不斷擴張的勢力。他將漢族擴張分為四個時期，外族入侵分為五個時期。[47]劉對人種歷史的認知直接來自日本漢學家桑原隲藏，文中大量引用桑原著作。桑原將「亞細亞人種」分為西伯利亞人種和支那人種。不同於鄒容的是，桑原和劉師培把日本人和朝鮮人歸類於西伯利亞人種。[48]

劉師培和鄒容一樣，認為漢族受滿族「奴役」，但他著重於擔心不久的將來，漢族會再受白種（或歐種）奴役。他列出進犯中國者有俄國人、英國人、法國人、德國人和

43 鄒容，《革命軍》，34。
44 曾黎梅，〈劉師培與中國民族史研究〉。
45 劉師培，〈中國民族志〉，收錄於《劉師培全集》，597–626。
46 劉師培，〈中國民族志〉，收錄於《劉師培全集》，597。
47 劉師培，〈中國民族志〉，收錄於《劉師培全集》，598。
48 劉師培，〈中國民族志〉，收錄於《劉師培全集》，599。

日本人。[49]他認為白禍是漢族及「亞種」面臨的終極威脅，擔心亞種會被消滅殆盡。劉師培於一九〇四年即警告不信種族滅絕危機的同胞，看看北美洲和澳洲原住民族的前車之鑑，與梁啟超於一九一九年舉的是相同的例子。[50]

鄒容和劉師培主張滿人與漢人屬不同「人種」，並不單只是基於對統治民族的憎惡。廿世紀初，日本人類學者競相對亞洲所有住民進行民族分類。鳥居龍藏是這個新學門內一位極具影響力的研究者，於世紀末出版有多本討論「西伯利亞人種」的著作。他在一九〇四年的著作中表示：「以生理特徵來看，滿洲人近似通古斯民族。吾人理當可以確信，滿洲人乃是通古斯民族分支。從民族學角度來看，則滿洲人毫無疑問屬於通古斯民族。」[51]人類學上的分類使排滿革命份子有正當理由指稱滿人是通古斯族或西伯利亞人種，而這也使得日本的人類學在漢人知識份子間日趨流行。將滿人視為「異人種」的趨勢甚受歡迎，也引起親滿改革派的防禦反應。康有為和梁啟超無法否認日本人和革命派提出的「科學」證據，但仍主張滿人已經充分受漢人同化，應可視為同一人種。[52]

種族區分這門科學有很大的彈性，可配合使用者的政治需求調整。然而，知識分子為求有正當理由將政治對手區分為他者，採納這種霸權分類法的同時，也相當於把權力交給界定了歐美帝國的階級體系，這個體系反過來也能被用於對付中國人。革命派和改革派都同意中國和日本屬於同種，應當共圖大計。但到了一九〇五年前後，隨著日本人愈來愈明白宣稱自身更為優越，同種合作的單純希望也逐漸破滅。

陳天華、《民報》創始與「黃金十年」的終結

一九〇三年，在日中國留學生開始公開呼籲革命推翻清政府，消滅滿人。陳天華，來自湖南的革命派青年學生，在排滿情緒正值高峰之際抵達東京。[53]據馮自由所述，這股情緒受到煽動，是因為一九〇二年四月章太炎在上野公園發起集會反對清廷，追悼中國遭統治二百四十二週年。[54]與此同時，日本政府日漸由內而外成為一帝國主義強權。

49 劉師培，〈中國民族志〉，收錄於《劉師培全集》，625。
50 劉師培，〈中國民族志〉，收錄於《劉師培全集》，626。翻譯並引用於Ishikawa, "Anti-Manchu Racism," 11。
51 Ishikawa, "Anti-Manchu Racism," 18。
52 朱慶葆、牛力，《鄒容 陳天華評傳》，148。
53 章太炎認為中國遭滿族統治，始於一六六一年南明覆滅，而非一六四四年明朝在北京滅亡。馮自由，《革命逸史》，57–59。

一九〇三年初，大阪舉辦萬國博覽會。[55]會中將臺灣人呈現為日本臣民、福建文化為日本文化分支，引起參觀的中國留學生和永久在日的中國移民抗議。[56]除此之外，這一年當中陸續又有其他許多學生抗議活動，對日本聽從清政府要求對留學生施以管控表達不滿。這段時間實難稱作雷諾茲所述的「黃金十年」。[57]綺麗幻想已然結束。不過，陳天華抵日之際，文章中的怒氣指向的是西方人和滿族。

陳天華身為激憤的民族主義者，對中國留學生在美國和日本所受對待甚感痛心。[58]但他最感苦惱的是國內情勢。他特別提到上海著名的告示上寫「狗和華人不准入內」，這個令人作嘔的種族歧視象徵，存在於遭受半殖民的中國境內。[59]陳用簡單的口語寫作，訴諸情感呼籲中國人覺醒，正視西方的威脅：「來了！來了！甚麼來了？洋人來了！洋人來了！不好了！不好了！大家都不好了！老的、少的、男的、女的、貴的、賤的、富的、貧的、做官的、讀書的、做買賣的、做手藝的，各項人等，從今以後，都是那洋人畜圈裡的牛羊，鍋子裡的魚肉，由他要殺就殺，要煮就煮，不能走動半分。唉！這是我們大家的死日到了！」[60]

陳天華在他出版的《猛回頭》和《警世鐘》兩本小冊中都呼籲殺死西方人，但也都附註說明他所指的是軍員而非平民。他運用誇飾修辭激發對滿人和西方人的憤怒：「殺我累世的國仇，殺我新來的大敵，殺我媚外的漢奸。殺！殺！殺！」[61]

陳天華文中生猛無忌的怒火，道出許多人心中的挫敗感，包括對西方帝國、滿清朝廷和日本人，對帝國主義勢力日趨明顯的不公不義，很多人心有不平。陳天華的著作經常與鄒容放在一起討論；鄒容同樣也用簡潔有力的措辭，表達對滿清統治的憤慨，力陳中國人應當造反，建立某種形式的民主共和國，在這個人種競爭主宰的世界上求存。[62]

55　此活動雖常稱萬國博覽會，實際是第五屆全國就業博覽會。臺灣展區引起許多參觀學生憤慨，包含臺灣人自身也義憤不平。見河世鳳，〈臺灣與自我形象〉。

56　朱慶葆、牛力，《鄒容 陳天華評傳》，149。

57　Reynolds, *China*, 1898-1912。

58　陳天華，節錄自《警世鐘》，243。「警世鐘」很可能指涉俄國十九世紀末的革命雜誌《警鐘》（*Nabat*），一八七五年由彼得・特加喬夫（Petr Nikitich Tkachev）創辦。

59　陳天華於 Chapman, "Introductory Note," 245。這個告示是否確實存在，眾多歷史學者一直持有爭論，但該傳言在一九〇三年顯然極具說服力。當時確有許多西方人把中國人當狗對待，但畢可思（Robert Bickers）和華志堅（Jeffrey Wasserstrom）認為，該告示不曾使用這麼詆毀的字眼。Bickers and Wasserstrom, "Shanghai's 'Dogs and Chinese Not Admitted' Sign."

60　陳天華，節錄自《警世鐘》，240。

61　陳天華，節錄自《警世鐘》，246。

62　關於陳天華最常被引用的兩本著作，事實上皆以這兩位革命青年為主題：朱慶葆、牛力，《鄒容 陳天華評傳》，和馮祖貽的《鄒容 陳天華評傳》。

陳天華的小說《獅子吼》著墨於創建民族共和國以對抗西方侵犯之必要，他形容西方進犯是「滔天白禍亞東流」。[63]《獅子吼》在一九〇五年陳天華死後始於《民報》連載至一九〇六年，小說論及多個主題，皆切合該報偏好的編輯重心。《獅子吼》雖然歸類於小說，但內容絕大多數由討論達爾文主義、人種和共和主義的短文組成。

陳天華寫及人種，其想法可說與同時代的鄒容和劉師培並無太大不同。他對世界秩序的認知奠基於人種，對民主和民族的理解亦然。[64]他進一步闡述同一人種聯合或相斥的原因：

> 聯合他人，又不如聯合自己一族，於是把同祖先同姓氏的人叫做「同種」。把那不同祖先不同姓氏的人叫做「異種」。對於同種的人相親相愛，對於異種的人相賊相惡，是為種族的競爭。愚弱的種族被那智強的種族所吞滅，如那下等動物被那中等動物所吞滅一般。

陳天華接著又詳細解釋各人種的來由：

等到今日，多的越發多了，少的越發少了。無數萬種族之中，存在今日的，大種族有五種，細細分開有數百種。那五種？一黃種：住在亞細亞洲。中國、日本、朝鮮（即高麗）、安南（即越南）、緬甸、暹羅，皆是此種人。文明開得最早，三四千年之前，已有各種的制度，人數在百年前有八萬萬，於今尚有五萬萬餘。二白種：住在歐羅巴洲。英吉利、俄羅斯、德意志、法蘭西、奧地利、西班牙、意大利、荷蘭、葡萄牙，以及現在阿美利加洲各國的人，皆是此種人。文明開得不甚早，春秋時候，他們尚在野蠻時代，一切制度多有自中國傳去的，如羅盤……鳥槍……書傳上都言之甚明。[65]

陳天華很少提及其他人種或國家，就算提到，態度也並不友善。他和多數同代人一樣，採納白人帝國主義者推崇的一種貶低他者的種族區分觀念，接受只有黃種和白種是重要的。這些知識分子對白人優越論的接受程度高到令人擔憂。他們努力思辨這種論述，結果卻未因此能對這些荒誕的觀念提出反駁，反而臣服於「科學」的力量，僅僅只

63 陳天華，《獅子吼》，1。
64 朱慶葆、牛力，《鄒容 陳天華評傳》，160。
65 陳天華，《獅子吼》，3。

是嘗試把論述修正成可以包含黃種人，同時接受黑、棕、紅是低下的「人種」。可以想見，這些知識分子很多人終其一生沒接觸過非他們認定為白種或黃種的人，但卻仍把這種霸權論述建立的典範奉為事實。等到章太炎和其他人在東京開始與印度人往來，我們才會看到貶低其他人種的思想慢慢從他們的著述中消失。但這得要到陳天華死後不久才發生。

陳天華以筆名「思黃」寫作，是人種理論堅定的支持者，激烈反對滿清統治和滿民族群體，也不滿於日本對中國留學生的限制。[66] 一九〇五年十一月，《民報》創刊號發行後短短數週，因為中國留學生抗議日本政府應清廷要求對學生頒布限制，日本報紙形容中國留學生「放縱卑劣」，陳天華在東京灣投海自盡，以示義憤。[67]

陳天華留下的遺書中，有一點與他早先的著作相比明顯有了轉變。從他的遺書可看出，基於人種的合作主張開始逐漸轉變為基於共同受害意識的合作主張，後者也將在一九二〇、三〇以至四〇年代成為中日亞洲主義論述的基調。多年來憤怒地抗議滿人和西方帝國主義的行為與言論，陳天華最終投海自盡以表對日本的抗議，並憤慨指斥中日基於同文同種締結同盟的想法。他雖承認為保護東亞，有必要與日本合作，但他提出了政治現實主義觀點，認為同盟建立於利害關係之上，中國有可能因此損喪主權。

同盟為利害關係相同之故，而不由於同文同種。英不與歐洲同文同種之國同盟，而與不同文同種之日本同盟……中國之與日本，利害關係可謂同矣，然而勢力苟不相等，是「同盟」其名，而「保護」其實也。故居今日而即欲與日本同盟，是欲作朝鮮也；居今日而即欲與日本相離，是欲亡東亞也。[68]

陳天華的這些話隨即於《民報》刊出，編輯群並附上這位相貌堂堂男子的照片與一篇悼詞，不久也刊出他所有尚未發表的著作。陳天華成為烈士，透過自殺留給讀者和同仁留下不朽的囑告。對日本協助以禦西方帝國的盼望雖未完全破滅，但也日漸衰減。黃金十年已然告終，中國知識分子欲抵抗帝國侵略必須另尋他助。亞洲人種團結對抗白種的概念並未消失，但擴展到涵蓋至東亞以外，因為有影響力的知識分子在日本遇上了印度革命人士。

66 《民報》以陳星臺稱呼陳天華。他也會用字「過庭」發表文章。
67 Chapman, "Introductory Note," 239. 日本政府於隔月即一九〇六年一月撤銷規定。
68 陳天華，〈陳星臺先生絕命書〉，6。

革命派始認識印度

《民報》編輯向來格外重視人種議題，視之為分析中國問題必不能少的概念。從創報之初，章太炎尚未獲赦出獄擔任總編輯之前，汪精衛就在創刊號定下《民報》的論調。他首先以民族學，或應稱人種學論述，強調漢人與滿人的差異。[69] 一九〇六年七月，章太炎抵達東京後，也欣然承續這一脈絡。蘇報案堅定的排滿反清立場和之後的入獄服刑，強化了他對此趨勢的效忠。六月十九日，章太炎出獄當天，孫中山安排四名代表前往接風並陪同他返回日本。章在日本受邀執掌《民報》，度過一段與孫中山和黃興友好合作的時期。[70]

章太炎是最早以中文廣書人種議題的人，也是寫下滿人與漢人不為同種的第一人。他大為有名的《訄書》初版於一九〇〇年，但於一九〇四年經重新編輯再版乃廣獲歡迎，將他的觀點帶給了一整代人，對建立該世代的人種典範和語彙發揮重要作用。[71] 不過，他可能意識到現有的人種模型極其有限，難於用來成功推翻滿清。[72] 他開始尋找其他可助目標實現的途徑。接掌《民報》後，章太炎開始向讀者介紹瑜珈行派佛教，他在上海提籃橋監獄內研讀過該派教義。[73] 他希望透過瑜珈行派，找到一套非西方的方法建構自己的政治思想。[74] 他開始實驗不同的思想與方向，但選擇的途徑大多受到歷史推力左右。

發生於廿世紀初始十年的諸多變化，造就此刻具有影響力的章太炎。一九〇五年，章太炎尚在獄中時，英日同盟擴大並更新條約，新增與英國在南亞利益相關的專屬條款。同盟關係日益強化，為兩帝國創造共通點，也提供新的互動可能。廿世紀初在日的印度族群，與中國和其他外國族群一樣，大多聚居於東京、橫濱和神戶。[75]不過，此時東京正逐漸變為一座革命人士與無政府主義者的城市。一九〇六年，章太炎抵達東京同

69 汪精衛詳述以人種科學研究區分人民的六個要素：血統、語言文字、地域、風俗、信仰和精神。他認為滿人這六者與漢人皆不相同，所以必為不同民族，應當分屬不同國家，因為他在文中多次提到「一民族為一國民」。汪精衛，〈民族與國民〉。

70 汪榮祖，《章炳麟與革命風潮》，46、50。

71 尤以第十六章〈原人〉聚焦談論人種。章太炎論及中國與歐美，將此二種類與其他種族區分開來，鄙視其他種族有欠文明。章炳麟，《訄書》，38–39。

72 周啟榮認為，章太炎早在一九〇〇年已經意識到種族戰爭的模式無效，因為無法有效將滿人排除於黃種之外。周啟榮後來認為是章太炎創造並發揚「漢人種族主義」。Chow, "Imagining Boundaries of Blood," 34–52。

73 汪榮祖，《章炳麟與革命風潮》，43、53。

74 Murthy, *The Political Philosophy of Zhang Taiyan*, chap. 3。

75 Azuma, "Indians in Tokyo."

年，印度一名革命人士鉢邏罕也從美國來到東京。[76]鉢邏罕和另一名不知其名、僅提到叫保什的印度人，與章太炎在東京會面，討論中國與日本的相似處，時間應為一九〇七年初。中印兩國都蒙受章太炎所謂的「客帝」之患（外來帝權入侵）。對於這次會面，章太炎寫道：「顧念二國，舊肺腑也，當斟酌其長短以相補苴」[77]這場會面使章太炎突然著迷於印度，在《民報》上可以詳見。談論印度的文章開始逐期出現，連帶也刊出印度獨立鬥士照片、支持梵文研究的文章、摘自印度報紙的譯文。章太炎對印度產生濃厚興趣不久後發生的一起重要事件，更強化他對印度獨立的支持，也終結他對日本援助殘存的期待。

一九〇七年四月廿日，章太炎出席印度西婆耆王紀念會。[78]前日本首相大隈重信在會中發表演說，他是當時在野政府的重要成員，經常援助來自中國的革命派和改革派人士，與康有為和孫中山均維持友好。然而，大隈的演說內容和舉止行為令章太炎深感震驚與沮喪。大隈熱烈招呼到場的英國白人：「伯見英人士女之列坐者，鞠躬握手，曲盡恭謹。余不意著名之政黨而如此也！」大隈敦促與會的印度革命人士「改良社會，勿怨他人，勿謀暴動」。[79]章對大隈的失望轉為憤慨：「余獨怪大隈伯以東方英傑，而亦為是諂媚取容之語，豈昏耄短氣耶？」日本之為亞洲國力最強國，又自印度接受佛教思想：「縱令機權方略弗能遠及，此心固不可以已。」[80] 章太炎意識到大隈重信重視英日同盟多過於重視亞洲盟友，自此不再冀望日本政府，轉而對印度更感興趣。

章太炎可謂是近現代時期最關注人種的一名知識分子，思及他何以會想與印度合作，不能不回顧他早先的著作，當中說明了他對人種的理解。在一九〇四年重編版的《訄書》中，章太炎將白種與黃種與其他人種區分開來，不過他對這些種族的認知和其他人的想像相當不同。漢人，亦即黃種人，一如白種也是巴比倫人的後裔，他同意這個當代觀念。他對印度人血統的看法也很有趣：「印度本白種。自吠陀以來，哲學實勝中

76 關於此人，僅章太炎在文章中提及，此外包括他的全名皆一概不知。章太炎在文中強調鉢邏罕氏在印度革命志士間的地位，但這點無從考據。

77 引用於 Lin Chengjie, "Friendship-in-Need," 155。

78 章太炎在《民報》第十三期的〈記印度西婆耆王記念會事〉和〈送印度鉢邏罕保什二君序〉兩篇文章與補記中詳述此事。《民報》13, 19–26。西婆耆王（Shivājī Bhosale，一六二七—一六八〇）於一六七四年與蒙兀兒帝國作戰，將其逐出家園。章太炎將西婆耆王與明朝開國皇帝朱元璋相比，朱元璋率領漢人自蒙古元朝下獨立。西婆耆王終結外來勢力對印度的統治，將宮廷使用的語言從波斯語改為馬拉地語。直接表述立場可能招致危險，紀念西婆耆王是印度人抗議英國統治、要求獨立的一種隱晦方式。

79 引用於 Yuan Cai, "The Charter of the Asiatic Humanitarian Brotherhood," 179。

80 章太炎，〈記印度西婆耆王記念會事〉，Shimada Kenji 與 Joshua Fogel 英譯於：Shimada, *Pioneer of the Chinese Revolution*, 79 and 80。

夏，而丘岡之族，至今尚稱蠻民，亦文野半也。」[81]

章太炎早期對人種的看法，根植於文明與蠻野二分的古典中國範式，嫁接夷夏之辨與現代文明概念。他的著述涉及現代種族觀念時，有一些很有問題的矛盾。他時常把白種和黃種舉為唯一有文明的人種，將此二人種視為種族金字塔頂端，但他也經常在種族內部建立等級階層，最明顯的就是不無些小心眼地將滿族置於黃種人的最底層。章太炎與其友人的人種論述，以及利用種族分化攻擊滿清的作法，其中隱含的矛盾在他們轉向印度之際便顯露出來。對人種的討論未就此結束，但革命派的路線有了重要轉變，把焦點轉向區別受壓迫民族與壓迫者民族。

亞洲和親會

亞洲和親會作為早期亞洲主義團體，已有許多相關著述。[82] 考慮到相關的第一手文獻數量之有限，以亞洲和親會為題的論文數量甚至可謂驚人。這表示亞洲和親會的象徵價值遠超過在當時的實質影響。這個由中國知識分子創辦的亞洲主義團體，其國際成員皆是有頭有臉的人物，亞洲和親會重新建構了人種概念，對「亞洲人種」的想法從著重於膚色轉為看重地理分布。這突顯該時代為達政治目的，如何主觀武斷地利用種族分化，同時也可看出關注重心轉移到了依空間界定的「壓迫者—被壓迫者」的二元對立。

亞洲和親會成立於一九〇七年四月下旬，短短一年又四個月後便告解散，「很大原因是由於日本政府干預。」[83]這短暫的時間裡，中國成員包括章太炎、陳獨秀、劉師培、無政府主義者張繼、何震、蘇曼殊、陶冶公、呂复、羅象陶。日本成員包括社會無政府主義者幸德秋水、大杉栄、堺利彥。以上三人是把無政府主義和社會主義文學介紹進日本的要角。其他成員還有山川均，日本共產黨的創黨人之一；以及竹内善朔，活動於日本和中國兩地的社會主義者及革命支持者。[84]雖然眾多資料來源都指還有來自印度、韓國、安南（越南）、緬甸及菲律賓的成員，但找到名字的只有章太炎的兩位印度朋友——鉢羅罕和保什。越南著名革命志士潘佩珠則在回憶錄中提及自己曾參與亞洲和

81　章炳麟，《訄書》，39。

82　基於組織的國際性質，亞洲和親會自成立之初就使用英文名「Asiatic Humanitarian Brotherhood」。但由於會內寫作多由在東京的中國革命人士負責，中文名「亞洲和親會」多次出現在刊物內，因此產生數個通用的英文譯名，包括「Association of Asian Affinity」和「Asian Solidarity Society」。

83　Yuan Cai, "The Charter of the Asiatic Humanitarian Brotherhood," 181。

84　中國與日本成員列於朱務本，《亞洲和親會的作用》，55。

親會。[85]

部分對亞洲和親會的研究，理所當然認為該會不與日本公民合作、也不允許他們參與。[86]事實則不然。當時反日情緒雖逐漸升高，但憤怒指向政府和資本階級。章太炎和其他中國革命人士仍與日本人維持友好，並邀請其中許多人參與他們的團體。《民報》仍維持其第三條原則：「支持中日兩國人民同盟。」[87]不過，創會規約僅用中英文而未以日文刊出，暗示了創辦人希望的走向。

從中日兩國著名無政府主義者入會的人數之多來看，可能會認為無政府主義是會內用以建構思想的主要意識形態體系之一。但亞洲和親會的約章直接述明：「凡亞洲人，除主張侵略主義者，無論民族主義、社會主義、無政府主義，皆得入會……本會宗旨，在反抗帝國主義，期使亞洲已失主權之民族，各得獨立。」[88]約章前言強調有必要從歐洲白人帝國主義下解放亞洲人，並提及應該終結滿清帝國。聯合亞洲人民是實現此一目標的手段，但特別強調的是中國與印度聯合：

> 異日支那，印度，越南，緬甸，菲律賓輩，寧知不為三十六國繼也。僕等鑒是則建亞洲和親會，以反對帝國主義而自保其邦族。他日攘斥異種，森然自舉，東南群輔，勢

若東蘆，集庶姓之宗盟，修闊絕之舊好，用振我婆羅門、喬達摩、孔、老諸教，務為慈悲惻怛，以排擯西方旃陀羅之偽道德。令阿黎耶之稱，不奪於哲種，無分別之學，不屈於有形。凡我肺腑，種類繁多，亦未盡集，先以印度、支那二國組織成會。亦謂東土舊邦，二國為大，幸得獨立，則足以為亞洲屏蔽。十數鄰封，因是得無受凌暴，故建立莫先焉。一切亞洲民族，有抱獨立主義者，願步玉趾，共結誓盟，則馨香禱祀以迎之也。[89]

雖然像章太炎和劉師培等成員此前對人種有強烈興趣，但區分種族並不是亞洲和親會的首要目標。約章中雖提到「亞洲人」，但重點在於復興受帝國主義壓迫的民族。人

85 Karl, *Staging the World*, 1112.
86 汪榮祖，《章炳麟與革命風潮》，73。
87 此三條原則通常印於各期《民報》倒數第二頁，另兩條原則為「推翻當今存在之所有邪惡政府」和「維護世界各地之真和平」。
88 Yuan Cai, "The Charter of the Asiatic Humanitarian Brotherhood," 183。
89 Yuan Cai, "The Charter of the Asiatic Humanitarian Brotherhood," 183。

種或許仍是概念術語的一部分，但對團結基礎的所有闡述強調的都是各民族共同蒙受的侵害和民族獨立的喪失。會內成員希望透過合作爭取民族獨立。

此對民族自立或民族自決的強調，是晚近中國歷史學者選擇關注的重點，他們選擇在中國民族主義逐漸興起成為廿世紀主流意識形態的脈絡下，檢視亞洲和親會與民族主義的關係，而非把亞洲和親會視作亞洲主義團體。崔金懿認為亞洲和親會是「國粹民族主義、社會主義，以及佛教虛無主義和自由主義的混合體」。[90]朱務本則認為亞洲和親會有兩個主要用途：一是進一步喚醒亞洲受到殖民和半殖民的國族，二是揭露並摧毀利用亞洲人對付亞洲人的帝國主義策略。[91]

沒有民族主義，亞洲主義難有發展。亞洲和親會等團體明白民族獨立與亞洲團結的關係，他們構想的亞洲團結建立於亞洲各種族共同的受害意識之上。亞洲和親會雖然為時甚短，行動也屬失敗，但它說明了一九一一年革命前夕和中國民族主義興起之前，廣見於中國知識份子之間矛盾的意識形態。

這點在湯增壁（一八八一—一九四八）[92]的文章〈亞洲和親之希望〉中盡展無遺。該文刊於一九〇八年八月十日號的《民報》。[93]湯增壁將中國人的抵抗與印度人和越南人的抵抗並論，認為種族差異是壓迫的潛在因素。

是故希心大同，僅言社會革命，則聯合歐、美同志宜也。東亞多亡國，情狀迥異，正宜扶將以為事，而吾以種族之故，政治社會，一切務須更張。事有先急，種族是為要點。亞洲而和親也，其大有造于將來哉，余引領望之矣。[94]

90 崔金懿，〈政治認同抑或民族認定〉，781。

91 朱務本，《亞洲和親會的作用》，55–60。這些研究以中國學者湯志鈞早年對亞洲和親會的研究為基礎，他早至一九八〇年已提出類似分析。湯志鈞，〈關於亞洲和親會〉，79–84。湯在論文末尾轉載了完整的亞洲和親會約章，對後來的研究很有幫助。

92 根據周年昌，湯增璧曾留學早稻田大學，可能始於一九〇三年。一九〇六年於《民報》擔任編審，並加入社會主義演講團體。與同盟會內許多同時代人相比，湯增璧雖然相對不出名，但他為東京諸多中文報刊，特別是《民報》，貢獻有多篇關於革命和社會主義的文章。周年昌，〈同盟會員湯增璧〉，81。

93 湯增璧（筆名揆鄭），〈亞洲和親會之希望〉。

94 湯增璧，〈亞洲和親會之希望〉，57。

小結

埃蒂安・巴利巴爾（Étienne Balibar）曾指出，種族分化與不同生理人種的存在關聯很小，甚至並無關係。[95]中國人用詞上的歧義和語言間的缺乏對應都充分佐證巴利巴爾的結論。尤其在這段時期，人種一詞在中國比起在歐洲語言內有更多人為賦予的定義。日本的翻譯者選擇在經典中尋找既有語彙將概念納入漢文用語，以「種族」對應「race」經過很長一段時間才固定下來。流行於當時的「同種」一詞，英語歷史學者通常譯為「same race」，則允許知識分子基於當前遭遇的問題，隨其意願使用偽科學論述來區分自我與他者。

亞洲和親會突顯了這些意識形態問題，而這些問題也在一九一一年暴露出來，對中國民族主義和廿世紀中國建立國家留下影響。當時中國知識分子最欲解決的兩大衝突，是滿洲人統治的內憂和白人帝國主義進犯的外患。為排除內憂外患，知識分子在提倡漢人民族主義之餘，也倡言種族團結，並運用種族分化可以主觀判定的特性來達成政治目的。種族分化本身固有的矛盾，削弱了促進亞洲團結的作用，但對於日後理解亞洲與中國、地方主義和民族主義，仍是重要因素之一。

95　Balibar, "Racism and Nationalism," 37。

Chapter

4

亞洲人的亞洲

東方文明與第一次世界大戰

「吾人今日，不可不以兢兢業業之心，臨此未來之變局。蓋今日歐洲各國之大戰爭，實為百年以來之大變。而其影響於吾中國者，亦將為十年中之小變焉。」

——杜亞泉

一九一〇年日本併吞朝鮮後，中國知識分子逐漸不再把日本視為資本主義下對抗不平等世界體系的亞洲民族。日本也愈來愈效仿西方，徹底成為能與西方勢力匹敵甚至擊敗對方的殖民強權，幾年前的日俄戰爭即是證明。不過中國菁英對日本的理解仍存在許多矛盾。日本在這段時期依然是知識的來源，也有很多日本人反對政府政策，呼籲對中國和亞洲採取不同作法，並且積極與區域內相同的有志之士交流。對中國和朝鮮知識份子來說，日語相對容易學，所以譯自日文的文章很常見。日文報紙在東亞各大城市皆可取得，通常為瞭解國際時事提供了管道，期刊和書籍則帶來科學知識。此外，庚子賠款獎學金的設立，雖使一九〇九年起赴美留學的中國留學生人數漸增，但日本依舊是中國和朝鮮學生最熱門的外國留學地點。[1]

留日歸國的畢業生，大量進入工業、軍事、媒體產業及政府部門任職。[2]這些菁英知識分子與日本知識分子建立國際關係，並常把日本流行的著述翻譯介紹給中國讀者。

在日本霸權擴張的這段時期，大戰（後稱第一次世界大戰）在歐洲爆發，暴露西方文明暴力與不道德的一面，促使中國知識分子開始以新的方式思考世界局勢和文明概念，此即本章關注的一個重點。隨著中國出版界擴大，與文明兩極對立相關的論述與日俱增，但最明顯的還屬中國當時最流行的月刊《東方雜誌》。由於西方文明之弊在大戰中盡展無遺，知識分子分析起當前的東西方二元論，討論透過衝突或融合消解文明對立屬性的可能性。日本知識分子在討論如何聯合亞洲抵禦西方帝國主義時，經歷的過程與中國知識分子所經歷的有所相關但又顯著不同。在中國民族主義漸興、反日情緒漸漲，日本帝國主義日趨張揚的這段時期，愈來愈多人對文明論點的亞洲主義產生興趣，中國知識分子也翻譯了數量驚人的亞洲主義文獻。

我在本章將闡述菁英知識分子如何展開自我認同，並把焦點放在東方文明——這個中國民族主義的重要一環。對這一概念的興趣促使許多日本的亞洲主義著述被翻譯為中文。如前面幾章所示，近代中國與日本以古典儒家漢文化圈漢種族為基礎，交流合作已

1　從一九〇〇年到一九二九年，僅一三〇〇名學生參加庚子賠款獎學金計畫，但在日中國留學生人數在任一時期都超過這個人數。人數波動的幅度雖然驚人，但最盛期的一九〇五年到一九〇七年，在日中國留學生有七千到一萬兩千人。Paula Harrell 估計，一九〇〇年到一九一一年間，有超過兩萬名中國學生留學日本。今日，日本再度成為中國人最熱門的留學國家。二〇一〇年，共八萬六千一百七十三名外國留學生中，中國留學生占了六十．八％。南韓是第二大群體，有二萬零二百零二人（十四．二％），再則是臺灣人五千二百九十七人（三．七％）。Reynold, China, 1898-1912；Harrell, Sowing the Seeds of Change, 215. 統計數字源自日本學生支援機構（文科省）網站：http://www.g-studyinjapan.jasso.go.jp/en/modules/pico/index.php?content_id=25 (accessed March 15, 2014).

2　一九〇六年到一九一一年從海外歸國通過公職人員考試的留學生，九成畢業於日本教育機構。Harrell, *Sowing the Seeds of Change*, 214.

有數十年。到了一九一〇年代，中國知識分子相對於西方重新定義東方，宣申東亞文明的獨特性。這個論述也把以中國為中心的東方文明定義為反帝國主義，這個定義顯見於日後亞洲主義的所有呈現形式當中，至今作為中國民族主義的內在特徵，依然有其影響力。對東方的重新定義誕生於與日本論述的對話，日本在一戰期間對東亞文明和亞洲主義有諸多討論；對東方的新定義，也使中國知識分子排斥日本的激進亞洲主義，斥之為一種西方現象兼日本「脫亞」戰略的一環。最終對此議題，第五章和第六章將會解釋，中國知識分子將轉向建構自己的中國亞洲主義。中國知識分子雖排斥日本以任何形式居於領導地位，但對亞洲文明在道德上較為優越，可作為典範與西方帝國主義抗衡的這個概念持開放態度。

杜亞泉主持下的《東方雜誌》

第一次世界大戰爆發時，《東方雜誌》已是創立有段時日的著名報刊。自一九一〇年起由杜亞泉（一八七三—一九三三）出任主編，李歐梵稱他是「一名『過渡時期』的知識分子，極具晚清改革主義者範型：思想先進，翻譯多本現代科學和哲學著作，但不願接受全盤西化。」[3]這段時期作為初階編輯在杜亞泉手下做事的章錫琛（一八八九—

一九六九）回憶，杜亞泉從一開始就專注於科學。他和當時代許多學者一樣學過日語，以便能研讀日本傳入的科學文章。進商務印書館工作之前，他便創辦自己的科學雜誌《亞泉雜誌》。[4]一九〇四年進入商務印書館後，杜亞泉開始在理化部的工作，部門內的人都和他是同鄉，因此在上海人稱紹興幫。[5]

杜亞泉雖深入參與科學界，但他排斥許多當時漸成顯學的革命思想。特別值得注意的是，杜亞泉排斥當時中國著述中大為流行的社會達爾文主義思想，引起《新青年》雜誌諸多撰稿人不悅。[6]杜亞泉透過《東方雜誌》闡述並傳播他本身的文化觀和文明觀。當時許多思想者，特別是《新青年》的一眾作者，深深著迷於「現代」進化的概念，但這個概念並未給中國文化或東方文化留下空間。線性史觀要求「傳統」進步為「現代」，「東方」進步為「西方」。根據傳記作家高力克的說法，杜亞泉的文化理論「是回應《新

3　Leo Ou-fan Lee, "Incomplete Modernity," 39–40.

4　杜亞泉原名煒孫，雜誌名取自他的號「亞泉」。但杜亞泉稱其用號命名與科學有關，亞是元素「氬」的簡寫，泉則縮寫自「線」。氬是化學活性最小的元素，線則是沒有實體形狀的幾何圖形。杜亞泉利用文字遊戲說明這代表他的寡言好靜和對於面子的矛盾心理。蔡元培，《蔡元培全集6》，360。

5　章錫琛，〈漫談商務印書館〉，287。

6　一九一九年，陳獨秀率先抨擊杜亞泉和《東方雜誌》封建守舊。見唐小兵，《與民國相遇》，184–85。

青年》一派提出的文化進化論」。[7]由這方面說來，杜亞泉可說是相對保守的知識分子，經營相對保守的期刊，然而他的文章並不能如此簡單歸類。

杜亞泉入主《東方雜誌》後，對雜誌的格式版面做了相當大的變革。鑒於雜誌在先前幾任主編手中停滯不前，為使雜誌現代化，他在一九一〇年借鏡日本當時首屈一指的雜誌《太陽》的風格和版面。[8]《太陽》是在日本營運已久的大眾雜誌，代表日本知識階級流行的興趣，杜亞泉多年間從中取用過許多文章。[9]雖然從日本雜誌取材改造雜誌外觀的是杜亞泉，但在他接掌主編之際，《東方雜誌》及其創刊人早已與日方有密切聯繫。事實上，商務印書館直到一戰前幾年一直是半日本公司，很大部分受出版商金港堂管控。[10]

《東方雜誌》的譯者

第一次世界大戰前夕，商務印書館擺脫了使其名聲顯赫的日方管理和金援，但在這個體系下工作的中國編輯，一直要到一九一九年五四運動高峰對新聞出版發動新一波攻擊才被撤職。日本職員雖然皆調至上海印刷公司，但金港堂經營時期留下的影響仍在，《東方雜誌》的包裝與內容皆有體現。《東方雜誌》直到一九一九年一直由杜亞泉主編，沿用《太陽》的排版和風格，並持續翻譯、刊登日本報章雜誌的重要文章，包括但不限於《日本中央公論》《日本外交時報》《新日本》《東亞之光》《亞細亞時論》[11]《日本及日本人》[12]《廿世紀》《新公論》《東京日日新聞》。即使是與金報堂分家多年後，來自這些和其他具影響力日本報刊的譯文，仍然是《東方雜誌》極重要的取材來源。例如，日本提出《二十一條要求》的兩年後，一九一七年上半年，雜誌頭兩個版面全部八十二篇文章當中有五十篇是譯文，其中二十三篇譯自日語文章，二十四篇譯自英語文章。

日文翻譯由《東方雜誌》編輯部負責。杜亞泉本人有時候也以筆名高勞或傖父列名

7　高力克，《調適的智慧：杜亞泉思想研究》，43。

8　章錫琛，《章錫琛先生》，287。

9　這幾年間，《太陽》雜誌由浮田和民（一八五九—一九四六）主編，後文會討論他的亞洲主義觀。Goossen, "Taiyō," 320.

10　章錫琛，《章錫琛先生》，278, 282-83。也見 Reed, Gutenberg in Shanghai, 197–98。

11　《亞細亞時論》有時也記作 Ajia Jiron，是一本專論亞洲主義的國際雜誌，也有英語版本，是黑龍會傳播意識形態的重要刊物，黑龍會是右翼亞洲主義團體，志在把西方人趕出亞洲。雜誌供稿者包括大隈重信、泰戈爾，以及其知名編輯內田良平。Saaler, "The Kokuryūkai, 1901–1920," 122–23.

12　《日本及日本人》由三宅雪嶺創辦，延續其早年所創雜誌《日本人》，自一八八七年創刊以來，對明治時期日本民族主義發展產生重要影響。三宅的民族主義看重日本文化，極度反對日本歐洲化。該雜誌經常遭禁，曾兩度改名為《亞細亞》。Yamaryō "Nihonjin," 380.

譯者。回憶早期在杜亞泉手下擔任翻譯的時光，章錫琛表示自己會以杜的筆名進行翻譯，刊出前杜亞泉會審閱及修正譯文[13]。翻譯過程很難準確地說有哪些人參與，但看來可確定的是杜亞泉任職《東方雜誌》主編期間，雜誌翻譯和刊登的內容掌握在他手上。

與亞洲主義相關的文章中，日語文獻由《東方雜誌》三名最重要的編輯譯介：杜亞泉、錢智修（一八八三－一九四七）、章錫琛。三人都不是狹義的保守派。不過新文化運動期間，錢智修和杜亞泉皆被指控是保守派，因為他們在一戰期間對西方文明產生不信任，改而推廣一種將基於儒家思想的東方價值涵蓋在內的現代化方式。[14]事實上如劉禾所指出，杜亞泉發揮了重要作用，把關於個人的討論推向關注焦點。[15]杜亞泉的思考很獨特，他關注的是調和個人的提升與儒家思想和社會主義。他雖然持續推廣西方科學，透過出版《東方雜誌》對現代化起了重要作用，但他不願全盤接受西化，直到被撤除主編職務前都不斷為儒家思想辯護。

這幾位翻譯接觸日本的經驗不多，也無從證明他們之中有誰曾在日本受過教育。杜亞泉自學日語以閱讀他著迷的科學書籍。章錫琛自小傾慕日本，雖然一直希望去日本留學，但始終沒有機會。他最接近留學的經驗，只有在紹興的東文傳習所學習日語三個月，並於數年後回到傳習所工作。但這已足使傳習所校長杜海生將他引薦給自己的遠房親戚杜亞泉。[16]不出幾年，章錫琛已經是有名望的譯者，五四運動前一直在杜亞泉手下效力。而杜亞泉的核心理念框塑了《東方雜誌》的內容，決定哪些內容應該翻譯，左右雜誌對時事的關注重點和觀點。

《東方雜誌》所見的歐戰

中國在第一次世界大戰中扮演的角色相對要小，但知識分子極度關切這場戰爭，歐戰也對東方文明意識興起有莫大的影響。東方文明意識在中國的亞洲主義和民族主義中都是重要的構成要素。晚清知識分子作為意識形態前提所關注的富強，一夕之間受到質疑。許紀霖即解釋：「歐戰的爆發與慘烈，讓中國知識分子從物質主義與國家主義的這兩個夢幻中驚醒。」[17]這在《東方雜誌》尤為可見。《東方雜誌》是當時中國最廣為人

13 章錫琛，《章錫琛先生》，256。
14 Leo Ou-fan Lee, "Incomplete Modernity," 40。
15 Lydia H. Liu, "Translingual Practice," 96–99。
16 章錫琛，《章錫琛先生》，249–51。
17 許紀霖，〈五四〉，39。

閱讀的期刊，[18]內容極度外瞻，大多數文章與中國乃至東亞無關，主要著眼於歐洲和北美，偶爾言及世界其他地區。雜誌開頭通常會有一篇社評文章審視中國及國內問題概況，焦點多半放在中國與世界整體的關係。寫這篇文章的通常是杜亞泉，但有名的客座作家不時也會獲得撰寫社評的恩待。後續的文章則會在世界體系脈絡中探討中國的問題。從一九一四年到一九一九年，這為中國與許多在世界各地漸形普遍的重要論述建立起明確連結，這些論述透過全球新聞體系四處流通，而今中國也是體系的一環。歐戰也因此成為討論中國之現在與未來的一個轉捩點。

自戰爭起始至結束，特別是戰爭初期，受過教育的中國人就對歐洲時局十分關注，會閱讀詳載人物生平、地圖、前線照片、遭圍攻城鎮的翻譯報導。《東方雜誌》的前三十頁經常以戰事報導為主，有時占去第一區塊的九成。杜亞泉在一九一四年八月一日號就已經提出戰爭對中國的潛在影響。他預見英日同盟會使戰爭延燒到東亞，青島和香港很快會陷於戰火。[19]一九一四年九月一日號，他對戰爭對中國影響的預測十分準確：「吾人今日，不可不以兢兢業業之心，臨此未來之變局。蓋今日歐洲各國之大戰爭，實為百年以來之大變。而其影響於吾中國者，亦將為十年中之小變焉。」[20]此文顯見杜亞泉對戰爭規模的擔憂，但也隱含他對中國人民能認知到自己在現代體系中的位置，帶領中國走出困局的期望：「此次大戰爭之關係於吾中國者，一為戟刺吾國民之愛國心，二為喚起吾民族之自覺心。」[21]

同於五四運動的大多數參與者，杜亞泉也把自覺心和愛國心擺在希望中國做出的變革首位，乃至於用《東方雜誌》當作在中國傳播現代化思想的重要工具，一方面強調科學的重要，一方面仍懷有對東方歷史和傳統的自豪，而歐洲戰爭的慘烈又提高了這種自豪。歐戰初期，杜亞泉便批評歐洲問題的核心是心胸狹隘的民族主義：「世界主義、博愛主義，雖為基督教之標幟，而其國民之裡面，則偏狹隘民族主義、桀驁之帝國主義，固結而不可解，以民族之誇負心，釀成民族戰爭，同一白色人種之間，猶演出如此之慘劇，吾儕黃人能勿悚然懼而憬然悟歟？」[22]

這種對西方的恐懼與過往不同。以文明開化自豪的歐洲民族國家亦爆發戰爭，西方

18　Christopher Reed 指出，《東方雜誌》發行量至一九一〇年已上達一萬五千冊，是中國流通最廣的刊物。Reed, Gutenberg in Shanghai, 215.

19　高勞，〈歐洲大戰爭開始〉，《東方雜誌》11.2 (1914)。

20　傖父，〈大戰爭與中國〉，《東方雜誌》11.3 (1914), 1。

21　傖父，〈大戰爭與中國〉，《東方雜誌》11.3 (1914), 4。

22　傖父，〈大戰爭與中國〉，《東方雜誌》11.3 (1914), 3。

優越的論述不再站得住腳。杜亞泉率先對西方文明做出抨擊。他雖然大力倡導科學，但並不像許多同代人那樣接受乃至支持社會達爾文主義。他在一九一九年後很快消失於公眾論壇，但整個一九一〇年代，他以東方文明的支持者之姿，對中國人的思想留下深遠影響。

杜亞泉與文明

從一九一四年到一九一九年，杜亞泉在現代與傳統的關係間正式確立他的文明觀。他對文明的理解，對他後來的東西方二元論至關重要，因為他的想法為東方文明在新世界秩序中找到存在的正當性。杜亞泉排斥那些把進步與出自西方文明的目的論相連的說法，他所構想的文明同時指涉現代與傳統。「文明」一詞，既指西方物質之先進，也指東方道德之先進。他和民國初期許多知識分子一樣，同意學習西方的科學方法和物質技術是有好處甚且有必要的，但他也認為東方依然握有人性道德的關鍵。他把東方與西方二分為精神與物質，這種論調與當時多數亞洲主義者，包括泰戈爾和幾乎所有日本亞洲主義者的思想底蘊相同。杜亞泉的文明論可以視為反對《新青年》派的反傳統，但他立論的真正動力出自於歐洲大戰這一駭人慘劇。

歐戰摧毀杜亞泉對歐洲文明的一切期望，暴露出資本主義不道德、不平等的根基，導致杜亞泉心生疑惑，而選擇回歸儒家思想的道德觀。他對文明看法的轉變最為明顯。他的無比失望之情，首見於前面引用到的〈大戰爭與中國〉一文：「吾人曩日抱懷和平之理想，以為世界文明日進，則戰爭將從此絕跡。此理想殆不能實現矣。」他對「世界文明日進」的理想毀於一夕。[23] 一九一四年下半年，杜亞泉逐月在《東方雜誌》篇首寫下對歐戰的看法，記錄他對西方失去信心：

吾人不幸，生於東方腐敗之國家中，常覺事事物物，不如吾意。官吏之貪暴也，盜賊之縱横也，疫癘之蔓延也，水旱之頻仍也，吾儕小民，罹於刑戮、劫殺、疾病、災難而死者，歲不知凡幾。生活之危，有如朝露。民命之賤，無異草芥。彼歐洲文明國家之人民，所享自由豐富之幸福，固常使吾儕驚嘆羡慕而不能自已者也。然大戰爭一起，歐洲人民之死於炮火兵刃之下者，乃至數十百萬人。

23　傖父，〈大戰爭與中國〉，《東方雜誌》11.3 (1914), 2。

在一篇痛責國家民族主義和民族主義者背離和平的文章中，對於那些照單全收西方民族主義和文明論述的人，杜亞泉表達了他的沮喪：

日本人既模擬西洋之軍國主義，以稱霸亞東。吾中國人亦模擬西洋人之民族主義，以操戈同室。吾東洋人平日所歡迎崇拜之西洋文明，安之其非西洋罪惡乎？西洋人之罪惡，今方以大戰爭之血洗之。吾人之模擬西洋罪惡者，其江河以自贖歟？[24]

對西方所謂「文明」信心盡失，發生於歐洲戰爭第一年，繼之而來是基於眾多二元論重新定義東方的漫長過程。

建立二元論，定義中國與東方

第一次世界大戰期間，嘗試定義東方並與西方區別的爭論，反覆在重要報章雜誌上出現。中國知識分子如同十年前的日本知識分子，積極投入於定義東方，他們對東方的認知奠立於二元論，強調與所知之西方之間的差異。[25]這些知識分子往往接受西方的科學與演化論，但並不接受白人優越的論述。他們逐漸傾向主張物質差距是文明的差異所致，而非文明開化程度所致。在《東方雜誌》裡，東西方的差異表現在道德文明相對於物質文明、競爭文明相對於合作文明、主動文明相對於被動文明、與自然調和的文明相對於與自然對立的文明等多種二元論述。這種反向的東方主義讓知識分子得以想像一套未來、過去與現在，超越強加於自己的目的論。

首先，全人類是在同一個直線發展的文明上前進，這個概念必須被摧毀。晚至一九一五年，杜亞泉仍提及「人類由野蠻而進於文明」，但時代已準備好理解世界上有多種文明且彼此相異甚殊。[26]三個月前，一九一五年一月，伍廷芳的著作《東方外交家之美國觀》（現代譯本也作《一個東方外交官眼中的美國》或《美國視察記》）經錢智修翻譯而接觸到中國讀者。[27]錢氏的譯本介紹了伍廷芳的想法，伍廷芳認為文明本質上是東方的，只是為西方採用。伍廷芳引用瑞士哲學家艾米爾（Henri Frédéric Amiel）的定義，認為文明「首先至關道德」，主張東方擁有道德優勢。錢智修對此記述：「以文

24 傖父，〈社會協力主義〉，《東方雜誌》12.1 (January, 1915), 3。
25 日本建構的東方概念，見 Tanaka, *Japan's Orient*。
26 高勞，〈論思想戰〉，《東方雜誌》12.3 (1915), 1。
27 伍庭芳是清末民初最受尊敬的外交官，曾任清朝駐美大使，常就中國文化發表演說。一九一六年至一九一七年任中華民國外交總長。

明之最關重要者為道德，而謂黃種人之智力，並不在白種人之下。」[28] 伍廷芳循梁啟超等人的思想認為，亞洲文明以道德為本，西方文明則不然，西方文明建立於物質累積：

> 若吾顏色之不同，則亦如語言之不同，然所謂物質之偶有性，根於風土、氣候及其他遠因，而最初故皆出諸一本者也。遠始之時，天無偏愛，吾人固均一而無別。後此之差異，則人自為之。且以才智論，吾黃人未嘗有較遜白種之處也。日俄之戰，黃人才智不較勝於白人耶！故余嘗謂亞細亞當再以文化灌溉西方，此非無聊之辭，漫相嘲諷已也。
>
> 誠以白種人當受教於有色種之同胞者，其事尚多。如印度、中國、日本等，其優美之制度，多有非亞洲以外民族所能知者。宗教於西方文化，影響甚微，而亞洲文明，則無不以宗教為社會之基礎。究其所指，則有色種人處置道德問題之地位，崇實之白種人，則以之處置其經濟問題。以吾人之思西方，白種人直若不解安樂為何物者。其故蓋以白種人實無享受安樂之餘閒，終日營營，惟以聚財為人生之標準，不若無人之以道德為標準也。家庭之維繫，有色種人亦較無責任之白種人尤為強固。因之而社會之感覺，較為敏銳，個人之受苦，亦於以減少。[29]

伍廷芳對西方物質文化和東方道德文化做出相當直接的區分，有此看法的不只有他。杜亞泉同樣質疑道德豈與西方文明有關。他回顧歐洲歷史，問道：「自古至今，自野蠻以至文明，道德為與日而俱進乎，抑與日而俱退乎？」他發現比起道德，與日俱進的是物質財富。[30] 杜亞泉等人將此道德與物質的分別歸因於社會因競爭或合作所產生的差異。

歐洲戰爭和西方對達爾文主義和自由主義的信念，佐證了競爭文明相對於合作文明的二元觀。杜亞泉對國家主義和策動競爭的物質貪欲提出質疑：「至於人類，為社會生活，其協力之界，漸推漸廣。或以部落為界，或以族類為界。而國家主義者，則以政治上之關係或民族上之關係為界者也。平和主義者，則以全體人類為界者也。」[31] 杜亞泉在他對戰爭的想法中解釋，崇尚戰爭者，由達爾文主義觀點稱競爭是進化之所必然。崇尚

28 錢智修，〈伍庭芳君之中西文化觀〉，《東方雜誌》12.1 (1915), 3。

29 伍廷芳，*America through the Spectacles*，第十二章，第三段。原文所加強調。譯文引用自岳麓書社出版之伍廷芳，《美國視察記》（二〇一六），頁 106–7。

30 高勞，〈文明與道德〉，《東方雜誌》12.12 (1915), 4。

31 傖父，〈社會協力主義〉，《東方雜誌》12.1 (1915), 5。

和平者，則認為戰爭並不能互補不足，人類唯有透過協力合作才可能增進生產。

這對杜亞泉來說並非簡單的二分。他看見的並不只是中國的未來，他在思索兩者差異之際，預見的是全世界的未來。他寫過多篇論中國與西方經濟差距的文章，在其中一篇他推得結論，認為差異在於文明是消極或積極：「吾國人而不欲為波蘭印度之續也，其各懲此消極之念，而從事於積極焉。國是庶或有豸乎？」[32] 此時戰爭已在歐洲爆發，這是雜誌最後一篇未言及戰事的社評。兩年後，杜亞泉改變了想法，換用不同語彙，重新申明了他對此差異的看法：

> 蓋吾人意見以為，西洋文明與吾國固有之文明，乃性質之異，而非程度之差。而吾國固有之文明，正足以救西洋文明之弊，濟西洋文明之窮者。西洋文明濃郁如酒，吾國文明淡泊如水，西洋文明腴美如肉，吾國文明粗糲如蔬。而中酒與肉之毒者，則當以水及蔬療之也。[33]

杜亞泉或許部分接受了東方主義論述，但他並不接受兩文明之間存在所謂實力差異，在第一次世界大戰爆發後尤然。西方文明在戰爭中的種種恐怖駭行透過新創立的報章媒體充分見於全世界。西方文明確實證明自己在物質層面可為世界提供用處，但同時亦有弊害。杜亞泉認為欲治療西方之弊害，解方就在以中國為中心的亞洲傳統。[34]

陳獨秀和《新青年》雜誌幾個月前也用過相同的二分法。一九一五年十二月號刊的社評題為〈東西民族根本思想之差異〉。[35] 陳獨秀雖然以戰爭與和平、個人與家庭、法理與人情的二分法立論，但兩人的文章脈絡明顯相似。當時有眾多知識分子從相對於道德破產的富裕資本世界的角度，重新定義東方——以至於中國。[36] 但自然也有些人持不同觀點看待這樣的二元論。

---

32 高勞，〈策消極〉，《東方雜誌》11.2 (1914), 1。

33 傖父，〈靜的文明與動的文明〉，《東方雜誌》13.10 (1916), 1。

34 這並非首次有人用此比喻。杜亞泉沿用「動與靜」的比喻，把東方喻為靜態的文明，西方則是動態的文明。至少早自一八八〇年代的興亞會，這就是亞洲主義者愛用的比喻。一八八一年四月一日，福澤諭吉的知名門生金子彌平（一八五四－一九二四）在興亞會第二期會刊中的一篇文章就同樣以動靜為喻，對東西方文化進行二分，認為西方物質文化根源於東方。金子彌平，〈亞細亞概論〉。

35 陳獨秀，〈東西民族根本思想之差異〉，《新青年》1.4 (1915)。

36 汪暉以梁啟超的著作為例，指出梁對西方以及西方可效仿之處的看法在一戰期間大為改變。至一戰結束，梁啟超關注的不再是西方的成就，而是西方的諸多弊害。汪暉，〈文化與政治〉，2。

一九一七年四月，杜亞泉的文章刊出一年後，李大釗發表了短文〈動的生活與靜的生活〉。[37]李大釗認為東西方文明有不同發展，是因為東方經濟基礎是務農，西方的經濟基礎是營商。務農的生活以固定為利，營商則以流通為利。兩種生活型態分別育成家族主義和個人主義，以及一夫多妻的制度和尊重婦人的文化。政治上，前者趨於專制，後者傾向自由；社會上，前者重階級，後者重平等。一切生活皆源於這兩個不同的文明源頭。「譬彼泉源濁，則萬流皆濁，清則萬流皆清。」「吾人認定於今日動的世界之中，非創造一種動的生活，不足以自存。吾人又認定於靜的文明之上，而欲創造一種動的生活，非依絕大之努力不足以有成。」[38]但意外的是，李大釗僅一年後就放棄這種反亞洲立場，改而表示動的文明有必要與靜的文明調和。[39]這與杜亞泉的立論相近許多，不無可能是受其文章或受到陳獨秀的文章影響。

以上所有對東西方文明的論爭有一個共通處。他們皆設法預測兩個文明的未來：或者競爭取得優勢，而導致衝突，或者合作占得上風，而走向調和。這絕非簡單易懂的事，很多知識分子在此問題上改變想法，盼望文明調和，但又擔憂衝突。

衝突——人種戰爭或文明鬥爭

上一章說明過，對人種戰爭的擔憂，從十九世紀末便一直盤據在知識分子腦中。達爾文主義的競爭觀日漸盛行，又逢一九〇五年日本戰勝俄國，新世紀初始十年，世界各地均出現探討人種戰爭的書籍文章，數量上可說十分驚人。隨著歐戰爆發，人種戰爭的概念又一次躍為焦點，人們擔憂種族衝突會繼歐戰而起。在歐洲明顯分裂的這個時代，中國知識分子何以還擔心西方人會聯合起來發動人種戰爭？適者生存在當時已是科學家與其他知識分子共有的假設。而科學在當時占據主導地位。杜亞泉有科學背景，且持續在《東方雜誌》刊出著名科學家對社會議題發表的文章。他在歐洲硝煙乍起之際就提出了對人種戰爭的擔憂：「同一白色人種之間，猶演出如此之慘劇，吾儕黃人能勿悚然懼而憬然悟歟？」[40]

37　李大釗，《李大釗文集》，439–40。

38　「動」在此處可簡單譯為積極的、進步的或移動的。但「靜」可以如杜亞泉的理解，解讀為「溫順的」或「平和的」，也能從更典型的東方主義觀點給予的定義，看作是「固定不變的」。

39　李大釗，《李大釗文集》，557–71。

40　杜亞泉，〈大戰爭與中國〉，《東方雜誌》11.3 (1914), 3。

杜亞泉邀請頂尖科學家撰文，他們也各自提到種族衝突在科學上之必然。物理學者夏元瑮[41]一九一四年九月十二日方離開柏林，他在社評文章〈歐洲戰禍之原因〉簡明扼要解釋了衝突的可能：「此後世界之政治及兵略，或將以三種競爭為中心。一白種各族之競爭，二黃種各族之競爭，三白種與黃種之競爭。」[42]

世界被視為競爭舞臺。杜亞泉日後雖駁斥對競爭的崇尚，但在戰爭初始幾年，他刊出眾多接受此種論述的文章，也翻譯多篇認為種族戰爭無可避免的日人文章。發表社評過後數月，他讓章錫琛翻譯水野廣德的一篇文章，論日本擴張軍備以迎種族戰爭之必要：「日耳曼斯拉夫之反目，究輕於黃白人種之反目。若一旦白人自覺互相爭鬥之愚，則其馬首所向，果何處乎？為世界上黃人唯一之強國者。可不知所預備哉？」[43]

意外的是，對此主題雜誌刊出最有趣的一篇文章，翻譯自德文。[44]原文作者臺利史透過章錫琛的翻譯，述及文明衝突將至，東西方之間、黃白人種之間不可免將有一場大戰：

歐洲大戰亂既定之後，其繼起之問題，決非各國家各民族間之爭鬥衝突，而必為一文明與他文明之爭鬥、一人種與他人種之衝突。質言之，即歐羅巴與亞細亞之爭鬥衝突也。

夫東部亞細亞本形成一種特別之文明圈域。此圈域之中心，自不問而知為中國。而印度之文化與日本之政治勢力，更附益之以成一渾一體。故日本者東亞文明之腕，而中國則東亞文明之腦也。

今日東亞之狀態，方紛紜擾攘，陷於內部之爭亂。然至歐洲之戰雲既收，交戰各國和約告成，則東亞諸邦，必將聯合締盟，造成強國之渾一體。而代表黃白兩人種之兩種文明，必將於斯時起莫大之衝突矣。

41 夏元瑮是廿世紀中國一位重要的物理學者。他曾留學於柏林大學，一戰期間回國在北京大學任理科學長。後將愛因斯坦的諸多著作譯為中文。

42 夏元瑮，〈歐洲戰禍之原因〉，《東方雜誌》12.2 (1915), 1-5。

43 水野廣德，〈日本之軍國主義〉，《東方雜誌》12.7 (1915), 14。一戰過後，水野很快放棄所有軍國化言論，改行極端和平主義立場。早期他雖有許多軍國主義著述，但今日他以直言批評戰爭聞名。水野是堅定的反帝國主義者，但他所稱的帝國主義等同於歐洲帝國主義。他強烈反對西方干預中國，但接受日本入侵滿州是為保護鄰國同種的合理之舉。是保護中國或入侵中國，日本知識分子幾十年間一直設法劃清這條界線，直到界線最後徹底消失。

44 這篇文章可能原以德文寫成。但我在章錫琛的傳記中未找到任何他能識讀德文的證據。其他譯自德文的文章，章皆提及他所使用的日本譯文，但這篇文章僅記下譯自德文。我未能找到其他關於原作者臺利史的參考文獻，在章錫琛平常翻譯的日本報刊雜誌內也未找到類似的文章。

因此衝突而起之戰爭，則在世界歷史上將開未有之先例。蓋此種戰爭非如昔日悉本於軍事或產業之關係，而為原於兩種人生觀、兩種宗教、兩種民族精神衝突之戰爭也。[45]

無論這篇文章是否真出自德國，《東方雜誌》翻譯並收錄此文，便表明章錫琛和杜亞泉等中國知識分子，很認真在思考他們所見到的東西方文明的對立因素。當時眾多知識分子很顯然自我認同為「東方」，而與「西方」相對立。儘管多數人似乎都同意，兩文明有許多定義特徵互為極端，但這是否就代表兩文明不可調和相容，則眾人意見不一。文明衝突和種族戰爭可以預見，[46]但兩文明和睦相處也不是無法想像。

東西文明之調和

伍廷芳信口評論的一句「有時候我不禁想，亞洲勢得再度帶給西方文明」，成為杜亞泉在戰爭後期認真思索的主題。東方可為西方提供解方，這並不是新思想，這種想法在十九世紀末發展蓬勃。杜亞泉大量引用托爾斯泰的《致中國一士大夫函》（*Letter to a Chinese Gentleman*）為其論述定調：「方今之世，為改革時代，人類生活當起一大變化。中國為東方諸國首領，有當實行之一大問題。蓋中國、印度、波斯、土耳其、俄羅斯，又及日本——倘其尚未徹底陷入歐洲墮落文明之羅網[47]，上述東洋國民之天職，不獨獲得歐洲文化之精彩，必當表示真正自由之模範於人類也。」[48]托爾斯泰這封信意在勸阻中國改革派勿追隨西方的治理模式。這是他看見西方現代化的危險和難免隨之而來的不平等，所提出的警告。杜亞泉承認「此次大戰使西洋文明露顯著之破綻」[49]，但他也認為，中國現下經濟貧弱的處境不應再繼續下去。事實上，杜亞泉雖在《東方雜誌》經常推崇托爾斯泰，但杜是一個致志於「進步」的知識分子，他的著述不會受當時主張反現代化的托爾斯泰賞識。

45 臺利史，〈歐亞兩洲未來之大戰爭〉，《東方雜誌》13.1 (1916), 2.23-25。

46 當然並不只有中國人和日本人想像將有種族大戰繼歐戰後發生。例如 Branson Batchelor 即從英國人角度撰文討論類似主題。他認為英國會在歐戰中獲勝，之後將與日本爭奪對中國和東亞的控制權。〈英日在遠東之爭霸〉（Japan's Challenge to England）一文刊於世界各地眾多期刊，包括一九一六年刊於《美國評論之評論》雜誌（*American Review of Reviews*），章錫琛的譯文刊於《東方雜誌》13.10 (1916), 2.43-45。

47 有趣的是，杜亞泉的譯文並未納入關於日本的這句形容。日本僅單純與其他國家同列為東方諸國。當然，杜亞泉很可能翻譯自該信函的日譯文，日譯文可能本來就未寫入這句形容。

48 原信寫於一八九九年，由 Vladimir G. Tchertkoff 譯為英語於一九〇〇年發表：Tolstoy, Letter to a Chinese Gentleman。

49 傖父，〈戰後東西文明之調和〉，《東方雜誌》14.4 (1917)。

對杜亞泉來說，「於人類生活有最重要之關係者，一曰經濟，二曰道德。」既然大戰肇因於「民族國家間之經濟衝突」，西方國家欠缺之道德，中國可以予之。古希臘著作雖可媲美儒家經典，但這些經典倡言的理性，並未普及於平民大眾。「東西洋之現代生活，皆不能認為圓滿的生活。即東西洋之現代文明，皆不能許為模範的文明。」杜亞泉假定新的文明必須兼兩者而成立。他並不單只認為儒家思想可做道德基礎，他也言及歷史上折衷之必要。甚至稱許波海會信仰是以道德為本調和東西方思想的榜樣，「實為世界大同之樞紐」。[50]

高力克寫及杜亞泉，把近代中國思想家分成受英國經驗主義影響者與受法國浪漫主義影響者。他認為杜亞泉以及嚴復和梁啟超，屬於英國經驗主義傳統。[51]高力克解釋，英國自由主義在廿世紀初透過兩本重要雜誌在中國知識分子間傳播。一本是《東方雜誌》，另一本是章士釗創辦的《甲寅雜誌》。[52]組成甲寅派的章士釗、李大釗和高一涵，都是英國自由主義和折衷論支持者。[53]近代中國知識界組成十分複雜，單用此典範定義這些知識分子可能過於簡化，但可以作為一種方法，以理解像杜亞泉和李大釗這樣想法迥異的知識分子何以允許討論亞洲主義，其他人卻全然不考慮此一想法。無論如何，戰爭導致不少知識領袖拒絕再將西方文明視為權威楷模，從而開始重新建構東方與東方的重要性，雖然經常仍得倚賴於今占據話語霸權的（西方）科學論述構築的框架。與此同時，一場相關但不同的運動正在日本知識界發生。亞洲主義一詞在一九一六年忽然躍上舞臺，到該年底已經被用於各種用途。中國知識分子很清楚日本的這些討論，且也努力把核心文獻譯入中文。

文明領導地位與大亞美利加主義

出於杜亞泉對東方文明的興趣，《東方雜誌》和商務印書館刊行許多文章和翻譯，有支持日本亞洲主義觀的，反對的也有。以日本亞洲主義相關譯文的數量來看，中國讀者顯然很能充分獲知日本當時的相關論辯和論述的變化。亞洲主義若建立於文明的共同性質，則對於中國知識分子來說，談不上誰為霸主。戰時日本對亞洲主義的爭論，就聚

50 高勞，〈波海會〉，《東方雜誌》12.5 (1915)。
51 高力克，《調適的智慧》，183。
52 高力克，《調適的智慧》，187。
53 高力克的解釋僅簡單帶過章士釗、李大釗、高一涵三人的自由主義傾向。更細緻的描述見森川裕貴，《政論家の矜持》，esp. 217–24。

焦於誰為領導的問題，這些爭論很快也見於《東方雜誌》。

一九一六年，《東方雜誌》刊出首篇翻譯日本亞洲主義的文章，題為〈大亞細亞主義之運命〉，[54]文章僅簡記譯者是章錫琛，節錄自日本的《新日本》雜誌，是老字號出版商富山房所發行的雜誌。該篇文章將亞洲主義概念介紹給《東方雜誌》讀者，並建立一些相關的重要詞彙和議題。這些議題包括人種和文明的危機，即近幾十年來不斷加劇的危機，以及是否可能效仿美國從門羅主義發表以來自居美洲之首的作風。

門羅主義直接源自美國總統詹姆斯．門羅（一七五八—一八三一）在任第七年度對國會演講。內容中提出口號「美洲是美洲人的」，要求歐洲不再干預美洲事務。部分拉丁美洲知識分子和政治人物起初大為振奮，以為該宣言表述了對區域的支持，但就如詹特森（Bruce Jentleson）所解釋：「這個政策幾乎不具利他性質，甚至連單純敦親睦鄰的用意也沒有；它所表現的絕大多數是一個區域霸權為顧自身利益，希望保有自己的主導地位不受外來挑戰。」[55]一九一〇年代，美國持續奉行這條政策。日本的觀察者可能正面看待此事，因為美國在一戰中站在支持歐洲和日本的一方，雖然這部分是因為齊默曼電報（Zimmerman Telegram）侵犯了門羅主義。[56]無論如何，門羅主義在亞洲或在美洲可以單純視為帝國主義的表現，也可視為對帝國主義的反動，全取決於論者的立場。

一九一五年到一九一九年，《東方雜誌》每一篇直接提及亞洲主義的文章皆提到門羅主義。該詞的中譯有多種用字，如孟羅主義、孟祿主義、們羅主義，以及日語モンロ一主義。[57]奇特的是，同一譯者在不同文章有時用字也不同。門羅主義是與第一次世界大戰和美國決定參戰密切相關的一條政策，是以亞洲主義者對此也各持不同立場，端視他們對亞洲主導權的看法而定。

〈大亞細亞主義之運命〉中譯文並未提及原作者，他當時在中國也尚不為人知。大山郁夫（一八八〇—一九五五）時為早稻田大學教授，但要到戰間期，他才會成為重要知識分子和無產階級運動領袖。[58]因其反戰和反帝國主義立場，大山在一九三〇年代不得不逃出日本，逃往美國。他的這篇文章果不其然是對小寺謙吉的計畫提出批判，小寺

54 章錫琛，〈大亞細亞主義之運命〉，《東方雜誌》13.5 (1916)，2:16-18。
55 Jentleson, *American Foreign Policy*, 77。
56 浮田和民，〈新亞細亞主義〉，《東方雜誌》15.11 (1918)，15。
57 現「Monroe Doctrine」譯為門羅主義。須注意在中國和日本，此政策被理解為「主義」，即一種意識形態。
58 關於大山郁夫對統治階級在國會制度中把持政治權力漸感沮喪，見 Duus, "yama Ikuo and the Search for Democracy"。

謙吉提倡的亞洲主義很明顯奠基於門羅主義。

章錫琛一九一六年翻譯大山這篇論大亞細亞主義的文章，引入了「亞細亞主義」一詞，但並未具體定義概念本身。文章更關注大亞美利加主義（Pan-Americanism）。作為門羅主義的延伸，這個概念相對於大日耳曼主義，從一九一五年起在美國流行起來。[59]一般認為此文中的大亞美利加主義——在文中記有羅馬字母，字首「Pan」在文中譯為大，一九一八年後則有時譯為汎／泛——為《東方雜誌》讀者提供亞洲主義的初始概念。大亞美利加主義的概念乃是直接譯自一本探討門羅主義延伸的新書。[60]

有趣的是，在批判亞洲主義者的目標之餘，大山指出「泛亞細亞主義」一詞並非源自日本，而是出自中國。他聲稱在中國拿到一本小冊，當中提出門羅主義理想，呼籲「亞洲是亞洲人的」。大山稱這本小冊在中國是祕密發行，他在文章中用中文重新刊錄了小冊的內容。有趣的是，章錫琛在譯文裡略去了大山提到的小冊和引用的中文。後世學者設法想找到該小冊的印本都一無所獲。[61]不論是否真有這樣的一本小冊，那段文字確實曾在中國刊行。一九一二年十月七日號的《民立報》[62]，刊出日本眾議院議員井深彥三郎（一八六六—一九一六）的文章〈大亞細亞主義論〉，文中即包含可在大山文章中找到的同一段文字。[63]大山郁夫在其日語文章裡引用了這篇短文的大半內容，這篇短文公開呼籲亞洲行門羅主義，由日本領導中國。文中訴諸人種與信仰相同，基於人道主義和共和主義，亞洲所有國家應團結聯合，阻止來自其他大洲的侵略。井深彥三郎解釋，大亞細亞主義是東亞諸國保有獨立、避免種族衝突的唯一辦法。[64]

大亞細亞主義一詞與其核心思想，可能早在日本有人討論以前已先見於中國報刊，雖然引入相關想法的是一名日本官員。井深彥三郎的文章對中國讀者有多少影響很難說，但從當時的文章可以看出，《民立報》的編輯並不接受日本執亞洲之首的說法。採用上述文章的編輯徐血兒，也常寫社論警告日本勿效仿西方列強，應牢記唇齒相依之

59 章錫琛，〈大亞細亞主義之運命〉，《東方雜誌》13.5 (1916)，2:16-18。

60 一九一五年三月，聖路易華盛頓大學歷史教授 Roland G. Usher 出版 Pan-Americanism 一書。書中詳述美洲有必要團結聯合，以與第一次世界大戰的勝方抗衡。終章也論及倘若英國戰敗導致權力真空，日本有可能一統亞洲。

61 Saaler and Szpilman, "Introduction," 15 and 40, n. 14.

62 《民立報》是一份親國民黨報刊，強調共和思想。當時由徐血兒主編，徐介紹了井深彥三郎並採用其文章。

63 該文作者記為井深彥太郎，這若不是印刷錯誤，就是井深用了別名，因為並無井深彥太郎此人存在。井深彥三郎是明治時代的政治人物兼中國通，經常在東亞同文會的史料中出現。井深彥太郎，〈大亞細亞主義論〉，《民立報》752 (1912), 2。

64 大山郁夫版本的該段井深的文字，非常忠於原文。但略去了關於共和主義和美國門羅主義的段落。

理。[65]對另一篇大隈重信呼籲以日本為中心建立「亞細亞大帝國」以抗歐美文明的譯文，徐血兒在文末附上短語：「中華民族有四億人口。建立以中國為中心的亞細亞共和國，豈不更佳於大隈伯之策？」[66]

日本應該領導亞洲，此說法有時稱作「盟主論亞細亞主義」，是大亞細亞主義的定義特徵。[67]這並非大山郁夫的主張。事實上他懷疑亞洲主義的可行性，不認為日本有統治的能力與權力。不過，當時最廣為人閱讀的亞洲主義著作，小寺謙吉的《大亞細亞主義論》，則正提出應由日本領導亞洲。

小寺謙吉的大亞細亞主義——日本治下的東方文明

一九一六年，小寺謙吉出版《大亞細亞主義論》。這本書為亞洲一體化界定一套至今適用的用詞。[68]而東海／日本海兩岸的知識分子，旋即又往其中補充上更多詞彙。隨著小寺的構想受到質疑和重構，「新亞細亞主義」和「泛亞細亞主義」等詞很快接著「大亞細亞主義」出現。呼籲東亞政治團結以抗西方帝國主義，小寺的這本著作並非首例，但可能是第一個使用該名詞的專書長篇研究、且該名詞沿用至今。不亞於樽井藤吉的《大東合邦論》對一八九〇年代的影響，《大亞細亞主義論》可說是一九一〇年代最具影響力且傳播最廣的亞洲主義論著。但與樽井的著作不同，本書並未受到非日本人讀者熱烈接納，反而引起諸多針對日本領導亞洲的抨擊。從樽井的亞洲主義到小寺的亞洲主義，這之間的轉變呈現日本對亞洲聯合的態度變化。薩勒對小寺謙吉的《大亞細亞主義論》進行了縝密的研究。[69]他總結小寺的核心目標是呼籲：

> 「在日本統率領導下，輝煌的新亞洲文明」；此須以中日密切合作為基礎，目標在阻擋「白禍」進犯亞洲，最終實現「全黃種人」的統一。日本應成為中國乃至全亞洲的「教育者」，向亞洲引進西方現代文明，促成「新亞洲文明」誕生。[70]

---

65 例如見〈忠告日本人〉，《民立報》754 (1912), 2；以及〈忠告日本勿忘脣齒之義〉，《民立報》758 (October 13, 1912), 2。這些社論泰半是回應日本接受俄羅斯呼籲讓蒙古獨立。關於脣齒的比喻，詳見第一章。

66 大隈重信，〈大隈伯之時事談〉，《民立報》755 (1912), 2。

67 盟主論亞洲主義的簡史，見 Hotta, Pan-Asiamism and Japan's War, esp. 44–52。

68 關於小寺此書的影響，詳見 Saaler, "The Construction of Regionalism," 1281–82。

69 Saaler, "The Construction of Regionalism"。

70 Saaler, "The Construction of Regionalism," 1271。

這並非杜亞泉描述文明調和時所想像的發展。儘管此書明確呼籲由日本領導亞洲，或者應該說，正因為公然呼籲由日本領導亞洲，這本書很快就被譯入中文。[71] 小寺謙吉《大亞細亞主義論》可能最早的譯本出現於一九一七年四月，由華商印務公司在橫濱出版，名為《併吞中國論：原名大亞細亞主義論》，是旅日中國學生會同《民鐸雜誌》摘要翻譯。單從書名的更動就能顯見他們想傳達的訊息，雖然他們在序言中堅稱：「我等刊錄此文，然言者無辜。聞者應知此藥有其利害，故我等節譯以告愛國同胞。至於其言論屬實與否，讀者當自行判斷。」[72]

中國讀者對此書甚感興趣，隔年商務印書館即用原著書名出版了全長八百四十七頁、完整翻譯的新譯本。譯者在序言引用《孫子兵法》言：「知彼知己，百戰百勝。」並評點小寺的言論，認為是一種新型態的帝國主義。大亞細亞主義在中國不會以任何形式被接受。東方文明的概念大受歡迎，但此文明由日本領導的概念則不然。

小結

一九一五年至一九一八年，是亞洲主義論述在中國發展的關鍵年代。第一次世界大戰之慘烈震驚世人。在中國，戰爭的震撼促使知識分子重新評價以中國為中心的東方文明的優點。一九一〇年代的中國知識分子大抵如同廿一世紀的王毅，將東方文明視為生具道德的文明，與資本主義西方的物質文明直接形成對比。正如田中（Stefan Tanaka）指出，日本知識分子認為東洋本就「不是西洋」，本章也指出，很多中國知識分子理解的「東方」和「亞洲」本就「不是西方」。[73]這種自我認同和自我重新評價在關鍵的時間點出現，於往後數十年間激勵許多人。此種論述勾勒出的文明亞洲主義，尤其在一九二〇和三〇年代突然激起一陣對亞洲主義的討論，但誰居領導地位仍是關鍵問題。

日本知識分子從不同角度討論起東西方的分歧。他們的論述聚焦於如何在戰後維持領土完整，並論及聯合亞洲的計畫。這些知識分子以保家衛國為原動力，設想眾多亞洲

71 小寺謙吉，《併吞中國論》；小寺謙吉，《大亞細亞主義論》。
72 〈譯序〉於小寺謙吉，《併吞中國論》，4。
73 Tanaka, Japan's Orient, 4。

聯合的基礎，包括人種、文化、信仰，但在多數人眼中，日本是在扮演某種領導角色。亞洲統一的概念對中國知識分子或許有一定吸引力，但他們無意接受日本領導。

流行於日本的大亞細亞主義在一九一〇年代的中國報章上受到駁斥，但對李大釗和孫中山等知識分子在戰後建立觀點、定義亞洲主義，這些文章發揮了重要作用。這些文章沒有一篇列出亞洲聯合的實際步驟，戰時也沒有中國作者創建自己的亞洲聯合願景。不過，以種族完全平等、民主、民族自治等概念為基礎，新亞洲主義的自由觀點在中國獲得廣泛傳播。李大釗藉此跳板，於一九一九年提出他構想的新亞洲主義，結合托洛斯基的國際主義，將此想法定義為邁向全球解放的一步。

Chapter

5

邁向大同

李大釗與世界主義式區域化

李大釗的亞洲主義以民族解放為基礎，他認為「凡是亞細亞的民族，被人吞併的都該解放，實行民族自決主義。」

一九一九年，五四運動浪潮正值高峰，中國民族主義也在洶湧勃發，中國思想界裡幾位重要人物針對亞洲主義的概念論戰交鋒。[1]他們在各大期刊上公開辯論，時間幾乎橫跨整個一九一九年。討論最終匯聚成李大釗的「新亞洲主義」論，綜觀中國各種亞洲區域整合與互助合作的論調，李大釗的新亞洲主義是大家最常提起卻又最一知半解的理論之一。

新建立的中華民國是中華民族的國家，中華民族這個新興概念認為漢、回、藏、蒙、滿等五大民族組成了中國。中華民國此時才只建國短短幾年，民族國家的未來方向仍然未有定論。儒家和馬克思主義者都把世界團結和烏托邦稱作「大同」，知識分子不確定民族國家的政治架構要如何成為邁向大同的助力。一般咸認五四運動前後時期愛國主義洋溢，不過許紀霖指出，知識分子其實普遍質疑國家的價值和意義，對國家主義的愛國主義（statist patriotism）謹慎看待，甚至予以公開反對，他們更推崇世界主義的理想。[2]儘管大家對民族國家的日後定位看法不一，但這段時期可以明顯看到普遍認同民族自決之必要，連帶擁抱世界主義的信念、渴望世界團結，不對當時的民族國家體系照單全收。李大釗正是在這樣的背景下，借重日本亞洲主義者與歐洲馬克思主義者的論點，勾勒出自己的新亞洲主義：社會主義烏托邦式亞洲主義的模型。

一九一九年之前，李大釗對新建立的共和國滿懷期待，又對日本的二十一條要求和西方帝國的蠶食鯨吞深感憤懣，因此他曾經提倡民族主義。整個一九一九年，他和陳獨秀都在共同宣揚國際主義與世界主義之道。一九一九年到一九二〇年，李大釗依舊宣稱其目標是發揚世界主義。儘管如此，他最念茲在茲的始終是解放中國，這項民族主義的目標構成他最大的動力。馬思樂（Maurice Meisner）認為，李大釗運用亞洲主義的方式，說明「中國知識分子如何自相矛盾，他們出於民族主義的關心，採用國際主義的意識形態，企圖以之達成民族主義的目的。」[3]這種「自相矛盾」見諸一切亞洲主義的著述。

本書焦點之一正是民族主義與國際主義的意識形態如何交織重疊。馬思樂視之為自相矛盾，但我不認同，我認為兩者的交織展現了當時的人如何以不同方式來面對界定身

1 我採用了許紀霖的五四運動分期，將新文化運動涵蓋在內，時間大致從一九一五年延伸到一九二五年。狹義而言，五四運動一詞的「運動」指的是一九一九年巴黎和會之後的抗議行動。Xu Jilin, "May Fourth," 30。

2 許紀霖將這種世界主義定義成「擁抱大同和人類互助等（道德）價值的理想」。Xu Jilin, "May Fourth," 40–41。

3 Meisner, *Li Ta-chao*, 177。

分與世界觀的自我與他者之分。民族主義與區域主義之間關係如何、孰重孰輕，取決於當下時空背景將哪個「他者」視為主要威脅。如同毛澤東一九三七年所言，國家受到侵略之際，與帝國主義武力侵略的衝突成為主要矛盾，各階級之間的一切矛盾（這裡則是與其他國家之間的矛盾）都降到次要和服從的地位。[4]廿世紀初，日本知識分子將帝國主義西方視為頭號威脅，故傾向區域合作，儘管（或者該說「再加上」才對）他們出於區域歷史上的社會經濟因素而自恃高人一等。對於同時期的中國知識分子來說，情況卻沒那麼單純。探討李大釗的策略時，必定要將之放回當時的脈絡：五四運動浪潮下高漲的民族主義、國際主義的世界主義思潮，以及一九一〇年代晚期日本突然激增也傳入中國的亞洲主義著述。

本章探討李大釗的新亞洲主義如何在這種氛圍下誕生，他所設想的亞洲區域主義，目標不是把非亞洲人趕出亞洲領土，而是抵抗日本侵略的手段，終極目標是基於民族自決以民主方式團結全亞洲。李大釗認為，亞洲主義只是中繼站，大家終將邁向世界大同。前面幾章曾經點出亞洲主義的救贖性與世界主義元素，不過李大釗的亞洲主義源自五四運動，還有他對早期蘇維埃國際主義的詮釋。身為中國共產黨的創黨人之一，李大釗在中共史上占有一席之地，或多或少因為這層緣故，中共黨員十分重視李大釗的社會主義烏托邦式亞洲主義，至今仍時常提起。[5]李大釗的亞洲主義採取社會主義烏托邦路線，深深打動人心，是因應時勢而生的區域主義典範，其內容結合了馬克思主義理論、五四運動的世界主義、對帝國主義的堅定抵抗，同時也努力調和與民族主義之間的關係。

新亞洲主義與新新亞洲主義

李大釗的新亞洲主義不是第一個「新」亞洲主義。早在一九一七年就已經有不少新亞洲主義，李大釗的論述主要是在回應小寺謙吉等人提出的右翼帝國主義大亞洲主義，以及日本自由派的亞洲主義，也就是所謂的「新新亞洲主義」，提出者是李大釗的前導師之一：浮田和民。浮田和民（一八五九－一九四六）一九〇一年出版了《帝國主義與教育》（帝国主義と教育）一書，在一九一七年已經是日本有名的知識分子。入江昭認為，浮田《帝國主義與教育》一書代表的是面對帝國主義的持中立場，既不偏向侵略性

4　毛澤東，《矛盾論》。

5　中華人民共和國外交部部長王毅提出的新亞洲主義論正是一例，本書導論討論過這個例子。

的一端，也不偏向同時代人和平主義主張的另一端。[6] 浮田和民寫作此書時，任職於德富蘇峰主持的《國民新聞》（国民新聞），浮田深入分析並批評了德富的門羅主義思想。但浮田並非全面反對帝國主義，他只反對過去兩百年來展現在眾人眼前的軍國主義這一面。[7] 浮田提倡自由帝國主義（**liberal imperialism**），也就是以經濟為本的和平擴張——當然，只有在韓國例外。[8] 一九〇九年，浮田成為《太陽》雜誌的主編，一九一〇年，杜亞泉參考《太陽》重整了《東方雜誌》，也向《太陽》取經許多文章。一次大戰期間，浮田在早稻田大學當教授。他從一八九六年以來持續論述日本應如何領導亞洲，不過到了一九一七年，他改以更單刀直入的方式全面討論此議題。[9]

李大釗不等戰時日本亞洲主義的文章譯成中文，就率先閱讀與回應，不過中文翻譯也隨即面世。如同第四章提過的，一次世界大戰期間，《東方雜誌》大力將許多亞洲主義著述引介給中國讀者。一九一八年十一月十一日，第一次世界大戰落幕，終戰日過後不久，杜亞泉以常用的筆名「高勞」，發表了浮田〈新亞細亞主義〉足足十二頁的中文翻譯。[10] 細數《東方雜誌》一九一〇年代刊登的諸多亞洲主義文章，這篇譯文舉足輕重，文中頗為澈底地探討了日本亞洲主義討論的各個面向，詳列過去以來討論過的「各種」亞洲主義，也特別點出就此抒發過看法的主要日本作家。至於門羅主義，浮田認為德富蘇峰的新亞洲主義基本上抱持門羅主義立場。儘管浮田多半贊同德富的觀點，認同門羅主義可以套用在東亞，但是浮田不認同德富選擇以種族和民族因素當成區分基礎。[11]德富往昔曾經大力鼓吹日本民主化，這時卻改而極力反對自由主義，認為自由主義妨礙了效忠國家之心，也損害了民族國家的概念。[12]浮田則認為門羅主義是自由主義和民主的宣言，是保障各民族國內自治的一種方式。浮田逐一分析門羅主義原始論述中的要點，指出門羅主義旨在捍衛民主。[13]浮田認為，日本在當今世界局勢中應該扮演的角色是東亞保護者，阻止外部勢力入侵干涉東亞各國的自治。不過浮田用來說明的舉例有些古怪：一八九八年，美國援引門羅主義介入古巴獨立，發動美西戰爭，將古巴從西

6 Iriye, *Pacific Estrangement*, 78。
7 Jansen, "Japanese Imperialism," 61–79。
8 Iriye, *Pacific Estrangement*, 79。
9 姜克實，《浮田和民の思想史的研究》，409。
10 浮田，〈新亞細亞主義〉，《東方雜誌》15.11。這篇文章譯自浮田和民發表在《太陽》的文章（浮田，〈新アジア主義〉），《太陽》是由浮田主編的重要日文月刊。浮田曾就讀耶魯大學，後來在早稻田大學擔任歷史學教授。他因為這段時期談日本自由主義的著述而享有盛名。
11 浮田，〈新亞細亞主義〉，《東方雜誌》15.11（1918 November），12。
12 Tanaka, *Japan's Orient*, 109.
13 浮田，〈新亞細亞主義〉，《東方雜誌》15.11（1918 November），14–15。

班牙的控制下解放。[14]不過美軍前腳才從西班牙手中「解放」古巴，後腳立刻將古巴納入美國的統治之下，迫使古巴修憲，賦予美國特殊干預權。[15]

浮田認為大亞洲主義就等於新亞洲主義，追求直接以武力或政治力控制亞洲；為了有別於大亞洲主義，浮田將自己的亞洲主義稱為「新新亞洲主義」。浮田希望找出一條零暴力、零脅迫的亞洲團結之路，在他想像的亞洲願景裡，各國內政應完全自主自治，外交關係則共同擔負責任。[16]儘管浮田已經盡力批判同胞的帝國主義，但他的亞洲主義理想仍然遭到往日學生李大釗的批評。

亞洲領袖以及民族主義與亞洲主義的交織重疊

前面第四章提到，對第一次世界大戰的反感，刺激日本知識分子熱心關注起亞洲區域化。這段時間，他們提出各式各樣的「亞洲主義」——從明目張膽的軍國主義，到基於民主合作建立非正式帝國的自由主義夢想。各種想法歸根結底，都還是建立在由日本領導亞洲的基礎上，也就是堀田江理所說的「盟主論的亞洲主義」。[17]而李大釗早期的亞洲主義著述反對上述想法。

儘管日本的亞洲主義文本大量中譯，一九一六年到一九一八年尤其是譯介高峰，但是中國知識分子這段時期卻很少直接正面回應。直到一九一七年，才終於有李大釗等人開先河提出簡潔有力又條理分明的回應。一九一七年二月到四月，李大釗在《甲寅》上發表多篇文章，討論日本的大亞洲主義。[18]他一九一七年的亞洲主義討論聚焦在三大重點：反對由日本擔任領袖、中國的道德領導風範必須納入其中，也必須避免東西大戰或黃種與白種文明爆發大戰。

一九一七年二月十九日，《甲寅》上這篇文章也許是李大釗第一次提到日本的大亞洲主義，文中清楚聲明他對於日本領導亞洲做何想法：

> 顧日本所謂大亞細亞主義者，其旨領何在，吾不得知。但以吾中華之大，幾於包舉亞洲之全陸，而亞洲各國之民族，尤莫不與吾中華有血緣，其文明莫不以吾中華為鼻

14 浮田，〈新亞細亞主義〉，《東方雜誌》15.11（1918 November），16。
15 Jentleson, *American Foreign Policy*, 75.
16 浮田，〈新アジア主義〉，2、13、17。
17 **Hotta**, ***Pan-Asianism and Japan's War***。
18 《甲寅》是章士釗一九一四年春創辦的雜誌，《甲寅》的許多撰稿人（如陳獨秀、李大釗、高一涵、易白沙等人）都曾在《新青年》共事，是《新青年》的核心團隊。Xu Jilin, "May Fourth," 35.

祖。今欲以大亞細亞主義收拾亞洲之民族，舍新中華之覺醒、新中華民族主義之勃興，吾敢斷其絕無成功。[19]

由中國領導亞洲的想法不是新鮮事。就算純就現代亞洲主義而論，徐血兒也早在一九一二年就提出必須將中國放回中心，回應以日本為中心的亞洲主義概念：「「中華民族有四億人口。建立以中國為中心的亞細亞共和國，豈不更佳於大隈伯之策？」[20] 李大釗則認為，應該由中國領導現代團結的亞洲，以新中華民族主義做為亞洲主義的基礎，由此團結全洲陸。李大釗認為中國擁有獨特能力，能將各民族融合成統一的整體。他談到大家如何普遍認同中國有能力吸納各種群體，成為走向亞洲主義的基石：

吾國歷史相沿最久，積亞洲由來之數多民族冶融而成此中華民族，畛域不分、血統全泯也久矣，此實吾民族高遠博大之精神有以鑄成之也。今猶有所遺憾者，共和建立之初，尚有五族之稱耳。以余觀之，五族之文化已漸趨於一致，而又隸於一自由平等共和國體之下，則前之滿云、漢云、蒙云、回云、藏云，乃至苗云、瑤云，舉為歷史上殘留之名辭，今已早無是界，凡籍隸於中華民國之人，皆為新中華民族矣。然則今後民國之政教典刑，當悉本此旨以建立民族之精神，統一民族之思想。此之主義，即新中華民族主義也。必新中華民族主義確能發揚於東亞，而後大亞細亞主義始能光耀於世界。否則，幻想而已矣，夢囈而已矣。嗟乎！民族興亡，匹夫有責。歐風美雨，咄咄逼人，新中華民族之少年，蓋雄飛躍進，以肩茲大任也。[21]

文章的重點不是放在亞洲主義，而是放在新中華民族主義的重要性。這裡談到亞洲主義，只是順帶提起這個熱門話題，不過李大釗也透露出自己怎麼看待中國和亞洲的未來，他認為未來的發展會自然而然日益遠離多民族之分，邁向世界統一。面對組成中華民族的五族，李大釗清楚闡明了他的民族主義觀。[22] 李大釗以現代理性的態度面對民族主義和亞洲主義，他認為文化和文化差異都只是暫時的障礙。就跟上個世代的康有為

19　李大釗，〈新中華民族主義〉，收於《李大釗全集》1，284。
20　徐血兒，在於：大隈重信，〈大隈伯之時事談〉，《民立報》755 (1912), 2。
21　李大釗，〈新中華民族主義〉，收於《李大釗全集》1，285。
22　由五民族共同組成共和國的理論，最早見於楊度一九〇七年在《中國新報》上的文章，《中國新報》是日本的中國留學生創辦的刊物。楊度發表多篇文章，勾勒出社會達爾文主義式的階級高下之分，其中漢族是各競爭民族中最進步者，終將同化滿、蒙、回、藏等其他四民族。參許紀霖，〈天下主義／夷夏之辨及其在近代的變異〉，71。

一樣，李大釗也認為同質化是與邁向大同向前並進的發展，不過他的說法明顯帶有民族主義意圖。亞洲必須遵從中國的領導，而非以日本為首。另外，這時的李大釗民族主義特色也包括了馬克思主義的民族主義觀，認為民族主義是用來達成遠大目的的不合宜手段。[23]李大釗亞洲主義中的民族主義面向無意強調自身與異民族的差異。不同於厄尼斯特．蓋爾納（Ernest Gellner）所說的政治民族主義，或班納迪克．安德森（Benedict Anderson）的「想像的共同體」，李大釗民族主義的特色是認為人類一律平等，最關心的是終結壓迫。對李大釗來說，民族主義和亞洲主義都是解放人類不受異民族或異群體壓迫的手段。他的烏托邦志業著眼於消弭民族和種族的界線，同化就相當於朝著這個目標前進。

上面這篇文章登出兩個月以後，李大釗又寫了一篇更直接談論亞洲主義的文章，回應若宮卯之助一九一七年四月發表在《中央公論》的知名論文。[24]李大釗在此猛烈批評日本刊物上相當常見的大亞洲主義。李大釗並不全面反對其想法，但他強調必須要由中國擔任領袖，而且這種領導絕對是道德上的領導。他擔心大亞洲主義之所以出現，只是為了強勢回應「大西洋主義」。李大釗不採取這個路線，他延續另一種舊有討論方式，也就是前面第四章談文明論時探討過的論調。李大釗追隨文明論亞洲主義提倡者的腳步，認為亞洲主義不應該奠基於軍事力量或經濟實力，其基礎應該建立在與西方資本主義相反的價值觀上：

> 吾國民而果有建立大亞細亞主義之理想之覺悟也，首當自覺吾人對於亞細亞之責任及於亞細亞之地位，而以亞細亞為吾中國人之亞細亞，以創造新文明，改建新國家，俾存立於世界，與西洋之文明之民族相對立。吾人非欲對於世界人類有何侵略壓迫之行為，即勢力之所許，亦非吾人理想之所容。此則徵之吾人祖先之歷史可以知之。吾人但求吾民族若國家不受他人之侵略壓迫，於願已足，於責已盡，更進而出其寬仁博大之精神，以感化誘提亞洲之諸兄弟國，俾悉進於獨立自治之域，免受他人之殘虐，脫於他人之束制。苟所謂大亞細亞主義者，其意義止於如斯，吾人亦願向此目的以為猛進之努力，為其於世界人道無損，於亞洲大局有益也。非然者，則非吾國人所敢與知矣。[25]

---

23 Meisner, *Li Ta-chao*, 176–77。

24 若宮卯之助，〈大亜細亜主義とは何ぞや〉。

25 李大釗，〈大亞細亞主義〉，收於《李大釗全集》2，106–9。

這幾句話清楚道出了李大釗新亞洲主義的精神。不過一九一七年的此刻，李大釗尚未親身呼籲亞洲團結。這時的李大釗譴責日本日益盛行的軍國主義，疾呼未來的道路應以道德為基礎。他認識到大亞洲主義包藏著帝國主義的野心，嚴正拒絕從帝國主義野心出發的各種區域化。不過他呼籲領導亞洲各國之言，「感化誘提亞洲之諸兄弟國，俾悉進於獨立自治之域」，說的其實正是多數日本知識分子使用「大亞洲主義」一詞時呼籲的目標。[26]即使是在二次世界大戰期間，一九四三年的《大東亞宣言》也將亞洲各國的「獨立親和」列為五大原則之一。[27]李大釗質疑，日本這些大亞洲主義論述背後是否別有用心，然而李大釗自己的文句放到小寺謙吉的文章似乎也不顯矛盾。他就好比一九一二年的徐血兒，之所以主張由中國擔任領袖，基本上是針對日本的反制修辭。他並不認真希望由中國領導亞洲，只是想明白指出日本沒有資格居於亞洲之首。李大釗兩年後進一步澄清這點，他反對由任何一國領導亞洲，李大釗運用列夫·托洛斯基（Leon Trotsky，一八七九—一九四〇）提出的「歐洲合眾國」（United States of Europe）框架，重探亞洲主義的概念。

托派國際主義

一九一八年，美國出版社邦尼與李佛萊特（Boni and Liveright）出版了托洛斯基《戰爭與國際》的英譯本，題名《布爾什維克與世界和平》（*The Bolsheviki and World Peace*）。該書原本是一戰初期以俄文發表的系列文章，托洛斯基寫出自己對戰爭的看法，以及他何以認為戰爭將促成國際合作。《戰爭與國際》的前言娓娓道出了伊恩．柴契爾（Ian Thatcher）譽為托洛斯基「談帝國主義競爭的基礎時理論性最強的解釋。」[28]托洛斯基認為戰爭是「生產力對於民族及國家等政治形式的反抗。」[29]他預言資本主義還有政治上、經濟上的民族國家將會終結。「民族必然以文化上、意識形態上、心理上的實在狀態繼續存在，但其經濟基礎已被連根拔起。」[30]托洛斯基認為，世界大

26 例如參 Saaler, "Pan Asianism in Modern Japanese History," 7.

27 其餘四項原則分別是：共存共榮、文化發揚、經濟繁榮、貢獻於世界發展，例如終結種族歧視。牧村健一郎，〈戦時下の大東亜会議〉，151。

28 Thatcher, *Leon Trotsky and World War I*, 8。

29 Trotsky, preface to *War and the International*, n.p。

30 Trotsky, preface to *War and the International*, n.p。

戰會是引爆無產階級革命的轉捩點。他設想了政治形式與跨國生產力能夠相互調和的國際政治秩序，是資本主義國家不可能達成的狀態。[31]托洛斯基在《戰爭與國際》的前言描述了這場運動的獨特過程：第一階段是「建立歐洲合眾共和國，成為世界合眾國的基礎」。這場運動將是國際主義的無產階級運動，對抗帝國主義的「大日耳曼主義，後者由當今德國的霸權所領導」，也是德國政府刻下追求的目標。[32]李大釗隨即發現，托洛斯基「歐洲合眾國」背後的理論原則，可以套用到日本的亞洲主義概念。

馬思樂點出，托洛斯基的《戰爭與國際》深深影響了李大釗。[33]李大釗將《Bolshevism與世界平和》[34]的文句直接引用在他一九一八年十二月的文章〈Bolshevism的勝利〉裡，一九一八年這版文章直接使用英文原文。[35]不過短短幾週之後的一九一九年一月一日，李大釗又發表了〈大亞細亞主義與新亞細亞主義〉一文，如法炮製托洛斯基討論歐洲合眾國的方式，改寫他在一九一七年大力批評過的日本亞洲主義概念。李大釗解釋，日本的大亞洲主義「是併吞中國主義的隱語。」[36]他認為大亞洲主義不過就是大日本主義而已，與托洛斯基所批評的「大日耳曼主義」相同。[37]李大釗延伸托洛斯基的結論，預想未來各國將會聯合形成新的區域組織：「看世界大勢，美洲將來必成一個美洲聯邦，歐洲必成一個歐洲聯邦，我們亞洲也應該成一個相類的組織，這都是世界聯邦的基礎。」[38]

這段時期是李大釗成為馬克思主義者、也是馬克思主義傳入中國的關鍵期。一九一九年，李大釗發表了〈我的馬克思主義觀〉，大大勾起中國人對馬克思主義的興趣，石川禎浩評論該文「不過是翻譯了，或者該說是改寫了兩份日文著作。」[39] 石川認為，李大釗的馬克思主義完全搬自日本的馬克思主義文本。然而儘管日文資料影響顯著，李大釗約莫同時也一面閱讀英文的馬克思主義文本，依照東亞的情勢重新詮釋托洛

---

31 Thatcher, *Leon Trotsky and World War I*, 8–10。

32 Trotsky, preface to *War and the International*, n.p。

33 Meisner, Li Ta-chao, 185。

34 譯註：即前段提及的《布爾什維克與世界和平》（*The Bolsheviki and World Peace*）一書。李大釗在這篇文章把書名翻成《Bolshevism 與世界平和》。

35 李大釗，〈Bolshevism 的勝利〉，收於《李大釗文集》2，601。

36 李大釗，〈大亞細亞主義與新亞細亞主義〉，收於《李大釗全集》2，379。李大釗使用的名詞，和日本的中國留學生一九一七年批評小寺謙吉著作時採用的中譯名詞相同。

37 這裡英譯所用的「Great」、「Greater」（大），和德文「*Großdeutschland*」或中文、日文的「大某某主義」都不是完全同義。

38 李大釗，〈大亞細亞主義與新亞細亞主義〉，收於《李大釗全集》2，380。

39 石川禎浩認為李大釗的文章是根據河上肇及福田德三的著作改寫而成。Ishikawa, "Chinese Marxism," 27。

斯基的著作。李大釗對這個目標滿懷熱忱，在其他文章也透露出這股心情。李大釗在一九一九年二月一日的文章寫道：

> 依我的推測，這世界聯邦進行的程序，就是：（一）各土地廣大民族眾雜的國家，自己先改成聯邦；（二）美洲各國組成全美聯邦，歐洲各國組成全歐聯邦，亞洲各國組成全亞聯邦；（三）合美、歐、亞三洲組成世界聯邦；（四）合世界人類組織一個人類的聯合，把種界國界完全打破。這就是我們人類全體所馨香禱祝的世界大同！[40]

一切霎時顯得簡單明瞭。李大釗認同直接且普世性的唯物論，因此無需處理特殊性的問題。跟日本、中國、印度等地的早期亞洲主義者不同，李大釗這時期的著述基本上不關心文化和種族。就算確實提及這幾個主題，也只是要說文化和種族必將消失。對李大釗來說，亞洲主義只是基於地利之便的產物，是邁向大同的過程。儘管他的思想根源來自國際主義的共產主義論述，但他只為重組世界提出了簡單模型。李大釗這方面的討論脫離了托洛斯基，比起無產階級的解放，他更關心民族的解放。李大釗建立全洲聯邦的基礎，源自各成員的民族解放與自治。這點清楚彰顯了他的志向與日本各種亞洲主義差異何在，後者關心種族的存續，也往往希望將非亞洲人趕出亞洲。但李大釗堅持，根本前提是各民族團體都先握有自治權：

亞細亞人應該共倡一種新亞細亞主義以代日本一部分人所倡的「大亞細亞主義」。這種新亞細亞主義，與浮田和民氏所說的也不相同，浮田和民主張拿中、日聯盟作基礎，維持現狀；我們主張拿民族解放作基礎，根本改造。凡是亞細亞的民族，被人吞併的都該解放，實行民族自決主義，然後結成一個大聯合。[41]

李大釗在這篇文章指出，自己的與浮田的新亞洲主義有所不同。他強烈批評德富打造的大亞洲主義，但對浮田的新亞洲主義倒是抱有幾分敬意。他和浮田兩人都認為亞洲主義將引領亞洲各國組成一大聯邦。[42] 浮田主張捐棄民族之分，但保留國家之別，他

40　李大釗，〈聯治主義與世界組織〉，收於《李大釗文集》2，625–26。
41　李大釗，〈大亞細亞主義與新亞細亞主義〉，收於《李大釗全集》2，380–381。
42　杜亞泉翻譯浮田的〈新亞細亞主義〉時，用「聯邦」一詞來指亞洲聯邦，用「大同盟」來指世界聯盟。李大釗則用「聯合」來說亞洲聯合，用「聯邦」來說世界聯邦。李大釗和杜亞泉使用這幾個名詞的方式不太講究，也幾乎不曾費心定義或區別這幾個詞。

的自由主義著述認為一切的種族與民族都不應該存在區別。他認為亞洲主義適用於「生活在亞洲的所有民族，不論他們分屬何種不同種族」，包括俄人、英人、法人在內，所有「目前居於亞洲」之人。[43]李大釗的亞洲主義以民族解放為基礎，他認為「凡是亞細亞的民族，被人吞併的都該解放，實行民族自決主義。」[44]兩位思想家都認為歐洲、美洲、亞洲這三大聯邦最終將會攜手達成世界和平，恰如康有為幾十年來預言的境況。在這段熱心討論亞洲主義的時期之前幾年，李大釗曾在早稻田大學上過浮田的課，李大釗修了這位當紅自由主義學者的現代政治史課程。[45]儘管師生兩人也許有一部分的想法相同，但浮田的這位學生選擇了截然不同的思路，提出更加激進的社會主義式亞洲主義。不過李大釗的批評者還是常把李的亞洲主義理論拿來和浮田比較，讓李大釗顯得略遜一籌。不管是對李大釗亞洲主義的批評，還是對浮田亞洲主義的批評，都源自五四時期中國盛行的世界主義信念；面對批評，李大釗也不得不進一步深化理論。

李大釗亞洲主義面臨的世界主義批評

《東方雜誌》刊登了許多討論亞洲主義的文章，其中只有一篇對亞洲主義澈底抱持負面看法：[46]那就是《法政學報》的編輯、李大釗的同事——高承元所發表的〈咄咄亞細亞主義〉。[47]高承元的文章是針對浮田「新新亞細亞主義」中譯版的回應，距離李大釗發表「新亞細亞主義」一文只過了短短三週時間。[48]高承元評析浮田對於門羅主義相對正面的描述，揭露美國作風背後的帝國主義本質。[49]浮田借用美國觀點來闡述門羅主義，高承元則援引其他美洲國家之聲來說明自己的觀點。高承元提供了這段歷史的重要視角，從受威脅國家的角度說明美國的帝國主義，但他所做的不止於此，他也利用憤慨的論戰贏取熱情民族主義者的支持：

再看浮田氏說：「亞細亞問題，則決之今後日本主張之汎亞細亞會議。」儼然是模

43　浮田，〈新亞細亞主義〉，《東方雜誌》15.11，13。
44　李大釗，〈大亞細亞主義與新亞細亞主義〉，收於《李大釗全集》2，381。
45　吳漢全，〈李大釗與歷史哲學理論〉，9。
46　第四章討論了多篇《東方雜誌》刊登的亞洲主義文章。
47　高元（高承元的筆名），〈咄咄亞細亞主義〉，《東方雜誌》16.5。也刊登於《法政學報》10（一九一九年二月廿五日）。
48　李大釗知道浮田把他的亞洲主義稱為「新新亞細亞主義」，儘管如此，李大釗還是決定把自己的理論稱為「新亞細亞主義」。
49　儘管浮田支持將門羅主義的部分原則套用到亞洲，但他反對以霸權駕馭之。關於浮田立場的詳細分析，參 Weber，*Embracing "Asia,"* 138–40。

仿汎美會議的態度，想以這種手段，造成「日本人的大亞細亞主義」，造成「大日本主義」。呵呵，好一個模仿汎美會議的汎亞細亞會議！……從前汎美會議，美國提出的議案，都受南美各國的反對，不能成功，這是甚麼原故哩？因為美國戴上假面具，想併吞南美各國。[50]

雖然浮田認為亞洲主義可以抵禦歐洲帝國主義這類主張，但高承元認為亞洲主義實是「德意志軍國主義的好朋友」。浮田挖空心思，想把自己的思想和偏向軍國主義光譜的亞洲主義分開，構想出一種民主的區域主義。但是高承元等中國知識分子很清楚，只要由日本擔任領袖，不論是什麼形式的領導，終將跌跌撞撞走上霸權的方向。高承元預料亞洲主義只是用來掩蓋帝國主義的假面具，而事實也的確如此——日本在短短十二年後就奪取了滿洲。高承元毫不留情地批評浮田和民和德富蘇峰（一八六三—一九五七），但他對李大釗的批評一開始沒有那麼直接。

儘管高承元這篇文章緊接在李大釗文章刊出的三週之後發表，[51]他卻沒有直接評論李大釗的亞洲主義論調。他選擇引用李大釗一篇更早的文章來佐證自己的論點，試圖證明各種亞洲主義都將殊途同歸，訴諸霸權統治。一九一八年七月，李大釗在《太平洋》

發表了〈Pan……ism 之失敗與 Democracy 之勝利〉一文。[52] 他認為各種「大某某主義」都站在民主的對立面，而第一次世界大戰結束和大日耳曼主義落幕的命運都代表了新時代即將來臨。不過接下來幾個月，李大釗受到托洛斯基影響，對「大某某主義」運動的看法從澈底反對轉而有條件接受。高承元則不予認同，他認為這類涵蓋全亞洲的組織會讓日本得寸進尺，妄想透過「亞洲門羅主義」來統治亞洲。如果有哪個國家「不和世界各國各民族互相提攜……則世界各國正當連合起來，去擊破這種頑固腦筋，也不必限定一洲的範圍，作頑固的保守。」[53] 高承元認為聯合全洲的區域化不只危險，更沒有必要。不過他最初對亞洲主義的攻擊主要是針對日本人而發。一直等到李大釗的文章又登在其他地方，高承元才在五四運動高峰更加猛烈地抨擊亞洲主義。

李大釗的〈大亞細亞主義與新亞細亞主義〉廣為傳閱，也引起許多爭議。文章最早

50 Weber, *Embracing "Asia,"* 199.

51 高承元文章登出的時間落在李大釗文章的三週之後，可以合理推測高承元知道李大釗談的「新亞細亞主義」，撰稿時不只要回應浮田的「新新亞細亞主義」，也有意回應李大釗的「新亞細亞主義」。高承元和李大釗是朋友，兩人曾經在某幾期的《法政學報》公開辯論過。

52 李大釗，〈Pan……ism 之失敗與 Democracy 之勝利〉，收於《李大釗文集》2，344–349。

53 高元，〈咄咄亞細亞主義〉，《東方雜誌》16.5，198。

出現在一九一九年二月一日的《國民》上，三月六日、三月廿一日又刊登在《震報》上。高承元最早在二月廿五日討論亞洲主義時，主要評論對象是浮田和民，不過他在四月十五日也對李大釗的新亞洲主義發動攻擊。

高承元在〈評守常君的新亞細亞主義〉一文中精闢分析李大釗的「新亞細亞主義」，文章開頭先引用一段李大釗的文章，接著提出質疑，再為李大釗設想回應，最後以高的反駁收尾。文章圍繞著兩大重點展開：大家應該以團結全世界為目標；而日本經濟太過發達，思想又太落後，其領導的區域組織不可能容許任何平等的空間存在。高承元主張，經濟發達的國家和經濟不發達的國家不可能平等。因為經濟發達的國家最後必然會吞噬不發達的國家，就像資本家會虐待工人，或是大人和小孩同桌吃飯時會吃超過應得份量一樣。[54]「守常君［李大釗］的新亞細亞主義不過是個要小孩們和大人一塊兒平等食東西的主義罷了。」[55]只有強者已經具備必要的自覺，願意不濫用權力，才有可能建立平等的觀念。高承元認為，不論日本人還是歐洲人都尚未擁有這種自覺。他最後以粗體大字發出憤怒的聲明：「我們主張世界人類普遍的聯合，各民族間無親疏的差別。所以對於『有親疏差別的亞細亞主義』不管舊的，也不管新的，不管是日本人倡導的，也不管是中國人倡導的，一律要反對。」[56]

高承元站在風靡一時的世界主義論述的立場，指出李大釗的世界主義區域主義明顯自相矛盾。如果大家認同與渴望的是普世主義，那又要用什麼樣的前提接受區域主義？李大釗被這位編輯逼到無路可退，只好繼續討論下去，幾個月後在《國民》發表了對高承元的回應。李大釗撰寫〈再論新亞細亞主義——答高承元君〉一文，說明他對創造亞洲區域政治秩序的想法。[57]

新亞洲主義再闡明

李大釗這篇文章的篇幅比之前擴張不少，他說明了自己新亞洲主義的六大中心思想。重點可以概述如下：

一、新亞洲主義蘊涵了民族的聯合，下一步是各洲的聯合，終極目標是世界的團結。

54 高承元，〈評守常君的新亞細亞主義〉，1–2。
55 高承元，〈評守常君的新亞細亞主義〉，3。
56 高承元，〈評守常君的新亞細亞主義〉，4。
57 李大釗，〈再論新亞細亞主義〉，收於《李大釗文集》第二冊，108–12。

二、地理或文化上接近的民族會因為便利之故優先聯合。
三、新亞洲主義和日本的大亞洲主義澈底相反。
四、新亞洲主義反對一切壓迫，不論是來自同洲人的壓迫還是異洲人的壓迫。
五、新亞洲主義呼籲的是民族自治，不是排外主義也不是鎖國政策。
六、新亞洲主義呼籲弱小國家聯合反抗日本的大亞洲主義。接著全亞洲便可聯合起來，共同加入世界聯邦。

李大釗主張亞洲主義是邁向世界聯合的過程之一，用這篇文章的申辯之詞回應高承元對於亞洲主義必要性的質疑。「我並沒有不主張世界各民族直接聯合起來造成世界的聯邦……不過以地域論，亞洲終是亞洲，非洲終是非洲，是無可如何的事實。以民族論，各洲的民族多是安土重遷。」[58]

高承元提出認識論問題，質問亞洲何以是一體的存在，不論建構亞洲一體性的到底是地理、文化還是種族因素。高承元要求李大釗提出論述依據，說明亞洲的團結何以包括亞洲各民族，但排除了歐洲人、美洲人、非洲人在外。李大釗的回應用強詞奪理的說法結束討論：「亞洲終是亞洲……是無可如何的事實。」李大釗無意處理亞洲的概

體會到自身民族如何深受磨難。李大釗認為民族是連貫的統一體，其著述無不支持此一主張。不過民族的長期目標不是要成為任何形式的民族國家，而是要和其他民族融合，邁向世界大同。就這點來說，經過國際主義馬克思主義和五四運動世界主義的錘鍊，李大釗的新亞洲主義發展成社會主義烏托邦式的亞洲主義，後世的中共因此得以厚顏冒稱社會主義框架，利用其亞洲主義概念。不過比起孫中山的亞洲主義論著，李大釗的影響力相形失色，孫中山緊跟李大釗的思路，建立了以中國為中心的亞洲主義模型，廣受眾人青睞。

61　李大釗，〈再論新亞細亞主義〉，收於《李大釗文集》2，111。

62　張灝，〈重訪五四〉，收於《張灝自選集》，273、276。

Chapter 6

王道

孫中山重塑的亞洲概念

亞洲主義宣揚的文化民族主義建立於東方和西方的本質差異，根據這種本質差異定義出亞洲，以同樣的脈絡定義出「中國」。

孫中山在臺灣和中國都被尊稱為「國父」。然而，思及孫中山無可辯駁的親日行為時，這個尊稱造成一定程度的混淆。假如當代中國的民族主義要將現今的愛國思想兼容孫中山的思想，必定面臨艱鉅挑戰。綜觀孫中山的政治生涯，儘管他經常批評日本帝國主義，但是他始終堅信，唯有和日本合作，中國才能強大。除此之外，他認為日本和中國具有一致的亞洲特質：與西方帝國主義截然相反，傳承幾千年的儒家思想。這種政治亞洲主義的本質就是本章的標題：「王道」。

雖然李大釗在新文化運動時期也建構中國的亞洲主義，但孫中山的亞洲主義論述更加重要，原因有二。其一，孫中山在論述時運用亞洲主義的各種二元對立融入自身論述，恰好形成適合的例子，說明這些概念如何融入中國現代性和民族主義的元素。其二，放眼中國知識分子針對亞洲主義的相關著述，孫中山論述的影響可說傲視群傑，延續至今。

從一八九〇年代直到孫中山一九二五年去世為止，亞洲主義始終在他的言論和思想裡占有一席之地。孫中山跟許多知識分子還有大部分的亞洲主義者一樣，他時常擔心種族戰爭終將爆發。除此之外，孫中山認同西方和東方可視為不同文明，不過與第四章中側重於物質與精神差異的觀點不同，孫中山認為東西方文明的關鍵差異在於傳統的道德治理方式。和第五章討論的李大釗一樣，孫中山也受到社會主義影響，在他想像的政治烏托邦裡，中國擔任建設這個烏托邦的要角，不過孫中山並非尋求來自西方的新意識形態，而是回歸儒家原則，並且融合以他極具西方色彩的「三民主義」。事實上，孫中山和李大釗兩人所見略同，都認為反帝國主義的團結亞洲即將崛起。和李大釗一樣，孫中山也是狂熱的愛國者，他的著作無處不透露出對中國的熱愛，這點在他的亞洲主義論述裡或許又更明顯。他聲稱如果給傳統中國思想一個機會，在日本經濟和軍事實力的支持下，傳統中國思想可以解救世界的弊病。孫中山滿腔熱忱想要復興中國，為了達成目的，他在行動上多半奉行機會主義，這一方面也涉及他想要親手掌控中國發展路線的野心。孫中山是八面玲瓏的政治家，他的著述理應看成巧妙修辭，但極具影響力，甚至有些令人害怕。孫中山有時會贊同日本的擴張主義，也常常鼓吹帝國主義，為日本擴張主義的政治宣傳留下了充分利用空間，讓他們可以挪用孫中山的著作來圖謀日本的利益。

本章追溯了以中國為中心的亞洲主義如何發展，中國的亞洲主義表面上以儒家王道的政治理念為基礎，內涵則融合了前面幾章回顧過的各種亞洲主義的不同面向。下面各節說明這種論述如何從中國民族主義的相關角度出發，重新構想亞洲的概念，也批評西方普世主義及資本帝國主義現象，為亞洲國家提供了對抗帝國的新理論角度。

從史學角度重探孫中山的亞洲主義

研究孫中山提倡的亞洲主義有幾個問題要處理。孫中山有一點和其他論述亞洲主義的中國知識分子不一樣：他今天在兩岸依然十分知名，也受人愛戴，放眼世界也算是名人之流。因此他的一字一句都經過了無數次分析，研究者試圖將孫中山思想彙整成首尾連貫的體系，但卻徒勞無功。由於孫中山的亞洲主義和戰後的民族主義意識形態相齟齬，標準歌功頌德的傳記一般都略過他的亞洲主義不談，或是將之邊緣化。一九八〇年代開始，隨著區域化的討論浮上檯面，大家又重新關注起孫中山的理論。因此本章不只會回顧孫中山的亞洲主義理論，還會進一步分析這套理論在當年乃至今天得到的迴響與評價。

馬厄利爾．詹遜（Marius Jansen）早在六十多年前就對孫中山亞洲主義的來龍去脈進行了最早的全面研究。今天如果想探討孫中山的亞洲主義，學者有更豐富的史料可以參考（從後面的討論也可以看到這點），儘管如此，詹遜針對孫中山和日本間關係的剖析，直至今日依然是具說服力又深富見地的論著。詹遜在《日本人與孫中山》（*The Japanese and Sun Yat-sen*）的序言寫下：「相當清楚的一點是，在日本領導下組成亞細亞聯盟對抗西方帝國主義，這種想法不是出自日本一廂情願的想像編造。如果重建

十九、廿世紀之交的思潮立場及輿論氛圍，我們可以看到中國革命家和日本民族主義者當時共同的想法：不論中方還是日方，他們都認為西方帝國主義才是最可怕的威脅。」[1] 詹遜仔細爬梳大量史料，指出「中國革命家呈現給日本的是西方無緣目睹的面貌：他們對日本展現泛亞洲主義（**Pan-Asianisim**）的一面，日本與孫中山的交往自始至終都建立在大亞洲主義的基礎上。在日本人眼中，大亞洲主義是孫中山思想的基礎，也是其思想在一系列漫長的變革中始終堅持的理論。」[2] 詹遜認為亞洲團結論「不只是日本人的想像編造，這套理論代表了合理可行的解決方案，直指當時的迫切問題，後來中國革命家看到日本設法用東方的王道之治為霸道辯護時，才終於不情願地漸漸放棄這項理念。」[3]

在以英文寫就的孫中山研究裡，詹遜此書依然名列經典，但他對孫中山的看法囿於史料類型之限。詹遜自己也承認，這是孫中山向日本展露的面貌，今天孫中山在日本最深入人心的就是他的亞洲主義。孫中山有許多不同面貌，中國人看待孫中山時往往會淡化他的亞洲主義，或辯稱這只是一種策略或不智之論。近來，孫中山的亞洲主義被視

1 Jansen, *The Japanese and Sun Yat-sen*, 6。
2 Jansen, *The Japanese and Sun Yat-sen*, 201。
3 Jansen, *The Japanese and Sun Yat-sen*, 212。

為以中國為中心進行區域化的基礎，催生不少中文文章和書籍，大家紛紛重新評價與探討孫中山的亞洲主義。區辨孫中山的亞洲主義和日本的「泛亞洲主義」始終是中文學術界歷久彌新的題目，不過有些研究不願止步於此。汪暉以孫中山的亞洲主義為起點，將「亞洲」理解成內部充滿異質性的整體。[4]陳光興視之為處理目前帝國主義問題的一種思想體系。[5]至少有一篇學位論文主張孫中山的亞洲主義是未來亞洲區域主義（Asian regionalism）的模型。[6]偶有像桑兵這樣的歷史學家進行紮實又平衡的研究，深入探討孫中山的亞洲主義以及研究時必須處理的無數問題。[7]儘管大部分研究皆聚焦於分析孫中山一九二四年「大亞洲主義」演講的用詞，但桑兵等人的研究探討了孫中山親日態度以及亞洲主義思想的早期發展，我也順著這個脈絡重新回顧孫中山最初接觸亞洲主義的過程：孫中山思想裡最初冒出這套論述時，是將之設想成反對西方帝國主義的強烈聲音。

孫中山早期的亞洲主義傾向

不論是英文、中文還是日文學界，除了少數例外，研究孫中山思想者幾乎無一不認為南方熊楠（一八六七—一九四一）是最早影響孫中山亞洲主義思想的人物。[8]南方熊楠是在倫敦工作的植物學家，一八九七年，透過倫敦國王學院中國研究所主任道格拉斯教授（R. K. Douglas）的介紹，他和孫中山在倫敦相識。兩人多年之後依然是朋友，互相到橫濱以及南方熊楠的家鄉和歌山拜訪對方。南方熊楠的日記提到：「與孫中山第一次見面時，他問我一生的抱負。我回答，『我希望，我們東方人能把所有的西方人趕離東方。』中山失色。」[9]

認識南方熊楠不久之後，孫中山移居橫濱。他在日本受到泛亞洲反帝國主義的精神

4　Wang Hui, "The Politics of Imagining Asia," 79。

5　Chen Kuan-hsing, *Asia as Method*, 13。

6　李廣志，《論孫中山的亞洲主義觀及其對亞洲區域主義未來發展的啟示》。

7　桑兵二〇〇〇年前後以來出版了許多討論亞洲主義的專書和論文，讓大家能夠對這個概念形成更複雜的學術理解，他在二〇一五年的專書更加深入探討了孫中山亞洲主義的歷史脈絡。桑兵，《交流與對抗》，尤參第八章。

8　例如參 *The Political Thought of Sun Yat-sen*, 14; Bergère, *Sun Yat-sen*, 66；緒形康，〈孫中山・熊楠の「アジア主義」〉，220。不過也有人持反對意見。李臺京反對孫中山受到日本人影響的說法，他認為到了十九世紀末，這種思潮多少已經形成普遍的論述。孫中山一九二四年的演講說自己為聯合亞洲各民族已經籌畫了三十年，因此李臺京認為孫中山的想法必定早在和日本的泛亞洲主義者結識之前就已經形成。李臺京，《中山先生大亞洲主義研究》，49–51。

9　陳鵬仁，《近代中日關係史論集》，22。

吸引，和幾位日本的泛亞洲主義者結為朋友。如同詹遜的說明：「十九世紀末的西方帝國主義確實以前所未見的力道大大助長了東方的團結感。」[10]在這種團結氣氛下，孫中山和頭山滿（一八五五—一九四四）、犬養毅（一八五五—一九三二）、宮崎滔天（一八七一—一九二二）等人結交。孫中山剛抵達橫濱不久，就先在陳少白府上結識了宮崎滔天，之後宮崎滔天又將孫中山介紹給犬養毅等人，幫助孫中山和有力的政治家及泛亞洲主義提倡者建立關係。[11]旁觀者清，孫中山意識到日本帝國主義的危險，不過比起其他人，他並不特別排斥由日本做領頭羊。他身邊有許多值得信賴的日本朋友，自己也時常利用日本朋友的資源來推動在中國的政治事業。

即使是在合作推動亞洲團結的初期，中國和日本革命家關注的焦點也不只侷限在自己的國家，他們希望幫助受到西方帝國主義摧殘的亞洲各民族。孫中山和這群新朋友發起的第一個武裝行動是支持菲律賓的埃米利奧．阿奎納多（Emilio Aguinaldo，一八六九—一九六四）一八九九年反抗美國帝國主義的戰爭。[12]不過孫中山和這群日本朋友最關心的還是中國。在一九〇二年的暢銷自傳裡，宮崎滔天說明必須拯救中國的原因。他和兄長都不贊同中國陷於歷史窠臼的說法，宮崎兄弟認為「中國人固然以三代之治為德政的理想，但是三代之治只是最高境界，不是必須一板一眼遵守的規則。中國人也許可謂懷古，但懷古不正是為了大步向前嗎。」[13]宮崎滔天相信中國將會再次成為亞洲的中心，以高尚的道德領導亞洲的復興。

孫中山在廿世紀的第一個十年和這些同志及許多人密切合作，努力推動中國的革命。也許是因為這段時間孫中山有感於日本朋友身上的熱情與理想，即使後來日本愈來愈積極投入針對中國的帝國主義政治，孫中山仍然始終對日本抱持希望，從不灰心。得力於這群朋友的支持，辛亥革命志士終於成功推翻滿清政府，為中國帶來了巨大的政治變革。如今滿族一夕之間邊緣化，孫中山和國民黨人開始尋找未來的可能，他們不排除

10　詹遜用相當完整的篇幅討論了孫中山和這些知名泛亞洲主義者的關係。我在這裡只會簡單帶過他們的交往，後面會轉而專注討論孫中山的著述，涵蓋許多詹遜看不到的材料。Jansen, *The Japanese and Sun Yat-sen*, 68。

11　讀宮崎滔天的自傳，可以一窺日本許多所謂維新「志士」的心態。儘管這群政治運動者顯然希望為中國帶來正面改變，但他們心中也總是有股浪漫的衝動，想以日本救世主之姿領導中國人。宮崎滔天的自省清楚突顯了這點：「作夢夢見自己暹羅事業的成敗時，我經常化身為披白袍、騎白馬的將軍，率領一隊中國人進入中國的國土。」Miyazaki, *My Thirty-Three Years' Dream*, 132–33, 138, 73. 譯註：此段引文參考宮崎滔天著，林啟彥譯，《三十三年之夢》（臺北：華藝，二〇一五），頁一〇二之譯文。

12　Jansen, *The Japanese and Sun Yat-sen*, 71。

13　Miyazaki, *My Thirty-Three Years' Dream*, 47. 譯註：此段引文參考宮崎滔天著，林啟彥譯，《三十三年之夢》，頁 69–70 之譯文。

和日本人合作，共創團結的亞洲。本章分析的演講指出，孫中山訴諸種族和文明議題，呼籲亞洲在日本領導下邁向團結。

與此同時，一九一三年初，美國政府（以及西方多國政府）毫不避諱地討論是否要對新來乍到的外國人施加限制，禁止他們擁有土地。新法律會影響的對象只限於那些被認為無資格獲取公民身分的外國人，特別是中國、日本、朝鮮、印度移民。爭論之所以遲遲沒有拍板定案，一部分是因為擔心「此案會大大冒犯中日兩國。」[14]儘管日本政府再三呼籲，討論最終還是以一九一三年的《外國人土地法》（Alien Land Law）作結，立法主要是為了阻止中國人和日本人在加州購買或耕作土地。一九一三年六月，日本媒體開始出現關於土地購買限制的討論，同時英文的「Pan-Asianism」（泛亞洲主義）一詞也被引介至日文，譯為「汎アジア主義」（泛亞細亞主義）或「全アジア主義」（全亞細亞主義）。[15]這是日本最早關於泛亞洲主義的討論之一。這個詞被西方媒體用來批評日本，日本報紙對這個詞沒有一絲好感，但就在幾個月前，「Pan-Asianism」一詞剛以正面形象初次進入了中文世界。

孫中山的亞洲主義演講：日本領導下的策略聯盟

孫中山亞洲主義的一面身在日本時表現得最明顯，這多少可以視為他的一種策略。儘管他的演講多是針對旅居日本的中國留學生或企業家，但他試圖透過鼓勵更多跨國發展，以求鞏固中日關係。只要回到中國，日本議題往往從他的演講和著述裡淡出。因此孫中山的「亞洲主義」演講應該放在他一系列在日演講的脈絡下，如此一九二四年這場象徵性演講的內容就不顯得特別突出了。

孫中山最公開明確呼籲亞洲團結的例子出自他一九一三年二、三月在日本各大城市發表的一系列演說。儘管孫中山是以全國鐵路督辦的身分前往日本考察，實際上另有目的。他在演講裡加入了各種強調休戚與共的措詞，像是日本亞洲主義者常用的口號，包括呼籲種族團結的「同種同文」、套用日本版門羅主義的口號做「亞細亞者，為亞細亞

14　"For Delaying Alien Bills," *New York Times* (February 9, 1913), 13. 一九一三這年，《紐約時報》（*New York Times*）追蹤報導了相關討論一整年。

15　Saaler, "Pan-Asianism in Modern Japanese History," 6。

人之亞細亞也」[16]，再加上團結國家的經典成語脣亡齒寒，說中日乃「脣齒之邦」。[17]

孫中山希望獲得旅日中國人以及日本高層政治人物與菁英的廣泛支持。針對中國觀眾演講時，孫中山鼓勵大家加深和日本的關係，為團結亞洲共同努力。他認為西方列強不只威脅中國，也傷害了日本的利益：「假使從前無日本，則東亞前途，必不可問。東亞地方，得留與我輩成就革命事業，都是日本之力。中國此次革命成功，對於日本，不能不感謝。日本與中國利害相關，欲保全日本利益，不得不保全東亞利益。」[18]這次對東京的全體中國留學生演講時，孫中山呼籲大家發揮兄弟之愛，澄清日本人對中國人的誤解。為了中國和世界的福利，推動中日團結是他們的責任所在。孫中山一再強調，中日團結符合中國的國家利益，不過他將中國的利益與亞洲的利益以及「黃種人」的利益相連結：

亞洲人口，占全地球三分之二，今日一部分屈伏於歐人勢力範圍之下。假使中日兩國協力進行，則勢力膨脹，不難造成一大亞洲，恢復以前光榮之歷史。令世界有和平，令人類有大同，各有平等自由之權利。世界幸福，都是黃種五萬萬人造成的。[19]

亞洲有拯救世界、實現和平的力量，這是亞洲主義支持者屢說不厭的概念。這多少類似於傳統的中華文化圈（Sinosphere），只要中、日、韓這五萬萬人形成的民族種族同心圓向外延伸到全世界，則邁向儒家烏托邦的大同世界亦指日可待。亞洲「光榮歷史」指的不只是經濟實力或世界地位，更是傳統儒家社會的仁義治理之道，這是孫中山一九二四年演講中進一步闡述的題旨（後面會再回來討論這點）。不過他在一九一三年的一系列演講首次強調日本的領導地位。

孫中山的立場和梁啟超、李大釗、葉楚傖等許多中國知識分子不同，他明確呼籲由日本領導。在孫中山心中，日本領導並不是統治，而是指導：「日本維新歲月較中國久，一切有所經驗，吾國人希指導之日尚長也。」[20]言下之意已經先預設國家自治。令人意外的是，他在東亞同文會對日本的亞洲主義者演講時，卻相當直白地要求日本負起領導之重任——也許直白到與會的部分菁英懷疑孫中山是在對帝國敞開大門。「亞細亞

16　孫中山，〈中日須互相提攜〉，《國父全集》第三冊，136–137。
17　孫中山，〈學生須以革命精神努力學問〉，《國父全集》第三冊，144。
18　孫中山，〈學生須以革命精神努力學問〉，《國父全集》第三冊，144–45。
19　孫中山，〈學生須以革命精神努力學問〉，《國父全集》第三冊，145。
20　孫中山，〈中日經濟界應互相提攜〉，《國父全集》第三冊，138。

之和平，亞細亞人應有保持之義務；然中國現在則欠乏維持之實力，故日本之責任，非常重大。余希望日本力圖中國之保育，而與中國互相提攜也。是不惟余一人之希望，恐亦為全中國人所熱心期待者也！」[21]

對中國國民演講時，他也呼籲日本擔任起領導角色。孫中山固然始終對日本帝國主義抱有戒心，但他清楚指出歐洲帝國才是更大的威脅。他偶爾會以正面態度提到美國，但也明確表示，他認為如果援助中國不符合西方列強的利益，西方就不會出手相助：

> 中國人在歷史上一直誤解日本，一直侮蔑日本。然革命一起，充任革命黨之幹部者，皆日本留學生；而出力援助革命者，則為日本人之有志之士。關乎中國之將來，有人力主美國之援助，但門羅主義之美國，是否將成為中國之依靠？美國之實力，是否能左右中國之命運？對中國之將來而制其死命者，余確信無論如何，亦必是日本。[22]

孫中山的演講對於日本領袖人物有多少影響委實難以估計，不過對中國觀眾的影響從戴季陶一九一三年發生的思想轉折正好可見一斑。戴季陶以翻譯及助手身分陪同孫中山訪日，很可能聽過孫中山二、三月考察期間的全部演講。此行之前，他對日本相當不假辭色，然而考察結束之後，他開始在《民權報》發表文章，提倡中日同盟的必要，後來更成為陸延口中「中國數一數二重要的泛亞洲主義者」。他表示，「苟日本不與我國聯絡，以共謀黃種之存立，全世界皆將為白皙人種之領分，日本之危亡亦且迫矣……合中日兩國之力，以與歐洲人種之列強抗，歐洲人種之國，未有不翻然改其侵略主義為聯合主義者。」[23]

孫中山一九一三年訪日之行，表面上是為了新任全國鐵路督辦而進行考察，順道探訪故舊。不過從這一系列演講可以明顯看到，他花了很多精神想爭取日本的支持，活動和演講時焦急之情也溢於言表。白吉爾（Marie-Claire Bergère）指出，孫中山趁著亞洲主義演講的空檔，和大實業家澀澤榮一（一八四〇—一九三一）會面，討論創辦中國實業公司事宜，希望將日本財閥引入中國，幫助中國發展與資源開發。[24]其他會面行程也更清楚說明了孫中山一九一三年此行的任務。

21　孫中山，〈中日須互相提攜〉，《國父全集》第三冊，158。另一演講也出現了類似內容，見〈中日兩國應攜手進步〉，《國父全集》第三冊，137。
22　孫中山，〈中日之關係〉，《國父全集》第三冊，158。
23　轉引自 Lu Yan, *Re-Understanding Japan*, 68, 76–77, 79.
24　Bergère, *Sun Yat-sen*, 238–39.

例如吳經熊認為，孫中山一九一三年訪日期間最重要的事件是與甫失勢的桂太郎（一八四八—一九一三）會面，桂太郎當月稍早剛剛因為不信任投票失去首相職位。[25]桂太郎多年前曾經大力促成英日同盟，如今他對英日同盟感到失望，有意建立中日同盟。孫中山十分期待有機會和日本加深關係，但他也直言不諱，批評日本在朝鮮的行動。據說他對桂太郎說：「就大亞細亞主義之精神言，實以真正平等友善為原則。日俄戰前，中國同情於日本；日俄戰後，中國反而不表同情，其原因，在日本乘戰勝之勢，舉朝鮮而有之。」[26]由於這些史料是事件發生多年之後才寫下，孫中山當年是否真的使用了「亞細亞主義」一詞已不可考。吳經熊這段孫中山與桂太郎的談話是根據《國父年譜》而來，《國父年譜》的內容則是根據胡漢民一九三六年發表的一篇文章而成。[27]假設胡漢民的寫作根據也許不是當年談話的筆記，而是對二十三年前事件的回憶。由於時至一九三六年，「亞細亞主義」已經是常見詞語，如此看來，胡漢民顯然有可能有意無意更動了桂太郎和孫中山原本的談話內容，聲援自己亞洲主義的信念。

不過孫中山確實說過與「亞細亞主義」類似的詞語。那是幾週後在上海的一場演講，孫中山提到了「大亞洲之主義」，這篇演講立刻就在一九一三年三月廿九日的《民立報》刊登出來。[28]姑且不論孫中山與桂太郎會面時是否也用了亞細亞主義一詞，胡漢民很可能還是如實傳達了他們談話的精神。據胡漢民所言，桂太郎向孫中山承諾他將努力矯正錯誤，爭取孫中山的支持。但是幾個月後，隨著桂太郎在一九一三年十月去世，中日同盟的計畫也煙消雲散。胡漢民後來評論說，日本已經找不到幾個像桂太郎這樣的政治家，亞洲主義的原則因此扭曲變形。[29]

一九一三年二、三月間，孫中山與桂太郎的會面以及他在日本的一系列演講，是我們理解孫中山早期亞洲主義思想的關鍵，至少能讓我們瞭解他對中日合作的看法。正如戴季陶後來所言：「他自然相信，國家的興衰及生存與日本聯盟的可能性息息相關。」[30] 孫中山堅定相信中日應當合作，不過想法和李大釗不同。李大釗認為亞洲主義

25 John C. H. Wu, *Sun Yat-sen*, 193. 關於孫中山與桂太郎會面一事，相關討論也參 Jansen, *Sun Yat-sen and the Japanese*, 159. 一九一三年二月廿日的《民立報》提到兩人會面，但沒有報導細節。

26 轉引自 John C. H. Wu, *Sun Yat-sen*, 193. 譯註：此處直接引國父年譜之文字，參孫中山，《國父年譜》，663。

27 胡漢民，〈大亞細亞主義與抗日〉；孫中山，《國父年譜》，495–97。

28 《國父全集》第三冊，159。

29 胡漢民，〈大亞細亞主義與抗日〉，540。

30 戴季陶也談到孫中山與桂太郎的這次會面，回憶兩人之間的會面實是「盡傾肺腑」。戴季陶，《日本論：一個外交家的日本風俗、政治、文化考》（不二家，二〇一八）》，108、109。

是邁向平等世界主義的墊腳石，沒有哪一國居中領導，一切純粹建立在地利之便上，完全獨立於文化圈；孫中山的理解則認為兩國合作的基礎來自共同的文化和歷史，再從共同的文化和歷史出發，轉向經濟與軍事議題。不過同一時間，中國的國民黨人士也在討論亞洲主義，很可能是和孫中山一起討論，然而他們只關心經濟和軍事議題。一九一三年，中國也有許多關於亞洲主義的討論，國內的討論構成了孫中山在日本一系列演講的脈絡，顯示他的思想不只出於個人，也呼應了歷史的時代精神，另一方面也顯示了在中國民族主義興起之際，大家出乎意料地願意考慮區域合作的可能性。

一九一三年國民黨推動亞洲合作

一九一三年間，國民黨知識分子和政治領袖定義中國民族主義，透過他們控制的刊物加以宣傳。趙穗生因此承襲約瑟夫·列文森（Joseph Levenson）的觀點，以「菁英民族主義」為特色來定義這段時期。[31]我也認同趙穗生的分析，本節將重點放在一九一三年國民黨官方為了推動中日合作所做的努力，以及黨刊與報紙上，中國知識分子如何討論與日本進一步聯盟或合作能夠帶來的好處。

一九一三年二、三月，政治領袖實際展開行動推動中日合作，中國記者一方面撰文報導，一方面也翻譯相關議題的日文文章。許多文章闡釋了中日兩國何以需要結成聯盟互相提攜，中文版幾乎是日文版甫刊登後就立刻翻譯完成刊出。[32] 青年知識分子謹慎探討了這兩個模糊又重疊的概念：中日提攜論與中日聯盟。儘管中國菁英早在戊戌變法之際就提出了中日聯盟的展望，但一八九八年時這個想法主要只停留在政治言論的範疇，幾乎沒有任何實際行動。

一九一三年初，面對日本呼籲的亞洲主義以及西方帝國主義的持續威脅，中國知識分子開始思考亞洲的未來。整個二月，報紙上出現多篇文章討論與日本合作的重要，其中一篇是〈中日協會之籌備〉，報導了在南京召開的一場會議，會中討論如何建立中日同盟，團結兩國的人民與政府。中日協會的中國創始會員包括一九一二年曾任孫中山秘書的李肇甫、政治人物兼《民立報》編輯王印川、早年曾在多項革命活動協助過孫中山的朱淇、在民國初建的臨時政府擔任過多項要職的林長民，以及記者黃遠庸。[33] 一九一三年，中日協會大幅擴張，在袁世凱建立中華帝國之前這段短暫的機會之窗，

31 Zhao Suisheng, *Power by Design*, 80–81。
32 逸見甲山，〈中日提攜論〉，《民立報》（一九一三年三月廿七日、三十日）。
33 〈中日協會之籌備〉，《民立報》（一九一三年三月十一日）。

前途看來一片光明。新科眾議院議長湯化龍在中日協會的南京開幕典禮上致詞表示：「十八、九世紀為白人活動時代，廿世紀為東亞人活動時代……中日兩國誼如兄弟之關係。」[34]從這裡的幾個例子可以看到，這些知識分子認為和日本合作是拯救中國的關鍵，也有些人把眼光放得更遠。

葉楚傖三月十五、十六、廿一日在《民立報》連載了三篇扼要題名為〈大亞細亞主義〉的文章，不論在哪一國語言裡，葉楚傖的文章都是亞洲主義最早的長篇論述。[35]葉楚傖詳細描繪了一個橫跨全亞洲的軍事和經濟同盟，以整合中國、日本、土耳其、暹羅等四國的市場為建立商業同盟的第一步。[36]葉楚傖認為日本只是計畫的成員國之一，摒棄文化和歷史因素，他為亞洲諸民族的生存勾勒出戰略式的亞洲主義。即便連載因為宋教仁遇刺而中斷，不過與日本團結合作的努力仍在北京短暫延續了一段時間。

中日國民大會也許是在這波浪潮下誕生的最大組織，在北京成立的時間恰恰落在二次革命之前。儘管宋教仁在三月廿二日去世，組織依然在三月廿三日下午舉行聚會，由宋教仁的好友陳家鼎（一八七六—一九二八）致開幕詞。[37]陳家鼎侃侃而談中日關係的演變，宣布「自今以往可預斷為中日同盟期」，「滿座皆鼓掌如雷。」[38]組織中的中國代表都是國民黨政治人物，由於這些成員在二次革命後逃往日本，中日國民大會的存在時間相當短暫。儘管如此，這些組織以及隨之而來的諸多社論討論了與日本合作的益處，讓我們能夠一窺這段期間國民黨以外知識分子對中日同盟的看法。

廿世紀前半印刷媒體快速發展，拜此之賜，政治圈中心以外的知識分子也參與評論中日合作的可能性。從北京畫家胡佩衡（一八九二—一九六二）的用字遣詞，可以看到他審慎樂觀的態度：「冒不韙矣！乃忽而有中日聯盟之舉，改野心之態度，敦親睦之感情，消息乍傳，能無驟滋疑惑哉……就事實觀之，中日聯盟之舉，前此疑其必無者，此至又信其確有矣……日本與我同洲同種，正如輔車相依，使猶不知相愛相親謬然……日本今日之翻然改悔，轉而與我國敦睦……吾人又安能不深服其善於猛省耶。」[39]

34　這篇文章將馮自由等人也列入會員名單。不著撰人，〈中日協會之進行〉，《國會叢報》1（1913），外交4–5。

35　我的另一篇文章更深入討論了葉楚傖和這三篇文章，參Smith, "Chinese Asianism in the Early Republic."

36　葉楚傖，〈大亞細亞主義〉。

37　陳家鼎在清末留學早稻田大學，留學日本期間加入了興中會。二次革命失敗後，陳家鼎返回日本。

38　〈中日國民大會〉，《民立報》（一九一三年三月廿九日），八版。

39　胡佩衡，〈中日聯盟感言〉，1。

胡佩衡談論中日聯盟時，考量的不是同時代政治人物在意的現實政治（realpolitik），他表達屬於他這一代的理想主義。他看到「同洲同種」的各民族共同努力的好處，不過認為這只是邁向政治大同的過程的其中一步。胡佩衡暢談了一番理想的和平主義，文末期望袁世凱能夠領導中國與大正天皇同盟，再與美國總統威爾遜（Woodrow Wilson）結盟。[40] 與日本聯盟不是唯一選項。一九一三年，許多知識分子都提倡與美、德、英等各國合作，顯然許多人認為不論與哪一國同盟都是為了政治目的，亞洲主義往往是為了達成目的所使用的修辭。

然而這些願景還來不及實現，中國就面臨了更迫切的內憂——無關乎亞洲主義想要保護中國遠離的西方列強威脅。國內局勢瞬息萬變，袁世凱奪取政權，尤其再加上宋教仁遇刺一事，擾亂了亞洲主義的大計。宋教仁三月廿日遭到槍擊，也就是葉楚傖第三篇〈大亞細亞主義〉登出的前一天。三月廿二日，宋教仁在醫院逝世，從這天開始，《民立報》滿是關於宋教仁的照片、報導、悼詞，幾乎占了所有版面。葉楚傖更親自整理了《民立報》及各大報的報導，彙編出版成冊。[41] 孫中山草草結束日本行，匆匆返回中國，協助穩定刺殺事件後黨內的混亂情況，也開始推動和日本同盟的工作。然而接下來幾個月間，袁世凱從國民黨手上奪走了政權，孫中山別無選擇，只得返回日本再做打算。

矛盾與延續——孫中山一九一三年至一九一八年間的思想演變

一九一三年到一九一六年是孫中山最後一次流亡日本，這段期間他不常提起亞洲主義。他當然不是完全放棄，只不過，他對二次革命的災難結果感到十分挫折，當時他遭到日本資本家利用，未能贏得國內支持。孫中山最後一次流亡日本期間發生了一連串事件，使得他被貼上亞洲主義者的標籤。這些事件不只展現了孫中山亞洲主義的連續性，矛盾之處同時顯露，說明孫中山的亞洲主義思想不只把世界分為東方與西方，而是考慮到被壓迫者與壓迫者之分。第一件事是孫中山在東京與印度革命家互動，可以和前面第三章分析過晚清章太炎的類似行動比較。第二是孫中山在第一次世界大戰期間對德國難解的立場。馬厄利爾·詹遜指出，即使在一九一五年日本提出「二十一條要求」之後，

40　胡佩衡，〈中日聯盟感言〉，3。

41　葉楚傖編，《宋漁父》。

孫中山依然認為「中日同盟是擺脫歐洲帝國主義的唯一辦法。」[42]孫中山固然始終將這種合作稱為「亞洲」夥伴關係，多年來也的確常常提到種族一詞。只要是他認為同樣深受歐洲帝國主義之害的民族，他都相當歡迎彼此結盟，如果雙方合作有機會幫助他實現抱負，或是進一步幫助中國擺脫列強的束縛，當然更是歡迎之至。

抵達日本後，孫中山立刻開始尋求支持，力求重新掌權與擊敗袁世凱。他再次轉向泛亞洲主義的盟友。一九一四年五月十一日，孫中山寫信給十九世紀末旅居橫濱時結交的大隈重信。大隈重信當時是日本首相。而這封信被稱為「中日同盟提案」。[43]信中談的主要是經濟夥伴關係，同時暗示必須推翻袁世凱，讓孫中山重新掌權。內容有時令人不安，可以看到孫中山在流亡時十分絕望，為了重新掌權不惜一切代價：「日本地力發展已盡，殆無盤旋之餘地，支那則地大物博而未有以發展之。今使日本無如英於印度設兵置守之勞與費，而得大市場於支那，利且倍之。」[44]

隔年，日本向袁世凱政府提出二十一條要求，孫中山的信也許影響大隈重信在其中扮演的角色。關於這封信以及孫中山涉入二十一條要求一事，詹遜評論：「他有時候竟為日本擴張辯護，有時候更成了幫助日本侵略的工具。」[45]孫中山竟然會考慮讓中國成為日本的殖民地，類似印度受英國統治一般，這個可能性令人不寒而慄。孫中山向來強力反對英國控制印度，在此處卻向帝國屈服，顯示他因絕境而行動與思想產生矛盾。也正是在這段時期，孫中山開始熱心支持流亡日本的印度獨立運動人士。

一九一二年十二月廿三日，印度舉辦遷都典禮，慶祝首都從加爾各答遷往新德里，總督在典禮上被炸彈炸傷。拉希·比哈里·鮑斯（Rash Behari Bose）被認定是陰謀的幕後黑手，被迫逃亡。經過一連串戲劇性的事件後，鮑斯終於在一九一五年抵達日本。[46]鮑斯到了日本不久，孫中山就將他介紹給日本的泛亞洲主義者，也說服《朝日新聞》的記者山中峯太郎（一八八五—一九六六）為其發聲。山中峯太郎的文章令人動容，深深喚起了日本大眾對印度獨立運動和鮑斯的支持。[47]據說孫中山與鮑斯定期會

42 Jansen, *The Japanese and Sun Yat-sen*, 192。
43 收於 Sun Yat-sen, *China and Japan*, 1–7。
44 Sun Yat-sen, *China and Japan*, 3–4. 原件收藏於早稻田大學圖書館之大隈文書（http://www.wul.waseda.ac.jp/kosho/i14/i14_b0269_4/; 上網日期：二〇一三年六月十日）。
45 孫中山完全不希望日本人和袁世凱合作，他答應給予日本的條件遠比二十一條要求更優渥。Jansen, *Sun Yat-sen and the Japanese*, 189, 192–93。
46 張承志，《敬重與惜別》，232。也參 Nakajima, *Bose of Nakamuraya*。
47 張承志，《敬重與惜別》，232。

面，討論如何將武器送往印度。[48]不久之後，鮑斯在日本成為泛亞洲主義的重要作家，在泛亞洲主義的理論發展以及印度獨立運動的戰鬥都留下了不可磨滅的痕跡。[49]泛亞洲主義者犬養毅、宮崎滔天、內田良平等人，孫中山的老朋友們在這段期間大力支持鮑斯和印度獨立運動——也許是為了在日本帝國主義明目張膽吞食中國的時代背景中，盡力維持住孫中山對日本的信念。不過不久之後，孫中山開始努力尋找其他支持反英大業的盟友，這次將眼光遠遠放到了亞洲主義的範圍之外。

一九一七年，上海的《遠東時報》（*Far Eastern Review*）刊登多篇文章，大肆抨擊孫中山的泛亞洲態度，並非因為他試圖與日本結盟，而是因為他在第一次世界大戰酣戰之際支持德國。孫中山政府與德國處於敵對立場，他卻打算給予德國政府重大在華經濟特權，以換取北伐的軍事援助。[50]柯偉林（William Kirby）認為，雖然孫中山向許多國家尋求援助，但「可以說德國在他的夢想裡占有特別重要的一席之地。」[51]柯偉林細數孫中山為了推動中德同盟所做的規畫與努力，其行動從第一次世界大戰結束一直延續到一九二〇年代。[52]孫中山透過多種管道屢次嘗試，但他從未真正成功。[53]不過西方新聞媒體出現了擔心亞洲團結以及親德關係的討論。[54]

孫中山的主要論點是，德國正受到大英帝國荼毒，與亞洲各國境遇類似。媒體一度將「泛亞洲主義」視為反英運動。即便孫中山在一九一七年聲明反對與德交戰的立場時，他也明確表示，泛亞洲主義指的是中日夥伴關係，是相對於其他地區的利益圈。孫

---

48 Nakajima, *Bose of Nakamuraya*, 56–68。

49 Hotta, "Rash Behari Bose."。

50 事件發生在孫中山廣州政府的統治初期，這段時期通常被稱為「軍閥混戰時期」。孫政府對國家幾乎沒有控制力，許多外國觀察家懷疑孫中山能夠代表中國到什麼程度。

51 Kirby, *Germany and Republican China*, 30.

52 開始的時間也許更早。田島信雄更主張孫中山在一九一三年與桂太郎的那場知名會面，就已經向桂太郎提議建立中日德聯盟，畢竟德國也是大英帝國主義的受害者。田島信雄，〈孫文の「中独ソ三国連合」〉，7–13。田島信雄的理解主要是根據戴季陶的著作而來，戴季陶的《日本論》敘述了孫中山與桂太郎的會面經過。

53 Kirby, *Germany and Republican China*, 30–37. 也參 Kobayashi, "Sun Yatsen and Asianism," 24。

54 一九一七年六月六日的《基督教科學箴言報》（*Christian Science Monitor*）也刊登了一篇討論大亞洲主義的文章。文章認為這個概念是由日本主導的危險反西方運動，將孫中山、唐紹儀，還有一位溫仲堯（音譯，Wen Chung-yao）稱為「大亞洲主義政治宣傳的中國同黨」。參 "Pan-Asianism," *Christian Science Monitor* (June 6, 1917)。西方媒體提到「亞洲主義」一詞時，通常是從反西方政策的角度來看待相關論述。即使到了二〇〇九年，丹尼爾・斯奈德（Daniel Sneider）還是以「新亞洲主義」一詞（New Asianism）一詞來表示日本遠離美國的動向，但同一時期中國知識分子則以同樣的「新亞洲主義」一詞來表示和東亞鄰國建立正面關係的努力。Sneider, "The New Asianism."。

中山指出：「夫中國與日本，以亞洲主義，開發太平洋以西之富源；而美國亦以其門羅主義，統合太平洋以東之勢力。」[55]

然而，宣稱相信「亞洲主義」的孫中山亦試圖將同盟範圍擴大到亞洲以外的國家，恰恰說明他心目中的世界之分並不侷限於簡單的東西對立。孫中山許多時候表現出機會主義者的樣貌，願意和各種有問題的盟友合作，不過其著述強調道德和反帝國主義的想法。他未必認為這些特質只有亞洲人才具備，只是明確地認為這是東亞自古以來的本質之一，和現代西方帝國主義價值觀相反。至於孫中山是否真心期盼中日合作，在他的翻譯者眼中無疑是如此。戴季陶擔任孫中山訪日期間的隨行翻譯，為其翻譯一九一三年以及一九二四年在日本各地演講與活動。一九二八年，也就是孫中山去世三年之後，戴季陶將相關事件記錄出版。[56]

下面摘錄孫中山一九一七年論《中國存亡問題》小冊子中的一段，其中談到日本的幫助將能大力左右中國前途。他在書中從頭到尾都反對加入與德國的戰爭。他心中固然認為美國是對中國相對友善的國家，中國也希望能獲得美國支持，但是他也認為世界大戰之後可能會緊接著爆發種族戰爭，美國會加入其他白人國家的行列：

歐美之人言公道，言正誼者，皆以白種為範圍，未嘗及我黃人也。美為平等自由之國，亦即為最先倡言排斥黃種之國。今日美國與我和好，或有同情之語調，若在將來英、俄、德合力圖我，美國又豈能與彼抗爭？傾一國以為異種人正義、公道出力乎？[57]

就和一九一三年的時候一樣，孫中山依然苦心與親美勢力周旋。孫中山主張唯一的選擇是轉向日本。孫中山道：「無日本即無中國，無中國亦無日本。」[58]但這又繞回了孫中山亞洲主義思想裡早期的矛盾，基礎建立在種族與文明的二元對立上，但另一方面顯然也關係到被壓迫者與壓迫者的二元論。如果種族或文明的共同受害者與受帝國壓迫民族的共同受害者相互衝突，那麼何者優先？孫中山一九二四年重新開啟亞洲主義論述，或多或少解決了這個問題。

55　Sun Yat-sen, *China and Japan*, 116. 原刊於一九一七年的小冊子《中國存亡問題》，一九五三年於臺灣再版。「Pan-Asianism」對應的中文原文是「亞洲主義」。《孫中山全集》第四冊，95。

56　戴季陶，《日本論》，尤參第十八章，107–13。

57　《孫中山全集》第四冊，88。英譯引自 Sun Yat-sen, *China and Japan*。

58　《孫中山全集》第四冊，94。

一九二四年：日本還是亞洲國家嗎？

一九二四年十一月廿八日，孫中山在神戶高等女校發表了著名的「大亞洲主義」演講。這篇演講總結孫中山的亞洲主義論點，呈現他的亞洲主義觀，也說明他對日本帝國主義的態度。孫中山在演講中闡述民族獨立與亞洲主義的關係，勾勒出他心目中定義東方和西方的二分法，更直問日本是要離開亞洲還是領導亞洲。

這場演講的同年稍早還發生了另一件大事。一九二四年，孫中山剛剛完成三民主義的演講，證明自己不只是反滿清革命家，也是反帝國主義的知識分子，聲望達到高峰。與此同時，美國政府剛剛通過一項臭名昭彰的移民法案，公然犯下種族歧視，阻止中國人和日本人移民美國。《排亞法案》（*Asian Exclusion Act*）於一九二四年五月廿六日立法完成，成為一九二四年《移民法》的一部分。[59]《移民法》規定，未來美國移民名額將根據彼時美國人的比例定出配額，希望阻止族群人口變化，這相當於禁止亞洲移民。[60]不只如此，計算中國和日本的移民配額時，不計入非在美國出生或是無資格獲得公民身分的現有移民。東亞各民族的移民由於「種族上不可同化」，都被認為「沒有資格獲得公民身分」。[61]儘管《移民法》並未完全阻止來自亞洲的移民，但確實大大減緩了移民的速度。根據一九二九年公布的移民配額，中國、日本以及大部分非白人國家，各國只限一百名新移民。[62]西方這種「不歡迎亞洲人」的種族主義觀愈加激發身為受壓迫群體的共同認同。[63]

一九二四年十一月，正是在這種氣氛下，孫中山最後一次回到日本，發表了留名青史的「大亞洲主義」演說。這篇演講成為象徵文本，影響亞洲內外的無數人群。孫中山原本是否計畫前往日本發表演講已不可考。當時，孫中山正準備前往北京解決軍閥割據問題，後來在上海轉乘船隻前往日本，名義上是因為安全顧慮，另一方面也是因為當時

59 關於《移民法》與孫中山一九二四年演講的關係，其進一步分析參桑兵，〈排日移民法案與孫中山的大亞洲主義演講〉。

60 Ngai, "The Architecture of Race," 67–92。

61 Ngai, "The Architecture of Race," 80–81。

62 Ngai, "The Architecture of Race," 74. 對比英國、德國、愛爾蘭的移民配額，英國是65,721人，德國是25,957人，愛爾蘭是17,853人。

63 這個時期有許多國家實施種族歧視排亞法律，美國絕不是孤例。加拿大政府的「人頭稅」也是種族歧視的移民政策，就在美國移民法引發眾怒之前，中國報刊曾經報導過加拿大的「人頭稅」政策。〈加拿大境內亞洲移民人數〉，《農事月刊》9（1913 January），62。

缺乏前往北京的交通工具。[64]被問到為什麼對日本友好，對西方敵意甚強，孫中山相當坦白自己的動機，希望廢除治外法權、收回海關自主權；歸根究底，他希望日本支持中國撤銷不平等條約。[65]

演講之前，孫中山和泛亞洲主義的老友頭山滿在東方飯店見面，兩人討論滿洲問題和蒙古問題，孫中山還接受《每日新聞》的記者採訪。[66]演講主題不完全是孫中山自行選擇，而是按照主辦方——神戶商會會長瀧川儀作（一八七四—一九六三）提出的建議。瀧川儀作是長年經營中國商貿的日本商人。[67]演講在兵庫縣立神戶高等女學校舉行，原題目是「大亞細亞問題」。[68]

孫中山的演講談到亞洲偉大的古文明，也談到歐洲近代帝國主義的崛起。他讚美日本是第一個廢除不平等條約的國家，更打敗俄國，為亞洲各國帶來希望與啟發。他認為日俄戰爭刺激了亞洲人民實現獨立的動力，鼓舞大家奮力驅逐歐洲帝國主義者。孫中山這裡的一席話將民族主義運動和亞洲主義運動互相結合起來：

> 埃及的獨立便成了事實，土耳其的完全獨立也成了事實，波斯、阿富汗和阿拉伯的獨立，也成了事實。就是最近印度的獨立運動，也是天天發達。這種獨立的事實，便是

亞洲民族思想在最近進步的表示。這種進步的思想發達到了極點，然後亞洲全部的民族才可聯絡起來，然後亞洲全部民族的獨立運動，才可以成功……在亞洲東部最大的民族，是中國與日本，中國同日本，這是這種運動的原動力。這種原動力發生了結果之後，我們中國人此刻不知道，你們日本人此刻也是不知道，所以中國同日本現在還沒有大聯絡，將來潮流所趨，我們在亞洲東方的各民族，也是一定要聯絡的。東西兩方民族之所以發生這種潮流，和要實現這種事實的原故，就是要恢復我們亞洲從前的地位。[69]

這段引文顯示了民族主義對孫中山亞洲主義的重要性，兩者是不可切割的想法。唯

64 參"Dr. Sun Yat-sen Sounding Japanese Opinion," *Japan Chronicle* (November 26, 1924). 收於陳德仁、安井三吉編，《孫文・講演》（英文史料篇），14。桑兵指出這是歷史學家之間尚無定論的爭議，參桑兵，《交流與對抗》，247–51。

65 參"Sun Yat-sen on China's Subjection. 'Every Englishman a King in China,'" *Japan Chronicle* (Dec《東方雜誌》ber 2,1924). 收於陳德仁、安井三吉編，《孫文・講演》，8。

66 陳德仁、安井三吉，《孫文と神戶》，251–55。

67 藤井昇三認為孫中山早就計畫好這次演講，是孫中山為了推動中日合作而採取的具體行動之一，小林引述藤井昇三的言論，也討論了這種可能性。Kobayashi, "Sun Yatsen and Asianism," 30。

68 根據神戶孫中山紀念館的展覽，演講原題是「大亞細亞問題」。

69 Sun Yat-sen, *China and Japan*, 144。

有堅持民族主義才能走向亞洲主義，唯有各民族都獨立之後亞洲才能走向澈底獨立。這些並非毫無關係的認同層次，層次彼此重疊，透過同樣的覺醒來實現。

不過孫中山這場知名演講不只談到民族主義和亞洲主義的興起。面對西方人壓迫亞洲、貶低亞洲文明，以及白人持續對「黃種人」種族歧視，孫中山感到十分挫折，他點出了東方和西方之間的根本差異。過去幾十年來，亞洲主義者一直將種族和文明混為一談，如今孫中山提出新觀點。論點的關鍵在於區分西方和東方分為「霸道」和「王道」或稱「武力之道」與「王者之道」。[70]這是他同年稍早提出「三民主義」主張時強調的重要元素。[71]孫中山對此詳加闡述，重拾流行的儒家二分法，主張東方是道德的文化，西方是霸道的文化。這總結了「物質」相對於「道德」二元對立的政治表現，也常被視為文明上差異，孫中山也在演講中明確點出兩種連結。[72]

> 歐洲的文化是霸道的文化。但是我們東洋向來輕視霸道的文化。還有一種文化，好過霸道的文化，這種文化的本質，是仁義道德。用這種仁義道德的文化，是感化人，不是壓迫人；是要人懷德，不是要人畏威。這種要人懷德的文化，我們中國的古話就說是「行王道」。所以亞洲的文化，就是王道的文化。自歐洲的物質文明發達，霸道大行之

後，世界各國的道德，便天天退步。就是亞洲，也有好幾個國家的道德，也是很退步。近來歐美學者為留心東洋文化，也漸漸知道東洋的物質文明，雖然不如西方，但是東洋的道德，便比西方高得多。[73]

孫中山認同泰戈爾（Rabindranath Tagore）廣為宣傳的說法，也就是西方物質文明和東方精神文明的二元對立，幾個月前還曾試著邀請泰戈爾前來廣州。[74]不過在孫中山心中，東方的精神不只高尚，還具救贖能力，能夠去除西方的弊病，引領西方追隨亞洲走上大同之路。孫中山提到中國的朝貢體系，認為弱國之所以追隨強國，是出於尊敬而非畏懼。這裡孫中山清楚闡釋了其亞洲主義觀的基礎。孫中山認為，當代文明應該建立在他所謂的亞洲古典德性上。身為民族主義者，孫中山每次談到亞洲歷史，一定會提起

70 「霸道」和「王道」兩詞都出自儒家經典，幾千年來一直在儒家著作中反覆出現。

71 「王道」最早典出《尚書》，不過孟子進一步闡釋這個概念，將王道與霸道相對而論。Sun Yat-sen, *San Min Chu I*, 3。

72 參第四章對於杜亞泉東西二分法的討論。

73 Sun Yat-sen, *China and Japan*, 146。

74 泰戈爾以行程繁忙之由婉拒了邀請。信件轉載於 Hay, *Asian Ideas of East and West*, 147。

奉行儒家道德的中國。但問題還是存在：中國和亞洲各民族要怎麼面對帝國主義、物質文明持續壓迫的威脅？孫中山於是又回到中日兩國知識分子幾十年來不停思考的問題，他也得出了十分相似的答案。一如十九世紀的道與器、體與用之分別，孫中山建議物質上向西方學習，道德上則保留東方的精髓：

> 我們現在處於這個新世界，要造成我們的大亞洲主義，應該用甚麼做基礎呢？就應該用我們固有的文化做基礎，要講道德，說仁義；仁義道德就是我們大亞洲主義的好基礎。我們有了這種好基礎，另外還要學歐洲的科學，振興工業，改良武器。不過我們振興工業，改良武器，來學歐洲，並不是學歐洲來銷滅別的國家，壓迫別的民族的，我們是學來自衛的……我們要講大亞洲主義，恢復亞洲民族的地位，只用仁義道德做基礎，聯合各部的民族，亞洲全部民族便很有勢力。[75]

不過孫中山也跟葉楚傖一樣，主張追隨的日本腳步強化軍事發展，以獲得驅逐歐洲帝國主義所需的力量。孫中山認知到亞洲必須追求物質發展，但不是為了人民需求，而是為了恢復與保護亞洲的自主權。他表示：「對於歐洲人，只用仁義去感化他們，請在亞洲的歐洲人和平地放棄特權，那是與虎謀皮，一定是做不到的。我們要完全收回我們的權利，便要訴諸武力。」[76]孫中山的現實軍國主義和理想主義願景互相衝突，他的反帝國主義思想努力為親日亞洲主義挪出空間。

孫中山當然清楚尋求日本的領導會引來什麼問題。從一八八五年福澤諭吉發表知名〈脫亞論〉開始，亞洲菁英始終無法擺脫日本到底會離開亞洲還是領導亞洲的問題。福澤諭吉最具爭議的言論是指出為了他所說的西方「麻疹」，日本必須離開亞洲：「與其坐等鄰國開化，共圖振興亞洲，不如脫離亞洲民族的行列，與西方文明國家共進退。」[77]一九二四年，孫中山在神戶重提這個問題，他單刀直入地詢問在場的日本人，日本要選擇哪一條路。孫中山以新的二分法重新定義了亞洲和歐洲。在福澤諭吉的時代，文明只有一種，文明是線性的概念，歐洲在這條路上遙遙領先。但是在孫中山心目中，還有另一種東方文明或亞洲文明，日本理應認清這才是正義之道：「你們日本民族既得到了歐美霸道的文化，又有亞洲王道文化的本質，從今以後對於世界文化的前

75　Sun Yat-sen, *China and Japan*, 149。
76　Sun Yat-sen, *China and Japan*, 149。
77　收於 David Lu, *Japan: A Documentary History*, 353。

途，究竟是做西方霸道的鷹犬，或是做東方王道的干城，就在你們日本國民去詳審慎擇。」[78]

這短短幾句話是孫中山全篇演講唯一對日本發出的批評之詞，也成為演講裡最廣為人知的金句。倒不是因為意思多深奧，而是因為大家認為日本各大報略去了這幾句話。孫中山的演講刊登在《大阪朝日新聞》《大阪每日新聞》《神戶又新日報》《神戶新聞》等聯合主辦演講的報紙上，這幾句批評是等孫中山回到中國後才出現在中文版當中。過去大家普遍認為是日本報紙刪去了這幾句話，不過自從安井三吉發表了演講分析的論文以後，學者如今同意是孫中山和戴季陶在演講發表之後，趁著回到中國前的空檔編輯了文字。[79]新加入的這幾句話顯示孫中山能夠向中國和日本的觀眾分別展現截然不同的面貌，不過他始終堅持王道原則代表了亞洲的精神。

安井三吉和陳德仁合作將日本報紙上孫中山演講的相關報導彙編成冊，方便檢閱。[80]翻閱文集可以看到相同主題一再出現。日本報紙非常支持孫中山，對於他聯合亞洲對抗西方帝國主義的提案也樂觀其成。但是他們依然相當懷疑，在不願和段祺瑞或甚至吳佩孚等人密切合作的情況下，孫中山是否真有能力組織與領導中國。孫中山的演講尤其引起《大阪每日新聞》的共鳴。演講刊出一週之後，《大阪每日新聞》用日文和英文分別以〈アジア民族の団結〉（亞細亞民族的團結）、〈Asiatic Unity〉（亞洲團結）為題，刊登亞洲主義的相關文章，大量引用孫中山這場演講以及之前的言論。[81] 孫中山的演講在日本帝國各地引起了不同迴響，更加清楚顯示他的主張對於分裂的東亞來說有多複雜。

日本外褒貶不一的反應以及民族主義議題

孫中山的名氣遠遠超越其他亞洲主義的支持者。一九一九年李大釗曾經發表針對亞洲主義的評論，儘管他當時已經算是半個名人，但他的言論還是慢慢為人淡忘。孫中山

78 Sun Yat-sen, *China and Japan*, 151。

79 安井三吉，《孫文『大亜洲主義』》，82。

80 陳德仁、安井三吉編，《孫文・講演》。

81 文章的日文標題是〈アジア民族の団結〉（亞細亞民族的團結）。《日本紀事報》（*Japan Chronicle*）的編輯很快就發現文章的日文版和英文版不一致。一九二四年十二月四日，《日本紀事報》刊出〈Asia for Some of the Asiatics〉（某些亞洲人的亞洲）一文，抨擊《大阪每日新聞》省略了由日本居中領導的相關內容。以上三篇文章皆收於陳德仁、安井三吉編，《孫文・講演》，英文史料篇，19–21、25–28；日文史料篇，139–40。

演講後不久，東亞各地的報紙上刊登各式各樣的「大亞洲主義」論。中國人關心這場演講不足為奇，不過日本的殖民地朝鮮和臺灣也格外關心孫中山的理論，好奇理論對於他們的生存以及未來有何意義。

朝鮮立刻做出回應。朝鮮兩大報《東亞日報》和《朝鮮日報》都刊登了演講譯文，強烈批評孫中山的計畫，其中《東亞日報》派出記者前往神戶進行訪問。[82]特派記者在神戶採訪孫中山時直接質問：「你認為你所提倡的泛亞洲主義是否和目前朝鮮面對的問題相容？」孫中山回答說：「兩者確實互相牴觸。不過身在日本之時，我希望澈底迴避朝鮮問題。」[83]孫中山避談的不只是朝鮮問題。訪日期間，他的亞洲主義願景只聚焦在中日合作上，儘管演講提到諸多亞洲國家，但是對於日本殖民地的自治問題避而不談。之前幾家朝鮮報紙皆相當肯定孫中山同年稍早提出的「三民主義」，《朝鮮日報》記者安在鴻曾以九篇連載向讀者介紹三民主義，如今同一位記者對孫中山的亞洲主義嚴加批評。無論如何，他們實在無法接受孫中山振振有詞為日本強權說話，只想借用日本之力抵禦西方帝國主義，絕口不提日本的亞洲殖民地問題。[84]

臺灣對於這場演講的反應截然不同。之所以會有這種差異，可能是因為臺灣報紙的讀者和記者都對孫中山更熟悉，在理解他的亞洲主義時也結合他的大量著述和其他演講，不視之為單獨或獨立的理論，亞洲主義不是自外於其他著作的論點，而是孫中山整體著作的一部分。朝鮮和臺灣兩個殖民地的不同反應，也涉及兩地知識分子對於民族主義採取的不同看法，連帶影響民族主義和亞洲主義的關係。對朝鮮人來說，民族獨立是知識分子和政治領袖追求的目標，他們賦予民族極高的地位，視之為通往獨立民族國家的道路。至於同一時期的臺灣知識分子，他們最關心的是實現自治，不論是透過獨立、留在日本帝國內，還是在大亞洲底下的某種自治都可以。

趙勳達詳細分析臺灣對於孫中山演講的反應，討論了當時的知識氛圍以及演講前後關於孫中山的大量報導。[85]他提到臺灣記者在一篇談孫中山的文章裡大表讚賞：「（日本）如有心於東亞的團結，須要對中國的問題，朝鮮臺灣的問題，先解決妥當才成了。」[86]討論臺灣人對孫中山亞洲主義的看法時，也必須考慮到當時思想和政治議題的

82 孫中山答應寫一篇專文讓《東亞日報》刊登。他要戴季陶起草文章，但後來顯然沒有完成，可能是因為生病的緣故。Min Tu-gi, *Men and Ideas*, 27。

83 閔斗基引用及翻譯了這段文字，參 Min Tu-gi, *Men and Ideas*, 35。

84 Min Tu-gi, *Men and Ideas*, 33。

85 趙勳達，〈孫中山「大亞洲主義」〉。

86 轉引自趙勳達，〈孫中山「大亞洲主義」〉，93。原引文出自《臺灣民報》。

脈絡，以及臺灣主要報紙《臺灣民報》的影響。

一九二〇年代，關於臺灣地位及政治權力的辯論十分激烈。相較於朝鮮人關心民族獨立的理念，臺灣知識分子的討論重心放在政治自治的概念上。這個差異十分關鍵，臺人因而可能想像臺灣相對於日本強權的地位（未必是完全獨立於日本）。下面摘錄一九二四年五月廿八日的一篇社論，可以看到這種觀點的一大特點就在於能夠想像團結的亞洲：

> 我們認定美國通過排日法案，正是我們亞細亞民族團結的機會，又是日本實現亞細亞的盟主之絕好機會。但是日本要完成這樣大使命、大目的，不可無相當的覺悟。甚麼覺悟呢？一要厚待亞細亞弱小的民族，這回他們取隔岸觀火的態度，可不是日本從來有令人不滿的地方嗎？二則要求他人解放，宜先自解放他人。譬如對朝鮮臺灣的人，應該解放與母國人同等的待遇，享同等的幸福。倘日本果有實踐躬行的雅量，亞細亞的民族，就不難於團結了。[87]

這篇社論發表於孫中山的知名演講之前，文中點出了幾個臺灣人心目中亞洲團結願景的重要條件。早在孫中山演講前，公共領域對於亞洲團結這個議題就已討論多時，亞洲主義被視為批評日本帝國主義的契機。[88] 臺灣人未必贊成或反對亞洲主義，但是他們絕對反對日本的高壓統治，許多人希望獲得平等待遇與政治自治權。《排亞法案》顯然讓亞洲各地人民都倍感挫折。由於法案波及廣大亞洲民族，因此有可能營造出全亞洲的團結感——但前提是日本能夠迎接挑戰，不要再有樣學樣歧視自己國家的國民。《臺灣民報》後續發表的文章持續強調法案不公，藉此呼籲日本政府停止對「黃種人」的歧視，如此才能義正詞嚴要求白人終止歧視。他們控訴日本政府要求美國人實行人道主義，自己卻在亞洲實踐帝國主義。[89]

至於聯合亞洲民族的想法，當然不是什麼新觀念。儘管臺灣知識分子並未在一戰期間加入討論，但這個想法到了一九二〇年代初已經傳入臺灣知識界，至少有一位知名知識分子就此提出不同看法。

陳逢源（一八九三—一九八二）是臺灣自治提倡者、知名詩人，同時也是《臺灣民

87 轉引自趙勳達，〈孫中山「大亞洲主義」〉，93–94。

88 韓國在一九一〇年代及更早的時代也使用過類似的論述方式。參 Schmid, *Korea betweenempires*, 97–100.

89 趙勳達，〈孫中山「大亞洲主義」〉，94–96。

報》的共同創辦人。一九二三年，他提倡一種能夠讓帝國內各民族實行自治的聯邦制架構，稱之為「友聯主義」。[90]陳逢源在一九二四年的〈亞細亞の復興運動と日本の殖民政策〉（亞細亞的復興運動與日本的殖民政策）一文提出這個概念。[91]雖然表面上討論「友聯主義」是為了替日本的族群問題找出合理替代方案，但文章的用意其實是攻擊日本的同化政策，也就是讓臺灣人和朝鮮人同化為日本人的方針。[92]陳逢源主張，日本「必須奉行基於正義人道之泛亞洲主義，肩負起領導者的使命」，而這種「正義人道」之舉應該從日本對朝鮮臺灣兩殖民地的行動開始。[93]陳逢源引用多位日本知識分子的言論，指出同化政策不可行，他主張應該採用自治制度，讓各民族可以自由發揮文化特色。[94]

孫中山亞洲主義的傳入不是新鮮事，而是出現在臺灣民眾對同化政策的怒氣中、反對日本霸權的另一種聲音。儘管時至一九二四年，同化政策及論述都已經提出了十多年之久，但是相關討論和政策執行措施始終相對模糊，直到一九二〇年代日本政府正式採取漸進同化政策後才逐漸明朗。柴田廉於一九二三年出版的《臺灣同化策論》（論臺灣同化政策）掀起了一場公共論戰，孫中山的演講稿在臺灣刊出時，論戰仍在延燒。[95]大家從同化論述的相關角度看待「大亞洲主義」，視之為支持臺灣自治的積極呼籲，也視之為連結臺灣和中國的一種途徑。

張我軍（一九〇二—一九五五）是旅居北京的臺灣知識分子，幾年前也是把五四運動思想介紹到臺灣的推手之一。受到五四運動影響，張我軍希望在臺灣推行白話文，他推廣日本和中國的現代文學，成為一九二〇年代臺灣知識分子在論戰中的重要聲音。儘管張我軍對於東方文明的討論有時忽視了西方文明現代化的正面影響謹慎看待，他仍然支持孫中山的大亞洲主義。[96] 得知孫中山去世，他為孫中山寫下悼詞，其中有幾句十分慷慨激昂：

> 三民主義還未實現，

---

90 趙勳達，〈孫中山「大亞洲主義」〉，96。趙勳達認為陳逢源受到孫中山及其亞洲主義思想的影響。

91 陳逢源，〈亞細亞の復興運動〉，18–33。感謝趙勳達將陳逢源的這篇文章和其他文章掃描寄給我。

92 Ching, *Becoming "Japanese,"* 12–13 and 98–103.

93 陳逢源，〈亞細亞の復興運動〉，24。

94 陳逢源，〈亞細亞の復興運動〉，29、33。

95 關於同化及柴田廉的討論，參 Fong, "Hegemony and Identity," 尤其參見頁 166–69。

96 參一九二四年辜鴻銘訪臺期間張我軍對辜鴻銘的攻擊。張我軍，《張我軍文集》，9–11。

中國的革命還未成功，
大亞細亞聯盟還未實現。97

日本帝國各地對於孫中山亞洲主義的理解和運用南轅北轍，突顯了日本帝國內對於民族和民族主義的看法差異。至於不在帝國境內的人，這場演講也許沒那麼重要，但依然引起了迴響。

即使是熟悉的東亞文化圈之外，孫中山的亞洲主義思想也受到一定關注，最突出的例子是蘇卡諾（Sukarno）一九二八年的〈印尼主義與泛亞洲主義〉（*Indonesianism and Pan-Asianism*）一文。蘇卡諾在獨立運動的非常早期就寫下這篇文章，可以看到孫中山及其亞洲主義如何影響這位革命家的意識形態：

大家開始意識到中國人和印尼人之間的團結感與兄弟情誼，兩邊同樣是東方人，同樣受苦受難，也同樣為了自由的生活而奮鬥……亞洲人民共同面臨的命運必然會造就他們同樣的行為；共同的命運必然會造就同樣的情感。98

和孫中山一樣，蘇卡諾也認為壓迫和歧視是串連起亞洲人民的共同點。蘇卡諾終其一生都抱持這種亞洲主義觀，也因此在二戰期間和日本合作、在一九五五年主辦萬隆會議（**Bandung Conference**）。[99] 儘管意識形態顯然與孫中山不同，但是蘇卡諾對這位中國領袖推崇備至，自認是孫中山的「學生」。[100] 身為被壓迫者的共同身分讓蘇卡諾接受了孫中山的亞洲主義。就此看來，這套論述幫助亞洲民族建立民族主義和國際合作，提出了一種亞洲式反帝國主義思想，在廿世紀初期及後續時代影響深遠。

---

97 張我軍不是第一個也不是最後一個把這三種概念連結的人。後文會再談到，第二次世界大戰期間，這幾個概念之間的關係成為日本政府和汪精衛政府政治宣傳活動的重要環節。張我軍，《張我軍文集》，37–40。

98 轉引自 Liu Hong, "Constructing a China Metaphor," 30。

99 蘇卡諾也將亞洲主義稱為「國際主義」（internationalism），這部分參 Dahm, *Sukarno and the Struggle*, 115–16.

100 Liu Hong, "Constructing a China Metaphor," 29。

小結

王道並未消失。二〇一〇年代，中國媒體再次開始討論中國如何以王道的外交政策領導區域發展，許多知識分子和記者用王道的概念來檢視「一帶一路」倡議。清華大學知名政治學家閻學通將王道和他所推崇的道義現實主義相連結，主張王道與美國的霸權政治相反。[101]

儘管孫中山的亞洲主義鮮少登上新聞版面，但是也沒有被澈底遺忘。一九九一年，臺灣學者李臺京撰寫了第一本討論孫中山亞洲主義的專書，題為《中山先生大亞洲主義研究》。[102] 李臺京希望自己的著作不只被當成歷史研究，更能對政府政策有所貢獻。[103] 他指出：「大亞洲主義追求振興亞洲的理想，因為戰後共產主義世界革命之威脅，美蘇冷戰情勢之影響，以及亞洲新興國家建國初期之發展等等因素未能很快獲得實現。」[104] 李臺京當然不是孤例。近期陳光興亦持相同看法，將孫中山的亞洲主義稱為亞洲邁向去帝國化的一步。和閻學通對王道的看法十分類似，陳光興也認為孫中山的大亞洲主義為中國的未來開闢了新道路：「這些理想可以作為一種反思資源，挑戰中美帝國對峙的場景，避免落入災難性的帝國慾望再現。」[105] 抗日戰爭期間，孫中山的亞洲主義恰恰被挪用來推動這種「帝國慾望」、為之辯護，不過陳光興把孫中山的亞洲主義理念化成了反帝國主義的概念。

孫中山的亞洲主義論也許因為歷史因素而受到玷汙，但仍承載大量歷史記憶，成為各式引用及改編的資料來源。孫中山的亞洲主義格外有說服力的原因是它與民族主義的共生關係。亞洲主義宣揚的文化民族主義建立於東方和西方的本質差異，根據這種本質差異定義出亞洲，以同樣的脈絡定義出「中國」。至於亞洲主義的政治民族主義，其主要宗旨是對抗西方帝國主義的不公，暗示或預設基於現代民族觀念的政治自治權。本章探討的亞洲主義並非囫圇吞棗地挪用現代民族主義，更重要的是堅定挑戰西方的普世主義（universalism）並試圖提出主流思想體系的替代選擇。這種挑戰方法勢必要挪用東方主義論述來描繪「亞洲」形象，但絕不代表流於簡單的本質論。事實上，孫中山某

101 Huang Yufan，〈閻學通：恢復王道，重塑中國內政外交〉，《紐約時報中文網》，二〇一六年二月十五日，https://cn.nytimes.com/china/20160215/c15chinayan/. 關於何謂「道義現實主義」，參閻學通，《世界權力的轉移》，1–3。

102 李臺京，《中山先生大亞洲主義研究》。

103 李臺京，《中山先生大亞洲主義研究》，序。

104 李臺京，《中山先生大亞洲主義研究》，7。

105 Chen Kuan-hsing, *Asia as Method*, 13. 譯註：中文引自陳光興，《去帝國：亞洲作為方法》（臺北：行人，二〇〇六），頁 18。

種程度上打破東方主義的權力分化。儘管孫中山接受典型的東西二元對立，但是他的論點並非僅單純主張東方將因高尚道德而勝出。他指出更人性化的現代治理體系。於是，近年大家重提這些理念時，可以用來批評自居區域領袖的中華人民共和國，亦可加以讚美。

總結來說，儘管孫中山的亞洲主義儘管受限於時代背景，建立在種族和文明的二元對立的基礎上，但是演變為亞洲主義在和民族與帝國之間不同關係的三種功能：一、以超越民族的共同受害者身分為基礎，提供反對帝國主義與支持民族主義的論述；二、提供反西方論述，日本帝國主義者可以輕易將之挪用來合理化在華擴張行為；三、成為超越地理意義的亞洲概念，提供了一種對抗西方普世主義和西方霸權的一種途徑。三種功能間的相互矛盾，中間落差導致今日對於亞洲主義記憶裡的多種差異。

Chapter

7

弱小民族

在上海和北京組織團結亞洲的力量

「弱小民族」指的是世界上的殖民地與半殖民地國家，中國也是其中之一。

孫中山在一九二五年去世，享年五十八歲，他去世之後，一系列將他神聖化的過程就此開展。孫中山的神聖化大大影響一九二〇年代中國的思想氛圍，也促成許多亞洲主義組織的建立。不過這波浪潮不只是出於緬懷孫中山及其「民族主義」與「大亞洲主義」的演講，一方面也是因為第一次世界大戰後世界各地心有餘悸之下陸續出現嚮往國際主義和泛運動（pan movement）的時代精神。一九一九年，國際聯盟和第三國際成立；泛非大會（Pan-African Congress）自一九一九年開始召開雙年會議。來到歐洲，理查．庫登霍夫．卡芮基伯爵（Count Richard Coudenhove-Kalergi，一八九四—一九七二）一九二三年出版的《泛歐洲》（*Pan-Europa*）一書大獲歡迎，卡芮基伯爵於是順勢組織泛歐聯盟，一般被視為歐洲統合（European integration）的基礎。[1] 儘管中國和日本十九世紀末以來就一直希望能團結東亞，但中國要等到五四運動的世界主義和這波全世界國際主義的時代精神湧現之後，才穩定孕育出更具體、更有組織的亞洲主義思想。

一九二〇年代中期，中國各大城市出現了亞洲主義組織，將知識分子、社會運動者、政治人物、外國僑民齊聚一堂，共同尋找解決帝國主義問題的國際之道。這類團體提供制度基礎，讓知識分子能夠嘗試對話，推動亞洲合作。這個做法影響不少中國精英，包括汪精衛。汪精衛是創始於一九二五年的廣州東方被壓迫民族連合會創始成員。[2]

這些團體的出發點大多不是對中日關係的關注，他們關心的是受到歐美帝國主義壓迫的亞洲國家。如麗貝卡・卡爾（Rebecca Karl）所言，知識分子是從經濟發展角度重新理解全世界的空間。儘管初期趨勢如此，知識分子和相關組織往往在成立不久後就轉向與日本對話，這點突顯了反帝國主義亞洲主義與帝國主義亞洲主義之間的緊張關係。

中國的亞洲主義者何以在日本帝國主義昭然若揭之際，仍然選擇和日本的亞洲主義者合作，理解箇中原因是瞭解中國亞洲主義史的關鍵。因此本章預計探討北京的亞細亞民族大同盟和上海的亞洲民族協會，透過這兩個組織的例子分析這波浪潮，追溯這些團體如何受到吸引而與日本泛亞洲主義者合作。亞細亞民族大同盟、亞洲民族協會，還有東方被壓迫民族連合會，他們最初的活動都是從中國知識分子和僑居中國的印度及韓國反帝國主義運動者的合作開始，團體誕生背景則是出於對國際主義的新興熱情，同時也對國際聯盟無法履行承諾感到失望。中國知識分子受到孫中山言論的激勵，加上備受一九二五年夏天帝國主義在華暴行的刺激，他們採取國際合作的策略，希望能夠對付外

1　Stirk, "Integration and Disintegration," 14, 20.

2　水野直樹，〈東方被圧迫民族連合会〉。第九章會進一步討論汪精衛在其中的角色。

國帝國主義，擺脫讓中國淪為半殖民地的不平等條約。然而，一旦他們向日本的泛亞洲主義者尋求協助，讓日本人加入計畫，這些亞洲主義組織在許多中國知識分子眼中就失去了正當性；不過這些團體也促成新機構成立，後者將根據「受到掌權者壓迫」這點定義成員資格。

本章探討一九二〇年代亞洲主義的非官方言論，這種論述團結了中國的城市居民，他們愈來愈清楚感覺到全世界和區域性事件的脈動，也瞭解形塑事件的權力動態。印刷媒體的普及、城市中產階級的識字率提高、公共領域的多元化，這些因素成為亞洲主義的新動力。托斯坦・韋伯（Torsten Weber）因而在日本的脈絡中將這種現象稱為「由下而上的亞洲主義」。[3] 非政府組織提出的多元論述固然顯示這波浪潮是獨立於政黨的力量，但至少就中國的情況而言，亞洲主義基本上還是只有城市菁英才關心的議題，他們希望以亞洲主義重新建構與重新理解世界空間。把亞洲主義分成「由下而上的亞洲主義」和「由上而下的亞洲主義」有助於分析日本亞洲主義者的行動，但是同樣的典範不適用於中國。亞洲主義的論述在中國各地獲得愈來愈多城市精英的青睞，我認為這代表亞洲主義不只是政黨的巧妙修辭，而是任何民族主義知識分子都可以運用的概念，可以用來想像中國在世界上的地位，也可以用來努力提高中國的地位。一九二〇年代是建構中國亞洲主義的關鍵期，此時亞洲主義的論述日益普及，也無縫融入中國人的民族主義與國際主義觀。

國際聯盟的失敗

第一次世界大戰的結束對中日兩國來說都是時代的分水嶺。就中國而言，一戰及五四運動後的變化主要發生在思想方面，文人重新自我評估、重新評估自身民族以及民族在世界上的地位。儘管中國對巴黎和會的看法深受山東割讓給日本的不滿情緒左右，但是國際聯盟的成立還是代表令人振奮的可能性，有望賴以解決國際上的不公，顧維鈞（一八八八—一九八五）稱之為「亞洲被壓迫民族的一線希望」。[4] 至於日本，巴黎和會讓世界體系重新排序，日本成了國際聯盟理事會的四個常任理事國之一，日本民族主義者於是有理由認為自己的民族高人一等，確認了日本身為強權國家的地位，也支持日本

3　Weber, Embracing "Asia," 尤參第六章。

4　轉引自 Clements, Makers of the Modern World, 57。

對華的帝國主義野心。[5]

國際聯盟的成立是重大事件，改變了大家看待世界的方式，也改變了大家對國際合作可能性的看法。日本的情況無疑是如此，公眾和政府大受激勵，熱心投入國際組織，[6]而中國也是同樣的情形，在戰後洋溢著世界主義的氣氛。中國派出顧維鈞擔任國際聯盟代表，中國媒體詳細追蹤報導了相關辯論。

從國聯成立之初，日本代表就一再提出種族平等議題，但始終不被接納，每次拒絕都引發關於國聯的公共討論。許多人原本希望國聯能夠開拓日本和白人的平等之路。顧維鈞代表中國的立場，在巴黎表態支持日本的種族平等提案。然而後來牧野伸顯伯爵（一八六一—一九四九）發現這項目標不可能實現，於是便同意美國的要求，放棄提案，換取將山東割讓予日本，這個結果大大激怒中國人。[7]往後十三年，日內瓦經常成為中日兩國針鋒相對的舞臺，互不相讓。儘管中日兩國擁有種族平等的共同目標，但國聯卻加深兩國之間的猜忌與仇恨。中國既不能得到理事國席位，又無法迫使國聯履行削減軍備的承諾，在在擴大中國評論家對於國聯和中國代表的失望情緒。[8]

中國在國際聯盟成立初期始終希望能扮演要角，儘管巴黎和會的結果十分不如意，中國關於國際聯盟的輿論一開始仍然非常正面。中國公眾能夠透過媒體密切關注國聯的會議和決議，消息傳回來之後，群眾很快普遍感到失望。[9]媒體密切追蹤報導顧維鈞及其他代表的一舉一動。由於中國國內局勢動盪，國聯理事會決定捨中國而取捷克斯洛伐克擔任非常任理事國，顧維鈞的失望之情見於報紙，引起共鳴。[10]此外也有聲音呼籲注意財政腐敗問題，至少一名記者發出憤怒之聲，不滿政府花費鉅款供養代表，但在國聯卻一無所得。[11]此時的中國正面臨內部局勢混亂，多方勢力同時爭取成為代表中國的官方政權，財政也因此更形窘迫。中國因此不堪負擔國際聯盟的花費，一九三二年初，日本入侵滿洲一事成為國聯談判主軸，中國此際已經拖欠超過九百萬法郎的欠款，外交實力也因此被削弱。[12]

5 Burkman, Japan and the League of Nations, 6。
6 Burkman, Japan and the League of Nations, xiii and 111。
7 Burkman, Japan and the League of Nations, 80–84。
8 蔣介石，〈國際聯盟與中日關係〉。
9 Kaufman, "In Pursuit of Equality and Respect."
10 例如〈國際聯盟〉，《興華》20.39（1923），30。
11 這名記者表示，光是巴黎及華盛頓會議就花了四、五百萬元。〈國際聯盟會之腐敗〉，《互助》1.1（1923），6–7。
12 Godshall, "What Can China Expect?," 187。

到了一九二五年，中國媒體對於國聯的不滿已溢於言表。一九二五年一月，龔光遠抱怨每年六十萬元的開銷，再加上付給每位代表的高額薪俸。他認為新任代表王曾里、其助理及宣傳部長不適任。龔光遠前往日內瓦參加國聯時，王曾里正在養病，他的助理沒有出席，反而忙著環遊歐洲。除此之外，他還認為國聯基本上已經被英法兩國壟斷。[13]

其他對於國聯的批評指出更具體的內容。國際聯盟第六屆大會改選理事部理事時，中國再次落選，也沒有占得其他職位，王開基因此認為，每年花費的幾百萬元實可謂「taxation without representation」（繳稅有份，代表沒門）。王開基以〈國際聯盟該死〉一文抒發其憤怒心情，文章先娓娓道來威爾遜最初推動國聯的目標以及國聯官方宣稱的宗旨，接著再審視國聯授予列強的殖民地代管權，於是不由驚呼：「可見國際聯盟原來就是作帝國主義侵略的護符的。」[14]

中國城市民眾愈來愈敏銳意識到，國聯原本承諾平等的國際化，但如今看來不過是列強的工具，對國聯的怒氣於是益發尖銳：「有了牠（國際聯盟），列強對弱小民族的侵略就有了組織了。」[15] 列強聯合起來有組織地歧視弱小民族——這樣的認知，讓知識分子不由得義憤填膺，他們於是開始思考保護中國遠離帝國主義侵害的其他可能辦法，最後終於在事件催化之下展開行動。

五卅運動後的京滬知識分子

直到一九二八年國民黨遷都南京為止，北京一直是北洋政府的首都，儘管如此，政府難以獲得人民支持，無法營造井然有序或令人信任的氣氛。[16]不過北京這座城市依然充滿知識分子，一九二五年洋溢著革新的時代精神。[17]知識分子在北京建立許多反帝國主義組織，亞細亞民族大同盟正是其中之一。

亞細亞民族大同盟不是北京第一個成立的這類組織，而是激增的亞洲主義組織之一。就在一年之前，政府發起反帝國主義運動，組織反帝國主義運動大同盟，目標是

---

13 六十萬元是估計值。中國每年支付一百八十萬法郎。龔光遠，〈哎！國際聯盟會中的我國代表〉，6–7。

14 王開基，〈國際聯盟該死〉，10、8。

15 Strand, Rickshaw Beijing, 217。

16 Strand, Rickshaw Beijing, 217。

17 北京一直是深受知識分子歡迎的城市，後來一九二六年三月十八日段祺瑞攻擊共產黨人，處決李大釗等人，知識分子才大批逃離北京。Strand, Rickshaw Beijing, 195。

「聯絡東亞被壓迫民族（如朝鮮安南印度等）。」[18]即使在孫中山一九二四年十一月發表「大亞洲主義」演講之前，亞洲民族解放也早已是日益流行的話題，演講之後討論仍益發熱烈。數年之間，北京可說瀰漫一股孫中山狂熱。孫中山在神戶發表完知名的「大亞洲主義」演講之後前往北京，有超過五百個組織的代表共襄盛舉。[19]不過這些組織對日本不感興趣，事實上，一九二五年的五卅運動突顯了日本高壓控制的問題。

一九二五年，儘管聯俄容共的統一戰線仍然維持團結，國民黨內部的左派和右派還是漸漸感到彼此的合作愈發困難。不過五月三十日起發生了一連串暴力事件，帝國列強的代表在一九二五年夏天短暫激起民族主義者同仇敵愾的情緒。一名日籍管理人在工廠抗議中開槍打死一名抗議者，上海南京東路於是爆發大規模示威活動。抗議場面升高失控，一名驚慌失措的英國警察帶領本地警察和外國警察向群眾開槍，導致相對和平的示威群眾出現數十人死傷。之後抗議焦點從日本人轉向英國人，民眾下半年持續發動針對英國工廠的罷工及抗議。

史謙德（David Strand）認為，五卅運動是「一九二〇年代中國最大規模的群眾運動」，其引發的「大型集會不論規模還是參與範圍都遠遠超過五四運動的示威。」[20]這些學生領導的抗議活動以北京和上海的大學為中心。六月初，北京學生發動罷課，舉行的集會多達十萬人到場響應，他們抗議段祺瑞政府袖手旁觀，呼籲抵制英貨和日貨。廢除不平等條約成為媒體下半年一再提起的主題。[21]學界和政界領袖為了回應時局，或是企圖利用這個機會，試著把這股動能組織成各式各樣的政治團體和讀書會。[22]亞細亞民族大同盟承襲五卅運動的精神，正是以對抗侵害中國的帝國主義為創立宗旨。[23]

北京的亞細亞民族大同盟

一九二四年孫中山倡導大亞洲主義之後，中國各大城市雨後春筍般成立許多亞洲主義組織。這些團體由知識分子、教育家、政治人物組成，宗旨不一而足，不過整體想法全都致力於團結亞洲、反對西方帝國主義。本章以北京的亞細亞民族大同盟為討論焦點

18 興華，〈反帝國主義運動大同盟會〉。
19 Strand, Rickshaw Beijing, 192。
20 Strand, Rickshaw Beijing, 182。
21 例如參任何一期的《北華捷報》（North China Herald）週刊。
22 Strand, Rickshaw Beijing, 183–92。
23 黃攻素，《亞細亞民族第一次大會始末記》。

之一，主要是因為該組織較有規模，在亞細亞民族大會上擔任領導角色，也留下許多資料方便分析。[24] 這些組織往往只是曇花一現，留下的文件相對有限，顯示組織的創立通常出於缺乏妥善規畫的短暫衝動。儘管如此，一九二〇年代後半葉可以看到許多政治背景不同的知識分子加入這些團體，以救國為己任。

亞細亞民族大同盟由北京精英知識分子主導，他們對帝國主義在華暴行感到憤怒，對昂貴卻又無用的國際聯盟感到失望。[25] 黃攻素是其中的領袖人物，後來與日本官員的會議大部分由他負責安排。黃攻素是教育家，一九二〇年代擔任過北京的國會議員，他至少早在一九一七年就開始呼籲與日本合作，共同驅逐西方勢力。[26] 一九二三年，他敦促段祺瑞政府成立國立科學院，儘管這個想法從未實現，不過部分學者認為這是邁向中央研究院建立之路的一步。[27] 黃攻素雖然是國民黨員，但是亞細亞民族大同盟絕非黨派之爭，尤其在聯俄容共時期更談不上這點。林可彝（一八九三—一九二八）是共產黨員，剛剛從莫斯科留學兩年歸國，他和黃攻素共同領導亞細亞民族大同盟。[28] 另一名重要會員是馬鶴天（一八七七—一九六二），一九二五年大同盟成立時，馬鶴天是北京市長辦公室的經理。馬鶴天是研究華西邊疆的學者，他畢業於早稻田大學，後來一九三〇年代成為知名學者以及新亞細亞學會的重要會員；這部分第八章會再深入討論。[29]

一九二五年八月三日，幾位中國人、韓國人、日本人、印度人齊聚於中央公園召開會議，正式成立亞細亞民族大同盟，中央公園整個夏天見證了無數反帝國主義抗議，是北京中心象徵性的地點。[30] 他們的宣言如下：「本會以反抗在亞洲實行帝國主義之國家，期達亞洲民族平等自由為宗旨。」亞細亞民族大同盟由中日韓印人士組成，中國代表包括黃攻素、林可彝、馬鶴天、華北大學教授王文俊、來自天津的塗培源等人。日本代表包括德光衣域、報紙記者山瀨悟一及其同事佐佐木健兒。[31] 印度代表包括十獅子（Dosnan Iha）、滿恩（Mang En）、辛士（Singh），韓國代表包括金弘善、柳長生、鄭煥善。[32]

24　其他派代表參加會議的中國亞洲主義組織包括上海亞洲民族協會、亞洲文化共進會、亞細亞問題討論會、亞細亞和平研究會。
25　黃攻素，《亞細亞民族第一次大會始末記》，42。
26　相關信件收於黃攻素，《外交危言》，70–73。
27　程明、邱龍虎，〈國立中央研究院創建之先生〉，76–77。
28　周斌，〈亞細亞民族會議與中國的反對運動〉，132，註二。
29　參趙夏，〈馬鶴天先生對邊疆考察和研究的貢獻〉。
30　〈亞細亞民族大同盟〉，《申報》（一九二五年八月六日），7（卷二一五一一〇五）。
31　根據《申報》，德光的名字是「衣域」，但是「衣域」不太像日本名，很可能是報導記者的筆誤。
32　《申報》（一九二五年八月六日）；周斌，〈亞細亞民族會議與中國的反對運動〉，30。

第一次公開會議大概是以英語進行，會中也討論了各種名稱提案，像是亞細亞被壓迫民族大同盟、亞細亞民族自由大同盟、亞細亞大同盟等等。[33]就對會議的報導來看，與會者面臨的最大問題是有三位日本僑民前來要求加入。日本人出席讓其他人感到不自在，金弘善於是開口詢問：「你們是否與本會宗旨相合，如宗旨不合，應請其退席。」日本代表回答：「日本政府是帝國主義者，本人等是反對帝國主義者，與本會宗旨，應無不合。」[34]經過這幾句簡單問答之後，三位日本人得以順利加入。日本人的加入是重要關鍵，因為這不久就為亞細亞民族大同盟敲開日本亞洲主義組織的大門，也開啟許多新的可能性，中國其他亞洲主義組織也一樣受到影響。探討轉向日本的發展以前，我先簡單介紹中國另一個亞洲主義組織：上海的亞洲民族協會。

上海的亞洲民族協會

一九二〇年代，上海各地陸續成立各種亞洲主義團體，包括上海亞洲民族協會、亞洲文化共進會、亞細亞問題討論會、亞細亞和平研究會等等，成立的時代背景與北京的亞細亞民族大同盟大同小異。這些團體的相關資料留存到今天者十分稀少。不過由於亞洲民族協會的創辦人致力與日本合作，激起輿情嘩然；協會創辦人和蔡曉白、夏士屈里

（Hari Prasad Shastri）等人在當時登上不少報導。

亞洲民族協會有一點和大部分的亞洲主義組織不一樣：協會從創立之初就以雙語運作，其機關報《大亞雜誌》（*Asiatic Review*）仍有少數卷期留存下來。[35]這是因為旅居上海的印度知識分子與中國知識分子合作，拜此奇妙合作關係之賜，《大亞雜誌》的多數文章同時以中英雙語刊行。蔡曉白負責大部分中文內容，夏士屈里及助手辛士（H. C. Singh）負責大部分英文內容。中印合作的緣由不是因為孫中山號召中國人與被壓迫民族合作、領導被壓迫民族，而是因為印度最知名的知識分子出訪中國。

一九二四年四到六月，泰戈爾應梁啟超之邀訪問中國。泰戈爾到訪讓中國精英出現分裂，泰戈爾攻擊民族主義，支持東方主義並強調精神性的東方文明理想、反對物質主義，許多知識分子對此不滿，另一方面許多亞洲主義者都認同這樣的理想。[36]

33　在八月六日和七日的《申報》上，日本與會者的對話記錄差異頗大，加上與會者來自四個國家，會議很可能是以英語進行。

34　《申報》（一九二五年八月六日）。

35　北京大學圖書館、中國國家圖書館、東京的東洋文庫都只有少數卷期。《大亞雜誌》主編吳山是廣州政府一員，在民國初年參與過多項基礎建設計畫。其他編輯包括許貫南、陳傑奇等人。

36　Hay, Asian Ideas of East and West, 148–52。

泰戈爾在上海受到哈同（Silas Aaron Hardoon，一八五一—一九三一）一家的熱情招待，哈同是來自巴格達的猶太人，成長於孟買，一九二〇年代成為上海首富。哈同的園林宅邸位於租界中心的哈同路、小沙渡路、西摩路交叉口，他在園內成立了自己的倉聖明智大學，由妻子羅迦陵（Lisa Hardoon、Lisa Roos，一八六四—一九四一）擔任校長，學校從一九一五年創立到一九二三年結束為止，只維持短短八年，夏士屈里受聘擔任講師及翻譯。[37]

泰戈爾結束中國行的三個月之後，崇拜者以他的理想為藍圖，創立亞洲民族協會。[38] 泰戈爾宣揚崇尚精神性的聯合亞洲，恰恰與只在乎物質的聯合西方相反，也許他比任何亞洲主義者都更熱心鼓吹這個信念。泰戈爾的上海追隨者不只熱情接待這位桂冠詩人、頌揚他的願景，更在泰戈爾離開後不久，就根據他的理想組織成團體。

由於今日能看到的史料有限，很難確定《大亞雜誌》到底有多認同泰戈爾的觀點。不過從夏士屈里的著述可以看到泰戈爾和孫中山的影響（中國讀者可以讀到中文版和英文版）。夏士屈里在〈國魂〉（*The Soul of a Nation*）一文說明了他的「羣類之魂」（group soul）論。

吾輩以細胞論。蓋天地間凡百動物身體中。每一細胞均含有一個體心。故一人類身體中。即含有千千萬萬之個體心。是故一個個體心猶同一類一羣之個體心。「此即吾輩之所謂國魂也」。培養民族表達的學問是民族主義，是透過自由發展起來的。一個真正的民族主義者因此會熱愛自由，反對帝國主義，因為帝國主義會抑制其他民族的自由。[39]

將夏士屈里此言對照孫中山《三民主義》第六講的結尾：「我們今日在沒有發達之先，立定扶傾濟弱的志願，將來到了強盛時候，想到今日身受過了列強政治、經濟壓迫

37 Cheung, "Chinese Music and Translated Modernity," 112.

38 卡利達斯．納格（Kalidas Nag）在〈泰戈爾亞洲行〉（Tagore in Asia）一文中回憶與泰戈爾共同訪華的經歷，參 Nag, "Tagore in Asia," 343–44. 這時已有一個更知名的亞洲協會，也就是成立多年的孟加拉亞洲協會（Asiatic Society of Bengal），後來更名為亞洲協會（Asiatic Society）。亞洲協會在泰戈爾的家鄉加爾各答形成一股穩定勢力。另外還有一八七二年成立於橫濱的日本亞洲協會，夏士屈里在早稻田大學任教的那兩年可能知道日本亞洲協會的存在。不過目前沒有資料指出上海的亞洲民族協會和其他早期亞洲協會之間具有直接關連。

39 其他派代表參加會議的中國亞洲主義組織包括上海亞洲民族協會、亞洲文化共進會、亞細亞問題討論會、亞細亞和平研究會。

的痛苦，將來弱小民族如果也受這種痛苦，我們便要把那些帝國主義來銷滅，那才算是治國、平天下。」[40]

就在夏士屈里〈國魂〉登出的前一卷，第三十四卷的《大亞雜誌》轉載孫中山的「民族主義」演講。孫中山的民族主義觀包含強烈的反帝國主義思想，夏士屈里將孫中山的想法與他更精神性的信念兩相完美融合。

這種兼容並蓄又頗支持精神性的立場是《大亞雜誌》的典型立場，不過由於雜誌宣揚東方文明，基本上以提倡亞洲主義為人所知。身為《大亞雜誌》的靈魂人物，蔡曉白備受矚目，更因為提倡「亞洲聯盟」而受到媒體的嚴厲批判。[41]不過媒體冒出這股怒氣，是蔡曉白參加一九二六年在長崎舉行的亞細亞民族大會之後的事。

亞細亞民族大會

如同前文所言，亞細亞民族大同盟和亞洲民族協會原本不關注中日議題，也沒有日本會員，後來三位日本僑民參加了在中央公園舉行的公開會議，才讓情況改觀。對北京和上海的許多亞洲主義組織來說，佐佐木、山瀨、德光等人加入亞細亞民族大同盟一事顯然是個重大轉捩點。

佐佐木健兒和山瀨悟一兩位記者與中國有深厚淵源。佐佐木早年曾加入日本最大的泛亞洲主義協會：東亞同文會，雖然他這時任職於日本駐華通訊社東方通信社，已經不是會員，不過由於這層關係，他和日本的許多泛亞洲主義組織仍有往來。[42] 佐佐木很可能是透過東亞同文會前會員的身分和全亞細亞協會會長今里準太郎（一八八六—一九七六）建立起聯絡。據《申報》報導，八月十九日晚間，距離佐佐木和山瀨加入亞細亞民族大同盟不過短短兩週以後，團體的幾位主要會員就和今里準太郎等全亞細亞協會人士在北京瀛寰飯店會面。全亞細亞協會的泛亞洲主義思想尚未被日本政府接受，受到嚴密監視。《申報》的會議出席者名單列出井上謙吉，大家後來知道井上是日本政府在中國的間諜。[43]

黃攻素和今里準太郎在會中討論英國和加拿大移民政策的種族歧視問題，談到日本

40　Sun Yat-sen, The Three Principles, 49. 譯註：中文引自孫中山，〈三民主義：民族主義第六講〉，《國父全集》第一冊，頁53。

41　〈亞洲民族大會之真相〉，《申報》（一九二六年七月廿二日），13。也參〈蔡曉白談亞洲民族大會之反響〉，《申報》（一九二六年七月廿四日），13–14。

42　黃攻素，《亞細亞民族第一次大會始末記》，42。

43　相關信件收於黃攻素，《外交危言》，70–73。

必須放棄在滿洲和蒙古的特權，最終要團結一切受壓迫民族——包括蘇聯和印度人民在內。[44]他們決定一九二六年四月在上海舉行國際大會，然而由於顧忌英國人在上海的勢力，加上中國持續發生暴力事件，他們後來改變計畫，決定同年七月在長崎召開會議。這次大會有各種非政府團體參加，由北京的亞細亞民族大同盟和東京的全亞細亞協會主辦。[45]

參加會議的中國代表由兩組人馬組成。北京代表團由黃攻素和林可彝領銜，他們兩人也在會後付出最多心力，出版多份刊物記錄會議經過，也表達自己的未來期許。[46]北京代表團還包括王文俊、中華新民通信社社長蔡障川，以及前國會議員王世鼒。[47]上海代表團的成員是幾個較小型亞洲主義組織的代表，包括亞洲民族協會的蔡曉白、亞洲共進會的劉華瑞、亞細亞問題討論會的林耕餘、亞細亞和平研究會的方懋林、上海南方大學經理方孝寬。

這些會議基本上徒勞無功，至於失敗的原因則仍未有定論。托斯坦．韋伯認為，會議失敗是因為「大家認真討論『亞洲』這個概念，其意義不只是反射性連結到『黃種人』，或純粹代表西方的反義詞」，結果導致無法收束的多重概念。[48]讀完中國與會者的會議經過記敘後，我認為會議之所以失敗，是因為中日雙方代表就日本廢除對華不平等條約一事爭執不下。作為會議代表之一，黃攻素向來努力推動與日本人合作，他在致開幕詞時表示：「惟本會宗旨。為求民族平等。而亞洲之日本。對於本洲各國之不平等條約。必先自取消。以達民族真平等之目的。」

黃攻素接著又說明日本何以必須歸還從中國取得的一切土地與特權。儘管他一再聲明英國的行徑更惡劣，但對日本的批評之意十分清楚。對中國代表來說，當務之急是廢除不平等條約，取回中國的部分自主權與尊嚴，經過了一九二五年的事件，這些議題顯得更加迫切。至於日本代表，他們認為最關鍵的議題是大英帝國在新加坡建造大型海軍基地。儘管他們知道這是威脅全亞洲的帝國主義行為，但他們不明白為什麼帝國主義議題是中國代表的切身之急。

中國代表認為亞洲主義必須斬釘截鐵地反帝國主義，然而許多日本代表難以妥善回應這些議題，無法緩和濃厚的不信任氣氛。儘管日本代表私底下願意全力支持中國同

44 程明、邱龍虎，〈國立中央研究院創建之先生〉，76–77。
45 周斌，〈亞細亞民族會議與中國的反對運動〉，132，註二。
46 參趙夏，〈馬鶴天先生對邊疆考察和研究的貢獻〉。
47 〈亞細亞民族大同盟〉，《申報》（一九二五年八月六日），7（卷二一五，一〇五）。
48 Weber, *Embracing* "Asia," 257.

志，但在受到嚴密監視的會議上，他們無法直接在媒體面前表態。[49]今里等日本與會者都清楚日本政府對這次會議的態度並不友善，內務省更質疑他們作為「代表」的身分。事實上，亞細亞民族大會首次舉行時，日本政府尚未正式支持亞洲主義。

除此之外，許多與會者都指出日本人對其他亞洲民族態度傲慢，最令人髮指的是，日本人不願意讓朝鮮代表以任何方式參加會議。會中提出「幫助韓國獨立案」時，今里連討論都不願意。[50]一九二七年的上海大會，韓國議題引發更激烈的對立，上海高麗臨時政府派代表參加會議，日本代表於是憤而離席。[51]韓國議題再次阻礙亞洲主義理想的實現，自從一八九〇年代以來始終是一大問題。

大家一方面感覺到日本人自覺高人一等，另一方面卻又把民族平等掛在嘴上，表裡不一的落差說明會議基本上只是白費工夫。與會者意見分歧，而且要記得的一點是，這些代表無一擁有政府授予的權力，儘管如此，大家在一九二六年的亞細亞民族大會上確實一致同意未來應該組成全亞細亞聯盟，與會者認為這是亞洲因應國際聯盟的措施，其輪廓可以說是戰時大東亞共榮圈的前身。

亞洲因應國際聯盟之道：全亞細亞聯盟

全亞細亞聯盟的意義莫衷一是，但無疑代表亞洲主義錯失納入反帝國主義思想的良機。黃攻素認為這是邁向「亞歐大陸聯盟」的一步，根本不代表東亞同脈連枝。[52]儘管提及種族團結，不過日本和中國代表都點出英國帝國主義侵略是結盟的主因。日本代表自認受到白人帝國主義的戕害，這種受害感讓他們淡化了日本自己在亞洲內部的帝國主義行為。臺灣青年知識分子林耕餘以上海代表身分出席，他贊同日本的主張，堅持組織聯盟是實現平等的途徑，認為「只有全人類都自由平等，地球上才能永遠和平。」[53]

林可彝是共產黨員，他在莫斯科留學兩年，剛剛歸國。林可彝從階級鬥爭的角度說明與日本合作的必要：

49　《申報》（一九二五年八月六日）；周斌，〈亞細亞民族會議與中國的反對運動〉，30。
50　在八月六日和七日的《申報》上，日本與會者的對話記錄差異頗大，加上與會者來自四個國家，會議很可能是以英語進行。
51　樹人，〈談第二次亞洲民族會議〉。
52　黃攻素，《亞細亞民族第一次大會始末記》，1。
53　《申報》（一九二五年八月六日）。

> 吾人依民族自決之精神。期一切民族之平等。在本洲中，固不應有甲民族壓迫乙民族之事。然吾人極認所謂甲民族之壓迫者。實際只是甲民族中一部分階級之壓迫而已。與其大多數下層民族固無關也。因此吾人極希望乙民族之早日解脫壓迫。然不應因甲民族局部階級之壓迫。而危及亞細亞全民族之大合同。[54]

平等是會議焦點，經過多番辯論，儘管與會者沒有推動政策的實權，但大家仍然同意日本應該全面廢除對其他亞洲國家的不平等條約。[55]之後會議做成一系列決議，擬定全亞細亞聯盟的架構與目標。

各代表基本上把全亞細亞聯盟想像成經濟與物流的合作計畫，提議建立全亞細亞通信機關、鐵路、金融商貿機關，不過會議上也同意上海代表在上海設亞細亞大學的提案。有個大家一致認同的美妙決議，是必須研究全亞洲的通用語。經過開會第一天各種語言滿天飛的混亂情況洗禮，大家決定號召學者設計一種全亞洲的公共用語。亞洲語的可能性曾經短暫浮現。除此之外，大家還決心向國際聯盟施壓，務必要通過種族平等決議，這是日本和中國長久以來爭取的目標。[56]

這些提案顯示期待甚高，但是似乎沒有什麼落實決議的實際作為，一九二七年上海舉行的第二次大會只是再次重申許多同樣的決議，然後又回到不平等條約的老問題，但廢除條約一事在一九二七年也沒有任何進展。中國代表無法推動廢除不平等條約，卻又繼續與日本代表合作，招致中國媒體無情的譴責，批評這些會議根本一事無成。

媒體反彈與轉向弱小民族

長崎大會的失敗也是諸位代表的失敗，他們的名字登在報紙上，受到一番冷嘲熱諷。儘管國民黨主張中國必須領導亞洲民族以及一切弱小民族，他們卻公開駁斥蔡曉白主張需與日本人合作的理由，指控他效忠日本帝國。[57]「弱小民族」正是區辨中國和日本領導亞洲之別的關鍵詞。弱小民族一詞最早在一九二〇年代初首次見於刊物，用來重新定義與列強相反的被壓迫民族。弱小民族指的是世界上的殖民地與半殖民地國家，中

54　林可彝，〈亞細亞民族大同盟宣言〉。
55　黃攻素，《亞細亞民族第一次大會始末記》，48–52。
56　黃攻素，《亞細亞民族第一次大會始末記》，39、48。
57　蔡曉白，〈蔡曉白談亞洲民族大會之反響〉，591–92。

國也是其中之一。[58]

中國媒體毫不留情地批評中國代表竟與日本人合作。[59]長崎的中國留學生以翻譯和觀察員身分出席會議，大力抨擊黃攻素和林可彝是日本天真的傀儡。[60]就連李大釗也特地撰文，譴責黃攻素、彭紹賢、林可彝是勾結日本的反動分子，與反蘇白軍領袖之一的謝米諾夫（Grigory Mikhaylovich Semyonov）共同發起亞細亞民族聯盟，欺騙弱小民族，破壞作為世界革命重要一環的東方弱小民族聯合戰線。[61]

部分中國媒體試圖說明會議的複雜背景。《現代評論》等許多新聞報導特別強調日本社會內部的分歧，有些日本人認為應該與西方合作，有些則支持亞洲與亞洲主義。不過從中可以看到中國媒體關注的共同主題：「現在的大亞洲主義是日本的大亞洲主義，不是亞洲各民族的大亞洲主義。」[62]批評者認為，寄望帝國強權無異緣木求魚。

幾乎沒有人反對團結亞洲的想法，事實上許多批評亞細亞民族大會的人還特別聲明他們支持這個想法，然而與日本人合作絕對不是選項之一。這不是中國知識分子第一次發表類似言論，他們主張建立排除帝國主義日本的亞洲聯盟，這個想法在一九二〇年代愈來愈受歡迎，其源頭可以追溯到我們在第五章討論過的李大釗的新亞洲主義。陳獨秀也加入討論，發表各式各樣談弱小民族的著述，不過一九二四年的一篇文章說得最清楚，陳獨秀指出任何聯盟都應該團結亞洲的被壓迫者，將壓迫者排除在外：「我們的主張是『日本、中國軍閥政府及一切特權階級除外之被壓迫的亞洲平民大聯合，是整個的亞洲民族大聯合』」。[63] 亞細亞民族大會無可避免地強化了這種信念。

在上海舉行的亞細亞民族第二次大會又給了批評者一次機會，讓他們表達對與會者的怒氣，深化團結非帝國主義國家的信念。這次魯迅也加入對黃攻素等中國與會者失望不滿的行列，魯迅直截了當地表示：「再研究該會之價值，直可謂等於零。就理論言，吾人非反對聯合亞洲各弱小民族抵抗帝國主義者，無如會中主要份子日本即為亞洲唯一之帝國主義者，日人一加入，則此會即完全失去其存在之意義與價值。」[64]

58 這個分類對陳獨秀和李大釗十分關鍵，之後一九二〇年代晚期也將成為理解中國在世界上地位的重要分類，下一章會討論這點。
59 關於中國媒體反應的全面研究，參周斌，〈亞細亞民族會議與中國的反對運動〉。
60 中華民國留日長崎學生聯合會，〈中華民國留日長崎學生聯合會對於亞細亞民族大會經過清醒報告函〉。
61 李大釗，〈日本帝國主義最近進攻中國的方策〉，收於《李大釗全集》第五卷，123–27。
62 〈大亞洲民族會議〉，《現代評論》4.88（1926）182（上海市檔案館，D2-0-1783-181）。
63 陳獨秀，〈亞洲民族聯合與亞洲平民聯合〉，547。
64 樹人，〈談第二次亞洲民族會議〉。

小結

亞細亞民族大同盟的相關史料有限，因此難以確定會議結束之後該團體的後續發展。儘管對政治也許影響不大，但至少在中國國內，亞細亞民族大同盟繼續在學界發揮了些許影響。一九三〇年三月，黃攻素仍舊以會長頭銜自居，向新成立的蒙藏委員會呈上報告，指出尼泊爾與西藏關係遽然惡化是英國干涉所致。[65] 黃攻素於是被派往當地，鼓勵中國、西藏、尼泊爾人民彼此合作。

亞細亞民族大同盟以及許多中國的亞洲主義者都開始改變方向，擺脫之前對中日關係的執著，轉而關心中國邊疆地方，尤其重視少數民族及陸路鄰國。知識分子終於放棄與日本的亞洲主義者合作，將焦點放到弱小民族，跨國合作的趨勢於是發生重大轉變。

這個轉變對於中國的亞洲主義及民族主義都十分關鍵，亞洲主義開始關注被壓迫民族，民族主義則出現與之重疊的論述，將中國定位成弱小民族的領導者；這套說法始於一九二〇年代中期，一直延續到廿一世紀。官員抓住了論述中賦予中國領袖地位的機會，迅速吸納運動能量，最初由非官方的亞洲主義者建立及宣傳的想法，如今被國民黨的知識分子和政治領袖改造利用。

本章分析的團體組織鬆散，不隸屬於政府黨派，國民黨領袖運籌規畫的策略則不一樣。他們邀請馬鶴天等受過良好教育、政治立場適合的作家加入國民黨資助的新學會，專門研究邊疆及鄰國。新亞細亞學會以新方向、新動機傳承亞洲主義的傳統。

65　Sun Yat-sen, *San Min Chu I*, 49. 譯註：中文引自孫中山，〈三民主義：民族主義第六講〉，《國父全集》第一冊，頁 53。

Chapter

8

民族國際

以亞洲領袖自居的國民黨

中國的民族主義要成功，必須讓中國盡到「民族的天職」：「扶持弱小民族，抵抗世界列強。」

承上一章的討論，一九二〇年代，許多中國知識分子開始遠離日本，思考由中國領導亞洲的可能性。在這種規劃裡，中國將是（國民黨所謂）「弱小民族」的領袖，亞洲民族依然是首要的領導對象，至少暫時如此。一九三〇年代，中國領導階層是受過日本教育的知識分子，這些知識分子將普遍流行的仁義扶助思想，融入即將傳播到亞洲各地的中國革命論述當中。一九二四年一月，國民黨第一次全國代表大會的改組反映了這點，當時國民黨採聯俄容共路線，提出要團結全世界無產階級與被壓迫民族，共同對抗帝國主義。[1]團結亞洲因此成為國民黨和共產黨的共同論述，隨著國際聯盟和第三國際成立，在國際主義的時代精神下，團結亞洲的想法影響了中國知識界乃至全球知識界的論述。一九二〇年代，中國各地成立了許多以團結亞洲為目標的組織，國民黨菁英也加入國際組織，例如由共產國際發起、曇花一現的反帝國主義聯盟。[2]聯俄容共最後在一九二七年以流血清算收場，國民黨結束了與共產黨及共產國際的合作，但即使在清黨之後，國民黨依然繼續暢論領導世界的使命。

本章焦點在於：分析由國民黨領航團結亞洲，以及領導世界反帝國主義運動的官方及半官方論述，此時可說是是民族主義和亞洲主義重合的高峰期。一九二〇年代，國民黨以嶄新態度面對自己在中國的定位、中國的革命、以及他們的世界地位與責任。我認為在一九二〇年代末、一九三〇年代初，即使只是紙上談兵，革命也進入擴張主義階段，向中國邊疆推進，他們綜合現代亞洲主義和傳統以中國為中心的朝貢制度，相信中國位居文化的中心，希望把三民主義和民族主義革命推向中國及亞洲各民族。由中國領導亞洲的論述是中國版的「盟主論」，試圖將文化上以中國為中心的區域主義，重新打造成更具政治性、且以中國為主軸的亞洲主義。這種論述其實是國民黨的政治宣傳，原本的用意是要打擊共產黨及其背後共產國際的權威。同一套論述之後也用來反駁亞洲門羅主義的宣傳，日本帝國的擴張主義常常以亞洲門羅主義為藉口。不過除了政治宣傳之外，這套以中國為主軸、由國民黨擔任領袖的新論述也促成了針對中國邊疆、邊區及鄰國的廣泛研究計畫，進而深化由空間定義的民族主義，提高知識分子的領土意識。

1　本章的早期版本曾經發表為 Smith, "China as the Leader of the Small and Weak." 之後不久，焦點就轉向農民。毛澤東在國民黨第一次全國代表大會上的發言主要關注無產階級，不過他在一九二六年一月第二次全國代表大會上就將焦點轉移到農民身上。Schram, *The Thought of Mao Tse-tung*, 34–35; 李玉貞，〈1925–1926 年胡漢民的莫斯科之行〉，152。

2　Piazza, "Anti-imperialist League," 166–76。

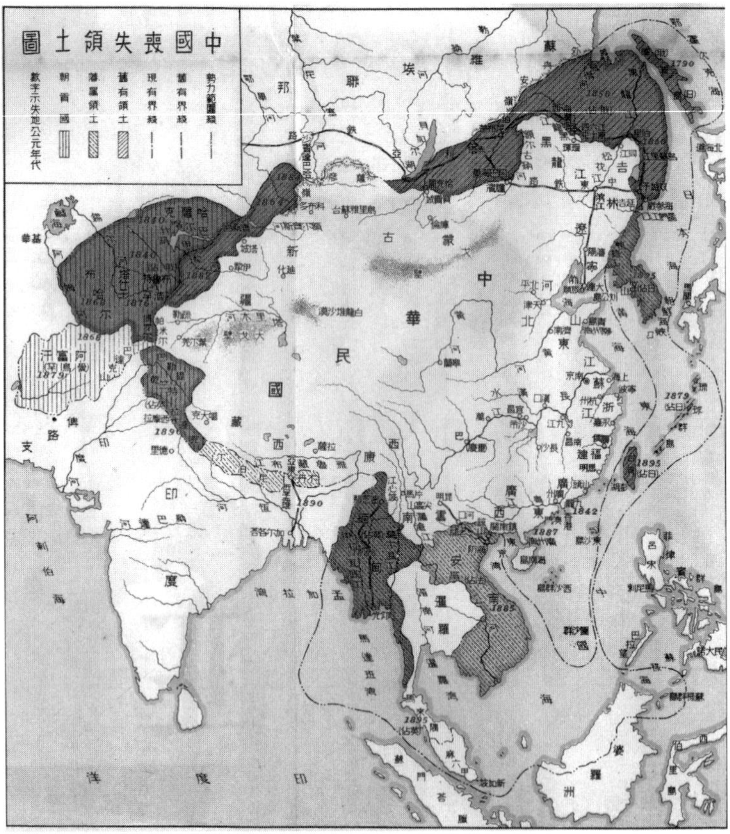

圖八 · 一　書中所附地圖繪示中國自鴉片戰爭以來失去的領土，陰影部分表示中國曾經統轄的地區，後來成為標準的失地圖。這張地圖取自為學童出版的一九四一年版《中國喪地史》，出版時間就在日本占領上海的幾個月以前。資料來源：謝彬，《中國喪地史》（上海：中華書局，一九四一）。

中國與新亞細亞的侷限

查爾斯．邁爾（Charles Maier）認為，廿世紀是領土的世紀，中國的情況就是如此。陳志紅的博士論文以中國邊界為題，運用邁爾對廿世紀的理解，來解釋及脈絡化一九二七年至一九三七年這十年間，南京中國知識分子對領土的執著。[3]北伐消滅軍閥之後，中華民國定都南京，終於重建統一的政治權威，但日俄等列強依然渴望蠶食鯨吞中國國土，中國的領土國界於是成為中國思想家面臨的新難題。國界問題大大影響了日後中華人民共和國的領土劃定，也深刻影響中國與鄰國的關係。

具體事例之一是謝彬（一八八七—一九四八）的《中國喪地史》。《中國喪地史》一九二五年首次出版，到一九四一年已經再版七次，甚至選為上海的中學教科書。[4]謝彬是軍官，也是一九二〇年代、一九三〇年代的多產作家，出版多本書籍談論軍事戰略、發展、中國邊疆，特別關注雲南、新疆、西藏、蒙古等地。痛惜失地是一種源自恥辱與創傷的民族主義，大家不停書寫這類喪地史和民族恥辱史，製造集體創傷，讓新世

3　Zhihong Chen, *Stretching the Skin of the Nation*。
4　謝彬，《中國喪地史》（1941）。

代做好心理準備，採取行動對抗進一步的侵略，也預示了積極的民族主義將在一九四〇年代席捲全國。

一九二五年，《中國喪失領土領海圖》附在《中國喪地史》內，隨書一併發行，今天這幅地圖至今依然廣為流傳（圖八・一）。[5]《中國喪地史》影響深遠，在數年後《新亞細亞》雜誌的版面上也提到了這本書。[6]

一九三〇年代初，國民黨開始了一場政治運動，帶領人民傳播這種基於領土的民族主義，以及中國革命精神與孫中山三民主義思想，長期目標是希望重新取回中國對失地的控制權。研究組織「新亞細亞學會」及其控制的機關報《新亞細亞》雜誌明確表達了這個期待。

新亞細亞學會是由關心中國邊疆或鄰國問題的學者、知識分子、政治人物組成。國民黨會資助學會，會員也會捐款及繳納會費。[7]儘管學會創立時懷抱學術宗旨，但學術目的和意識形態目的之間幾乎沒有區別。新亞細亞學會於一九三一年在上海成立，和中國最近一次失去領土以及新偽政權的誕生時間幾乎重疊。日本在一九三一年底入侵占領滿洲，於一九三二年宣布成立滿洲國。蔣介石與南京政府無法用軍力與日本抗衡，於是轉而求助國際聯盟。[8]中國政治人物和知識分子原本還對國際聯盟懷有最後一絲希望，然而國際聯盟無法處理滿洲問題，成了壓垮他們信心的最後一根稻草。新亞細亞學會成立時間恰逢事變前夕，菁英分子意識到中國分裂的可能，因此盡力做好準備，鄭重聲明對邊疆的所有權。

新亞細亞學會可說是集結了關心邊疆問題及亞洲各國問題的政學兩界名人錄。蔣介石和戴季陶是名譽會長，實際會長及資深研究員包括研究印度的知名學者譚雲山（一八九八—一九八三）、邊疆專家馬鶴天（一八七七—一九六二）及許公武、宣傳專家及代理宣傳部長方治（一八九五—一九八九）還有赫赫有名的學者辛樹幟（一八九四—一九七七）及陳大齊（一八八六—一九八三）。許多來自邊疆的知識分子和政治領袖參與其中，有時也發表文章，蒙古王公德王（Demchugdongrub，一九〇二—一九六六）以及格桑澤仁（一九〇五—一九四六）也名列在內，德王在約十年後成為日本扶植的蒙

5 謝彬，《中國喪地史》（1941）。
6 Zhihong Chen, *Stretching the Skin of the Nation*, 47。
7 Zhihong Chen, *Stretching the Skin of the Nation*, 44。
8 Mitter, *The Manchurian Myth*, 5。

疆政府領袖，格桑澤仁則是國民黨在蒙藏委員會的重要代理人。[9]

學會最重要的活動是研究、翻譯、出版。會刊《新亞細亞》是學會發表研究與論文的主要管道，其他出版書目也說明了學會的關注重點，跟論述一樣不容忽視。新亞細亞學會出版的書籍包括《中國邊疆》《滿蒙問題》《新疆問題》《西藏問題》《雲南問題》《實業計劃之邊疆建設》《滿洲與蒙古》《馬來搜奇錄》等等。

其中有一本書與眾不同：瑪格麗特·哈里森（Marguerite Harrison）的《亞洲之再生》（*Asia Reborn*），這是新亞細亞學會唯一出版的英文譯作，哈里森斷言亞洲聯盟即將誕生，這個主張大大勾起學會的興趣。[10]編輯張振之在介紹該書時振奮直言：「中國復興是亞細亞民族復興的起點！」[11]張振之的發言呼應哈里森的看法，哈里森認為中國將會熬過眼前的動盪局勢，強大再生，中國、日本、高麗將建立奠基於種族之上的同盟。[12]該書譯者華企雲是《新亞細亞》最多產的文章作家之一，他在譯者序提醒讀者：「中華民族在亞洲人中幾乎有一半之多，更應該義不容辭的去領導其他民族來共同奮鬥！」學會期刊又更明確表達了這些理念。

新亞細亞學會的主要機關報稱為《新亞細亞》，出版時間從一九三〇年到一九三七年為止。做為國民黨的傳聲筒，《新亞細亞》結合了符合孫中山三民主義與大亞洲主義的理論綱領的兩大目標：由國民黨鞏固前清領土以及由中國領導亞洲。《新亞細亞》在創刊號開頭就揭櫫刊物的三大宗旨，接著完整轉錄孫中山一九二四年「大亞洲主義」演講的全文：

一、造成三民主義的中心理論。
二、以主義為原則研究中國的邊疆問題。
三、以主義為原則研究亞細亞民族的解放問題。

新一代中國留學生從日本帝國大學受完扎實訓練後歸國效力，帶回前所未有的專業學識，以地理學、歷史學、人類學等現代學科研究闡明學會的論點：華東居於中國邊

9　《新亞細亞學會會員錄》列出近五百名會員。一九三五年版的《會員錄》也有資料可考，會員名單只有少許更動。
10　Marguerite Harrison 著，華企雲譯，《亞洲之再生》，6。
11　張振之在該書付梓前去世，由學會同事蔣用宏接手編輯工作。Harrison，《亞洲之再生》，未編頁碼之譯者序及第三章。
12　Harrison, *Asia Reborn*, 274。

疆乃至全亞洲的中心。從學會召集的團隊來看，大家會推測《新亞細亞》將焦點放在邊疆，多數文章確實也是如此。但是編輯群的創刊宣言沒有提到中國邊疆，〈亞細亞之將來〉反而極力稱頌亞洲相較於其他大陸如何偉大，一再呼籲全亞洲民族應該團結起來，又詳述孫中山的亞洲主義與三民主義的關係：

> 總理是常常講大亞細亞主義的，大亞細亞主義是不是一種獨立的主義呢？不是的，亞細亞主義絕不是獨立的主義。總理講大亞細亞主義就是把三民主義運用到民族國際方面，好比總理說的「三民主義就是救國主義」……在東方已經取得強盛地位的國家就以大亞細亞主義為標榜以達其統一亞細亞之迷夢，還有許多武人政客為獻媚於帝國主義起見也是鼓吹大亞細亞主義。總理並不因為一般人鼓張邪說而對於「大亞細亞主義」一名詞有所忌諱，因為總理是站在很堅確的三民主義的立場上，總理所講的是三民主義的大亞細亞主義……中國人在中國復興的觀點上要堅確地信仰三民主義，亞細亞民族在亞細亞有色人種復興的觀點上要堅確地信仰三民主義。[13]

這種大亞洲主義願景是三民主義國際化的產物，從一九二四年孫中山的「大亞洲主義」演講開始，之後經過孫中山最忠心的支持者戴季陶、胡漢民反覆闡發，直到一九四五年陳公博政府垮臺為止，經過二十多年不停傳播。其思想源自中國終將重返強盛的堅定信念，還有創傷之下對於傳統以中國為中心的朝貢制度的懷念，而孫中山也曾助長後者。[14]國民黨支持者想像中國的領導地位時，關鍵的區辨分類是「弱小」民族，「弱小」民族將會向中國尋求仁慈的指引與支持。

認為「世界體系即將重組」的看法挪用了馬克思主義的辯證史觀，也挪用了馬克思主義關於帝國主義及全球資本主義的見解。但核心的「弱小」概念並非源自古典馬克思主義。

13 《新亞細亞》編輯群，〈亞細亞之將來〉，11–12。

14 關於孫中山對朝貢體系的懷念，詳細討論參第六章及後文。

弱小民族——重新認識殖民處境

英文幾乎總是以「weak and small」來翻譯「弱小」一詞。[15]這個直譯中規中矩，但無法傳達「弱小」一詞的真正內涵。弱小民族的定義與帝國主義民族相反，帝國主義是按列寧主義的說法來定義，是金融資本主義的跨國延伸。帝國主義民族是達到金融資本主義階段的民族，弱小民族是仍處於農業和手工業發展階段的民族，兩者之間的差異是由時間定義。[16]「弱小」者通常是受到西方帝國及日本帝國殖民壓迫的民族，因此理解時必須將「弱小」一詞放在國際體系的脈絡。「弱小」一詞常用來解釋中國在弱國與強國之間的地位，並非用來指稱藏人等中國境內的少數民族，不過倒是常常用來指稱他國的少數民族，譬如猶太人。李作華一九二八年出版了一本暢銷書，該書多次再版，書中列出弱小民族及各民族情況。[17]但不久後類似書籍如雨後春筍接連冒出，因一九三〇年代弱小民族成為熱門研究領域，研究日新月異，也有許多深入的區域研究。

某些弱小民族的定義包括殖民地、半殖民地，以及孫中山的「次殖民地」概念。[18]後兩種類別強調民族的經濟生產或市場遭到外部控制。[19]因此有時候「弱小」比「被壓迫」更具體，但又比「殖民」更廣泛，和「殖民」的不同之處在於，「弱小」強調經濟壓迫勝過政治壓迫。研究這段時期前數十年的麗貝卡·卡爾指出，中國知識分子利用世界上被殖民、被壓迫民族「轉譯」所呈現的不均質世界空間，重新定義中國和世界。[20]「弱小民族」概念的形成過程明確展現出這點。

最早將「弱小」一詞用在民族身上的是陳獨秀，他在五四運動高峰譴責巴黎和會欺凌中國太甚。陳獨秀創造這個詞的文氣順應中國文人流行的一句成語：「弱肉強食」。[21]廿世紀初，提到「強」就讓人想起殖民列強。陳獨秀最初將「弱小」一詞用於文章中，泛指中國、韓國等被壓迫民族。[22]

15 杜久，《如何聯合弱小民族》。
16 杜久，《如何聯合弱小民族》，1–3。
17 參李作華，《世界弱小民族問題》。次年又有更多相關著作出版：胡石明，《近代弱小民族被壓迫史及獨立運動史》；鄭昶，《世界弱小民族問題》；張弼，《亞洲弱小民族剪影》。
18 **Sun Yat-sen, *San Min Chu I*, 10。**
19 杜久，《如何聯合弱小民族》，9–13。
20 **Karl, *Staging the World*, 10。**
21 陳獨秀，〈太平洋會議與太平洋弱小民族〉。「弱肉強食」這個成語也常常出現在弱小民族的相關著述。胡石明，《近代弱小民族被壓迫史及獨立運動史》，1；杜久，《如何聯合弱小民族》，37。
22 英文的「**oppressed**」「**colonized**」等語都已經有常見的中文對應詞：「被壓迫」「殖民」，因此「弱小」漸漸被這些常用詞取代。「弱小」一詞被認為帶有貶義，現在除了當作歷史用詞以外很少使用，不過現在很普遍的「弱勢民族」一詞明顯延續自「弱小」。「弱勢民族」在討論文學的學術寫作裡很常見，被當成英語「**marginalized nation**」（邊緣化民族）的對應詞。

一九二〇年代初，作家和翻譯家開始對「被壓迫人民」的文學作品產生興趣。茅盾和《小說月報》在引進波蘭、猶太人、黑人、愛爾蘭作家作品方面居功厥偉。[23]因應當時的潮流，文學作品隨著大家的慣用詞漸漸將「被壓迫」改成「弱小」，這個改變也包括亞洲小說。一九三〇年代出版了弱小民族的短篇小說集，介紹各種被壓迫、被殖民民族的小說，包括愛爾蘭、猶太人、紐西蘭、韓國、臺灣的短篇小說。[24]

一九二六年，國民黨第二次全國代表大會使用「弱小」一詞之後，這個詞變得格外重要，黨代表同意應該同情全世界的「弱小」民族，與之聯合。[25]來自東南亞各地的代表也出席了這次全大會，他們開始組織南洋華人團結，追求解放。[26]全大會之後，「弱小」一詞常常出現在國民黨菁英的著述中。汪精衛進一步釐清「弱小」的用法，他認為中國是弱小民族的特例，中國不是小民族，是大民族，因此或可稱為「弱大」民族。「弱大」民族比「弱小」民族更悲慘，這是因為中國只專心在精神發展，忽略了物質發展。[27]不過孫中山談三民主義時使用的是弱小民族一詞，弱小民族因此成為一九二〇年代末及一九三〇年代的關鍵詞。

中國的家父長主義與亞洲老大哥

孫中山談民族主義的演講裡，以「弱小民族」一詞指稱受到帝國主義壓迫的民族，其民族主義第六講充滿家父長（paternalist）思維，強調中國有責任領導弱小民族，他將弱小民族連結到中國的另一個傳統概念：濟弱扶傾。

孫中山解釋，正是由於濟弱扶傾的政策，在歐洲人到來之前，安南、緬甸、高麗、暹羅等小國才得以維持獨立。中國的民族主義要成功，必須讓中國盡到「民族的天職」：「扶持弱小民族，抵抗世界列強。」[28] 孫中山將心目中的中國朝貢體系價值與協

23 Eber, *Voices from Afar*。
24 《弱小民族小說選》；陳原編，《三姊妹》。
25 蔣永敬，《國民黨興衰史》，354。
26 Belogurova, "The Chinese International of Nationalities," 452。
27 汪精衞，〈關於救亡圖存的幾句話〉，《東方雜誌》34.16，13。
28 孫中山，《孫中山文粹》，732–33。

助鄰國的發展方針結合，形成他日後的外交政策理論。[29]孫中山追想中國身為朝貢體系中心的輝煌歷史，展望由中國領導亞洲的未來。

孫中山的民族主義理論比純粹奠基於族裔的民族主義更複雜。他強調需以民族和種族的血緣關係為優先，他認為這種血緣關係是透過「王道」自然建構形成，奠基於儒家的德政原則，而國家是西方根據暴力或強制霸權建構而成，兩者恰恰相反。[30]孫中山重提的「王道」並非新鮮話題，事實上從明治時期以降，日本著作裡就常常提到「王道」。然而孫中山將王道定位為中國民族以及亞洲治理形式根源的說法，確實是獨一無二；抗日戰爭時期，汪精衛政權更加強調這點，也成為日本政治宣傳的重要棋子。王道論提供了理論化及權威性的解釋，許多中國知識分子因此認為中國擁有天職及道德義務上的根據，必須成為亞洲民族大家庭的領導者。

展望未來、追想歷史，討論亞洲的境況時，知識分子聲稱從面積、人口、歷史、文化等各方面來看，亞洲有資格當世界的「老大哥」。[31]三民主義的意識形態認為中國更加進步，因此中國的領袖可以指導和支持亞洲四鄰。一位作者甚至用了相當極端的宗教比喻，認為孫中山的「民族主義」就是聯合弱小民族的「聖經」：「現在便要努力使這部聖經傳佈於各弱小民族，使他們信仰。惟有團結眾人，才有打倒帝國主義的可能。」國民黨傳教於柔弱者，為其帶來救贖之道，讓他們從共同的壓迫者底下解放出來：

我們可以說近代民族革命就是反帝國主義運動，而各弱小民族的反帝運動尤須聯合一條戰線，因為地位是相同的，都是被壓迫地位；敵人是相同的，都是帝國主義者；目的是相同的，都要求自由平等；希望是相同的，都希望互相援助；方法是相同的，都是打倒帝國主義；所需要的力量是相同的，都是反帝力量；所依據的最高原則是相同的，都是實現世界大同。[32]

在這些生逢南京十年的作者心中，中國和國民黨位居中心地位，準備將世界推向大同。新亞細亞學會的張振之說：「亞細亞文化可以算是世界文化的中心，而中國文化尤

29　孫中山在民族主義第二講提到，高麗、臺灣、緬甸、安南原本都是中國領土，琉球、暹羅、蒲魯尼（今婆羅洲）、尼泊爾等許多國家原本都是中國的朝貢國。Sun Yat-sen, *San Min Chu I*, 9. 孫中山，《孫中山文粹》，681。

30　Sun Yat-sen, *San Min Chu I*, 3。

31　參編輯對《新亞細亞》的介紹，〈亞細亞之將來〉，《新亞細亞》1.1（一九三〇年十月一日）：9–12。另參哈里森（Harrison）《亞洲之再生》之譯者序。

32　杜久，《如何聯合弱小民族》，23。

為亞細亞文化的中心。」[33]張振之在後面兩期登出的〈中國文化之向南開展〉進一步闡明其論點，中國文化發祥自高原，是「世界文化」的根源；張振之又說：「中華民族，即所謂漢族。」將中華民族與漢族畫上等號。[34]照理說，一九三〇年的國民黨刊物不應將這兩者混為一談，張振之這種異端說法引來其他學者的挑戰。陳耀斌致信《新亞細亞》指出，中國各民族其實都是中華民族的一份子，無需主張獨立。張振之回信解釋，他在文章中談的是歷史上的中華民族，當時不包括少數民族；但現在的中華民族當然包括所有民族在內。[35]

這個問題點出了中國的亞洲主義以及中國自居領袖的難處與模糊地帶，和日本的亞洲主義相比，問題更是明顯，日本的亞洲主義表面上也主張所有民族都必須實現獨立與平等，包括藏族、蒙古族、滿族在內（儘管許多日本作家相信日本人高人一等）。若是強調中國或日本居於中心地位，兩種主張當然無法相容。儘管中日兩國的亞洲主義著述大都主張亞洲主義追求的是和平與平等，但只要想讓亞洲主義制度化，都勢必走向中央集權。中國作家心目中的制度化是組成弱小民族的組織，也就是民族國際。

杜久在其編著的《如何聯合弱小民族》一書中，呼籲將弱小民族團結在國民黨的領導下。[36]根據杜久的想法，這是種民族平等的指導：「中國國民黨是世界上追求民族平等最完善、最有力、最早成立的革命團體，我們希望每個弱小民族都有這樣的組織，因為惟有健全之革命組織，方能領導革命運動。」[37]

根據其言行記錄，孫中山本人從未直接明言要成立由中國及國民黨領導弱小民族的國際機構，不過孫中山確實曾籠統地呼籲大家團結一致：「我們……自己先聯合起來，推己及人，再把各弱小民族都聯合起來，共同去打破二萬萬五千萬人（帝國主義者），共同用公理去打破強權。」[38]他的追隨者根據這段談話，構想出國民黨領導下的世界組織——名為「民族國際」的全新國際組織。

33 張振之，〈亞細亞文化的變遷與其新生機〉，83。
34 參張振之，〈中國文化之向南開展〉，《新亞細亞》1.3（一九三〇年十二月）：91–97。
35 陳耀斌，〈中華民族與漢族〉，129。張振之的回應參頁一二九–一三〇。
36 可惜該書沒有註明出版時間，不過似乎是出版於一九二〇年代末或一九三〇年代初。杜久的其他著作皆出版於一九三三年至一九三七年間。
37 杜久，《如何聯合弱小民族》，33。
38 孫中山一九二四年「民族主義」的演講。轉引自杜久，《如何聯合弱小民族》，25。

論民族國際

關於行動的主要綱領不外是政治同盟與經濟同盟。政治同盟就是政治的結合，將各弱小民族政治力量集中起來，用以抵禦帝國主義的政治侵略，和解決各弱小民族自身的政治糾紛。譬如國際聯盟事實上便是白色帝國主義聯合壓迫弱小民族的一種政治同盟，第三國際是赤色帝國主義份子的一種政治同盟。[39]

孫中山過世不久，戴季陶和胡漢民開始呼籲組織民族國際，這是被壓迫民族的國際同盟組織，用來抗衡國際聯盟與第三國際。民族國際將建立在民族主義的概念上，主要以孫中山的定義為基準，不依循自由帝國主義或共產主義。提倡民族國際時，貫徹其中的關鍵字是「自由」和「自決」，一些知識分子認為民族運動和威爾遜著名的「十四點和平原則」有一定關係。[40]在國民黨第二次全國代表大會上，大家呼籲國民黨起而領導弱小民族，正式認可也普遍接受「弱小民族國際」的理念，一般簡稱「民族國際」。[41]

戴季陶可能是最早鼓吹成立民族國際的人，一九二五年七月三十日，在上海大學的記者會上，時任校長的戴季陶提出這個想法。他呼籲受到英、美、法、義、日等五個帝國主義國家壓迫的民族團結起來，反抗帝國主義的國際組織。以中國為中心，聯合世界各地的弱小民族，不只反抗帝國主義，也要處理經濟、文化、交通、國際法、移民方面的議題。[42] 在上一章討論過的《大亞雜誌》刊登了戴季陶的文章〈民族國際〉。[43]

戴季陶呼籲組成民族「國際」的聲音出現在他反共論述的高峰，可以視為他目標的一環，希望在思想上消除第三國際對於受壓迫民族的權威。戴季陶的理論將世界分為三大陣營：資本主義帝國主義者、共產主義帝國主義者、民族主義者，民族主義者將在孫中山三民主義的旗幟下為獨立與自由而奮鬥。一九二五年，戴季陶將三民主義詮釋成：從根本上反對共產主義。他主張孫中山其實是傳統主義者，著述從儒家思想出發，這是中國的核心信念架構，不久也將成為民族國際的中心思想。對敵人而言，戴季陶是特別難纏的對手，因為他曾經全心鑽研馬克思主義思想，和敵人一樣精通這套語言。

一九二五年，左翼知識分子正面迎戰，共產主義旗下各大報刊都登出了攻擊戴季陶

39 杜久，《如何聯合弱小民族》，26–27。
40 譚披縢敘述了民族運動的簡史，指出威爾遜「大施其欺騙手段」，因而煽動民族主義的火焰。譚披縢，〈如何組織民族國際〉，4–5。
41 荊璞，〈弱小民族國際問題〉。
42 王壽南，《中國歷代思想家》，143。
43 戴季陶，〈民族國際〉，2–5。

的文章。米哈伊爾．鮑羅廷（Mikhail Borodin）甚至說戴季陶是中國的「五個魔鬼」之一（另外四個是帝國主義、軍閥、買辦資本階級、國民黨右派）。[44]許多人回以忿忿之詞，不過多數人都在設法反擊戴季陶的論點。受歡迎的年輕社會主義者惲代英和于忠迪在一篇公開通信裡討論了戴季陶關於民族國際的呼籲。惲代英解釋，共產主義者一樣主張民族解放，但他認為戴季陶說要聯合被壓迫民族對抗帝國主義民族，其實是弄錯了關鍵的矛盾所在。「我們應聯合被壓迫民族與帝國主義國家的被壓迫階級，組成全世界反帝國主義的聯合戰線。」[45]

不過也有一些左翼知識分子在國共兩黨之間搖擺不定。文史學家譚丕模（一八九九－一九五八）一九二九年以筆名「披曚」發表一篇長文，內容講述基於自決和平等的理念，支持建立民族國際的主張。孫中山曾經呼籲中國自己要先團結起來，再起而聯合弱小民族，譚丕模據此論證孫中山支持組織民族國際，更主張這也是國民黨代表的志向，全國各地黨代表出席的第二次全國代表大會已經了確立領導弱小是黨的目標。譚丕模回應于忠迪繼續支持第三國際之說，他認為第三國際注定失敗，因為第三國際只關心無產階級的利益，「絕不能代表弱小民族整個的利益。」[46]譚丕模認為蘇聯不願意支持國民黨，也永遠不會支持全中國，反而會分化中國的力量，因此：

> 我們要組織民族國際，聯絡西方被壓迫民眾或無產階級，使西方被壓迫民眾或無產階級有堅固強大的勢力，而與資產階級鬥爭，則帝國主義國家的資產階級，就沒有餘力來壓迫我們。我們要組織民族國際，聯絡東方弱小民族，如印度、高麗、臺灣、安南、緬甸各脫離所屬之帝國主義而獨立，則帝國主義應付殖民地之不暇，也沒有餘力來壓迫我們。[47]

譚丕模擴大了戴季陶的民族國際論點，以容納西方無產階級的勢力，這是回應共產主義批評的合理答案。不過其他理論支持民族國際時，運用了更明顯的馬克思主義分析方式：

44　Lu Yan, *Re-Understanding Japan*, 150。
45　惲代英、于忠迪，〈民族國際與民族解放〉，743–44。
46　譚披朦，〈如何組織民族國際〉，1、6–7、8。
47　譚披朦，〈如何組織民族國際〉，8–9。

他們(弱小民族)的人民,是帝國主義商品的購買者,同時又是帝國主義工業原料的供給者。他們的國家,是帝國主義剩餘資本投放的場所,同時又是帝國主義統治的範圍。總而言之,帝國主義是主人,他們是奴隸。所以被壓迫民族一般羣眾,尤其是工農羣眾,困苦生活,不堪言狀。[48]

荊璞這段文字(日期不詳)描述了弱小民族底層無產階級的處境,指出亞洲被壓迫民族工農的生活,與西方帝國主義國家的工農相比實是兩樣情。

從這裡我們也可以看到,民族國際是一種論述運動,辨析只限於無產階級的革命究竟是什麼樣的革命,藉此否定共產國際對於世界革命的領導地位,質疑其擔任世界領袖的法統。對身為革命政黨的國民黨來說,這是重要的任務,因為國民黨自己的法統受到了共產黨質疑——共產黨如今是共產國際唯一認可的中國政黨,也是世界革命運動認可的對象。

荊璞認為,領導世界革命的責任「確已由無產階級移轉到弱小民族了。」[49]雖然工業革命時期是由無產階級引領世界革命的浪潮,但是帝國主義勢力鞏固以後,其壓迫跨越國界日益倍增,壓迫被壓迫民族的全體人民,由於局勢變化,荊璞認為弱小民族才是一九二〇年代革命的中心勢力。

據此，荊璞在國民黨第二次全國代表大會一九二八年八月即將召開的第五次全體會議上，主張應該優先成立弱小民族國際委員會，邀集各國代表組成臨時機關。[50]雖然第五次全大會上並沒有設立弱小民族國際委員會，但確實是中國史上的重要時刻：蔣介石成功修改憲法，確保總統仍然兼任海陸空軍總司令，同時不再向國民政府委員會負責，只需要向國民黨中央執行委員會的委員長——也就是他本人——負責。[51]

領導弱小民族的國民黨

> 「民族國際」當然要中國國民黨作領導，而以中國國民黨為其核心。
>
> ——譚披朦，〈如何組織民族國際〉，10。

48 荊璞，〈弱小民族國際問題〉，24。
49 荊璞，〈弱小民族國際問題〉，23。
50 荊璞，〈弱小民族國際問題〉，27。
51 Zhao Suisheng, *Power by Design*, 75–76。

胡漢民在《新亞細亞》第一卷發表了談民族國際的文章，〈民族國際與第三國際〉緊接在開頭孫中山亞洲主義的幾篇文章之後，希望能借重孫中山的權威。胡漢民表示他當初曾向孫中山提出這個想法，孫中山大致同意，他們於是提出來和鮑羅廷討論。鮑羅廷雖然同意，卻說應該由胡漢民負責發起這個國際聯盟。胡漢民推辭說自己外語能力不足，會妨礙進展，不過鮑羅廷和孫中山都堅持由他來負責。

孫中山過世後不久，胡漢民前往莫斯科，官方任務是推動國民黨加入第三國際，不過胡漢民後來聲稱自己

圖八 · 二　戰機插圖，上面有表示亞洲的「亞」字。資料來源：印維廉，〈亞細亞民族運動之進展〉。《新亞細亞》1.1（一九三〇）：91。

的計畫是要推動民族國際。如果胡漢民去俄羅斯確實是為了推動民族國際，奇怪的是，他一九二五年在俄羅斯的演講和著述卻完全沒有提到「民族國際」一詞。不過胡漢民的確多次呼籲團結被壓迫的民族與弱小民族，〈國民黨的真解〉這場演講尤其明確闡釋了國民黨領導弱小民族的政策與孫中山三民主義之間的關係：

就於民族主義，孫博士說：無論那一個民族或那一個國家，只要被壓迫的或委曲的，必聯合一致去抵抗強權……亞洲除日本以外，所有弱小民族都被強暴壓制，受種種痛苦。他們同病相憐，一定聯合起來去抵抗強暴的國家，這些被壓迫的民族聯合，一定要和那些強暴國家拚命一戰。將來國際大戰不是起於不同種之間，是起於同種之間，白種與白種分開來戰、黃種與黃種分開來戰。那種戰爭是階級戰爭，是被壓迫者和壓迫人者的戰爭。……提倡民族主義，自己先聯合起來，推己及人，再把各弱小民族都聯合起來、共同去打破壓迫人的二萬萬五千萬人。[52]

52　胡漢民，《胡漢民先生在俄演講錄》，26–27。

一九二七年四月，胡漢民剛從俄羅斯歸國不久，蔣介石就發動清黨，鎮壓同情共產黨的黨員，摧毀了共產黨和國民黨的統一戰線。胡漢民站在蔣介石這邊，他成為立法院長，開始發表反共言論，稱第三國際為「赤色帝國主義」，認為可以用民族國際與之對抗。他自稱多年前就向孫中山提出過這個想法，認為組織民族國際是中國革命的延伸：「總理在日的時候，我向總理提出組織民族國際的主張，是要我們國民黨自己來領導國際的民族革命運動。」[53]

一九三〇年代初，其他知識分子響應胡漢民的領頭號召，同意民族國際是唯一能抵禦白色帝國主義和赤色帝國主義的組織化同盟。白色帝國主義組成了國際聯盟，赤色帝國主義組成了第三國際，要應付這個局面，印維廉認為：「我們第一步應該聯合亞細亞被壓迫民族，組織一『民族國際』，在這樣一個具體的國際組織之下，才能建立一個共同的意志和共同的行動。」[54] 印維廉的文章還附上一張戰機的小插圖，戰機側面寫著「亞」字，也許是想表示亞洲各民族或可共享軍事力量（圖八．二）。解釋為何獨獨該由中華民族領導亞洲時，印維廉說明：

第一、中華民族有眾多的人口，可與白種相對抗；第二、中華民族有十分優越的民

> 族性——民族道德，民族思想，及民族能力；第三、中華民族在三民主義領導之下，決不至步帝國主義後塵，恃強欺壓他族。[55]

《新亞細亞》持續為中國領導地位及民族國際的理念喉舌。一九三二年，郭沫若創造社成員洪為法（一八九五—一九七〇）發表文章，詳述組織民族國際之必要。其想法和胡漢民類似，洪為法認為，當代國際爭鬥分為三股勢力：以國際聯盟為代表的帝國主義、以第三國際為代表的社會主義，以及民族主義，尤其是弱小民族的民族主義，弱小民族需要一個代表其民族、促進其利益的國際組織。[56] 儘管洪為法沒有使用「赤色帝國主義」一詞，但他強烈批評「階級鬥爭」，因為「弱小民族的獨立運動也被這階級鬥爭減色了許多。」[57] 洪為法主張中國應居於領導地位時，理由一樣又是訴諸中國的歷史和獨特文化，貫徹一九三〇年代一再出現的主流論點。

53　胡漢民，〈民族國際與第三國際〉，18。
54　印維廉，〈亞細亞民族運動之進展〉，96。
55　印維廉，〈亞細亞民族運動之進展〉，97。
56　洪為法，〈關於民族國際〉，31。
57　洪為法，〈關於民族國際〉，34。

更優秀的文化

現階段的各弱小民族真是十分散漫，處於領導地位的弱小民族必須具有光榮歷史、堅固基礎和高尚文化，當然，祇有中華民族適合這些條件，能夠負起領導權。[58]

關於東西方文化孰優孰劣的爭論始於十九世紀，到一九一〇年代的新文化運動時期更是方興日盛，大家開始以二分法思考東西方文化。[59]一九三〇年代，伴隨中國民族主義的興起，大家普遍認為以中國為中心的亞洲文化擁有更高尚的道德或精神性，這類想法反映在主張中國應該領導民族國際的論證之中。

一九三一年，另一群行動派學者試著實現民族國際的構想。他們以亞洲民族為中心，將組織命名為「亞洲文化協會」。一九三一年四月五日，來自中國、印度、高麗、安南、臺灣的代表在南京的中央大學舉行第一次會議，討論協會的未來。[60]儘管協會成員侷限於亞洲民族，但是其意識形態依然奉行民族國際的構想，與戴季陶一九二五年提出的輪廓不謀而合。成員以其民族的獨立和自由為首要目標，也依舊堅持「物」的霸道國家與「人」的王道國家截然二分之別。[61]孫中山的「大亞洲主義」演講與三民主義依然是協會的中心思想，黃紹美致開會詞也密集引用「大亞洲主義」演講內容。

之後《申報》偶有亞洲文化協會印度行的報導，除此之外，協會逐漸沉寂，不過仍繼續活動，發行機關報《亞洲文化》（一九三二—一九三七），提倡亞洲文化研究與組織民族國際。《亞洲文化》在封面上列出了協會的六大信條：

一　信仰三民主義
二　發揚亞洲文化
三　復興民族解放
四　組織民族國際
五　打倒帝國主義
六　完成世界大同

58 杜久，《如何聯合弱小民族》，30。
59 Fung, *Intellectual Foundations of Chinese Modernity*, 31–37。
60 〈文化協會代表大會〉，《申報》（一九三一年四月六日）。
61 和早期二分法不同的一點是，黃紹美避免使用「精神」一詞。〈文化協會代表大會〉，《申報》（一九三一年四月六日）。

《亞洲文化》比《新亞細亞》更強調文化，不過對於中國知識分子來說，一九三〇年代時局委實艱困，要堅持以同脈相承的文化團結亞洲民族確非易事。一九三一年九一八事變後，日本入侵滿洲，雙方談判徹底破裂，日本在一九三三年二月退出國際聯盟。儘管中國讀者仍舊好奇日本的亞洲主義，也有機會透過偶爾翻譯關注日本的亞洲主義討論，但是大多數人都十分清楚，日本政府的路線和較奉行平等主義的亞洲主義者相互牴觸。[62] 因此辨析與日本侵略政策的差異成了重要課題。

中國的「亞洲主義」與日本的「門羅主義」

就跟大多數中國知識分子一樣，一九三一年，戴季陶已經放棄親日的亞洲主義。一九二七年訪日之後，他開始擔心軍國主義，在往後幾年益發憂慮。[63] 這幾年亞洲聯盟的相關討論全都略過日本，集中在弱小民族身上。雖然一九三〇年以後，戴季陶多把精神轉移到教育和西北地區的研究上，不過民族國際的浪潮依然繼續影響知識分子，區辨中國與日本成為首要之務。

日本著述裡一再出現亞洲門羅主義構想，[64] 一九三四年天羽聲明的出現更加速了這個趨勢。正如美國自稱是美洲的守護者，禁止歐洲列強在美洲謀取利益，日本也可以實行門羅主義，將自己定義為亞洲的守護者與領導者。由日本領導亞洲的論述在一九三〇年代成為主流，堀田江理稱之為「盟主論的亞洲主義」。[65] 而中國知識分子從民國初年開始就時常反駁這類由日本領導亞洲的主張。

自從中國的亞洲主義進入後孫中山時代，一九三〇年代的中國知識分子如果要繼續使用亞洲主義一詞，區別亞洲主義與日本正在興起的門羅主義就成為一大關鍵，滿洲國名義上獨立之後更是迫切。

馬鶴天是邊疆研究學者，也是亞洲主義的長期支持者，一九二〇年代，他曾經加入北京的亞細亞民族大同盟，是其核心成員之一，也曾擔任代表出席一九二六年長崎與一九二七年上海的亞細亞民族大會（參見第七章）。馬鶴天這樣形容《新亞細亞》：「《新亞細亞》創刊，宗旨是本著　總理所常說的『大亞細亞主義』。這『新亞細亞主義』可說即是『大亞細亞主義』，但不是帝國主義者，或羨慕帝國主義的人所提倡的

62　例如《東方雜誌》一九三一年的卷期將日本《改造》雜誌翻譯的門羅主義相關辯論再轉譯為中文。
63　Lu Yan, *Re-Understanding Japan*, 164。
64　Hotta, *Pan-Asianism and Japan's War*, 95–97。
65　Hotta, *Pan-Asianism and Japan's War*, 49。

『大亞細亞主義』。」馬鶴天提到，國家主義派的曾琦（一八九二—一九五一）曾用「大亞洲主義」一詞呼籲中國更加強勢，將朝鮮、安南、暹羅、緬甸收為中國屬地。馬鶴天澄清，《新亞細亞》的亞洲主義是遵循仁義道德與孫中山三民主義的亞洲主義。[66]

短短一個月後，克興額就提出大亞洲主義的分析，呼應李大釗一九一九年的「新亞洲主義」，將亞洲主義視為邁向世界政府的必要步驟。他一樣援引孫中山的演講證明亞洲主義不是門羅主義。

> 就是先聯合團結起來，一致抵抗歐美的強盛民族，和本洲內在的專橫民族——日本。則他洲的弱小民族自然會覺悟而反抗，那麼全體的弱小民族解放和帝國主義者之崩塌，將在意料中了。這麼一來，庶幾乎本黨援助世界弱小民族的「民族主義」方能踏著這步驟而成功；「世界主義」方能得著啣接以實現。[67]

除了為《新亞細亞》寫這篇文章，幾年後抗戰開始不久，克興額也致信重慶的國民黨人，勸諫中國的領袖，為了中國也為了全東亞著想，結束戰爭、締造和平。和平不只代表戰爭的結束：「是要把東亞的民族，完全聯合起來，以建設東亞新秩序為目標，以聯合反共為責任。」[68]

儘管馬鶴天的論述和一九三〇年代末、一九四〇年代初日本的說法高度相似，但他戰時並未和日本人合作。馬鶴天從很早就明確譴責日本侵略中國，也疾言厲色抨擊門羅主義，一一點名那些提倡「大亞細亞主義東亞門羅主義」的日本學者，攻擊日本用「王道」、「泰東一心一家」等說法掩蓋其征服大夢。[69]

在新亞細亞學會的學者眼中，由日本領導亞洲實是可怕的未來。跟當時其他報刊一樣，《新亞細亞》定期討論門羅主義，痛斥日本企圖控制亞洲。但是新亞細亞的學者和之前中國知識分子一戰期間及一戰後討論亞洲主義的文章不同，他們承認領導者是必要的存在，更毫不諱言應該由中國居於中心，日本根本不具領導資格。張繼對學會演講時表示：「近來日本人大吹其亞細亞主義，」但是他「個人認為足以領導亞洲者，厥唯中

66 馬鶴天，〈關於「大亞細亞」與「新亞細亞」題名的迴憶〉，139–40。
67 克興額，〈民族主義與大亞洲主義及世界主義〉，56。
68 克興額，〈抗戰救國與和平救國之認識〉，16。
69 論點出自馬鶴天駁斥一九三二年翻譯自日文的一本匿名小冊子，小冊子的標題是《泰東一心一家の大義を彰明にして中國要人各位の卓鑑に供す》（泰東一心一家之大義向中華民國諸要人之宣言，一九三二），目標族群是中國讀者。其他資訊不明。

國。」張繼說只有中國、印度和阿拉伯世界才有深厚的歷史文化足堪領導大任，但其中只有中國保有自由。[70]

伊斯蘭研究專家陳烈甫是菲律賓華僑，由於擁有菲律賓國籍，當年得以赴美留學，他為《新亞細亞》寫了一篇深入討論門羅主義的文章。也許是受到伊利諾大學教育背景的影響，他對門羅主義抱持比較正面的態度。他義正辭嚴地反對由日本領導亞洲，不過他在文章結尾寫道：「到了日本帝國主義打倒以後，真正的亞洲門羅主義纔能夠實現。這個偉大的使命，神聖的義務，是放在中華民族的肩上。」[71]

小結

由中國領導弱小民族與民族國際的政治宣傳，主要是為了對抗共產國際以及日本帝國的野心。投身其中的中國知識分子相信中國終將重返強盛，他們希望中國的崛起會依循仁義原則，這種希望奠基於他們認同的二分法，斷定中國本質上信奉儒家精神、道德高尚，在西方帝國主義侵略的反襯之下，這種二分法實在再合乎邏輯不過。他們全心投入國際區域主義的世界時代精神，在這種時代氛圍下，世界人民無不深信國際主義既是必然之道，也是進步之道。

國際聯盟和第三國際在戰間期興起，這些證據在在顯示了國際團結是世界的未來。大家高談大阿拉伯主義、大非洲主義、大斯拉夫主義、大日耳曼主義，區域主義成為強大的世界潮流。這個背景為中國知識分子提供想像空間，構想出一個由中國領導的國際社會：取第三國際而代之的民族國際。民族國際對中國民族主義者只是片刻即逝的夢想，然而由中國領導弱小民族的遠大夢想並未消失，只是換了名字。終其廿世紀，這種論述以各種形式出現，最常見的莫過於第三世界理論。領導第三世界的主張在一九八〇年代逐漸消退，中國也已崛起成為世界第二大經濟體，儘管如此，中國屬於第三世界的分類已經深入人心。[72]

回到一九三〇年代，一九三七年七月七日盧溝橋事變後，日本入侵中國，中國在凌厲攻勢下轉眼崩潰，粉碎了領導國際聯盟的一切希望。不到六個月，日本就占領華東大半地區。儘管民族國際的主張與一九三〇年代以中國為主軸的亞洲主義討論是為了對抗日本擴張主義，但是其論述和日本的政治宣傳頗有類似之處，可以被輕易納入戰時宣揚

70　張繼，〈新亞細亞學會之使命〉，1。
71　陳烈甫，〈亞洲門羅主義〉，32。
72　Teng Wei, "Third World."。

的大東亞新秩序與大東亞共榮圈。中國日據時期刊物裡的亞洲主義宣傳獲得汪精衛、林柏生等人認同附和，內容和先前民族國際等相關內容如出一轍，只除了一個關鍵差異：他們認同由日本負起領導重任。

Chapter 9

共存共榮

戰時政治宣傳以及與日本和平共存

「中國政壇的勝敗操縱在國際大事之手。我們中國的政治人物無法掌控自己的命運。」

——李聖五

一九三二年至一九三七年，日本擴大對中國東北的軍事佔領。日軍長驅直入，從滿洲國向北京推進。一九三七年七月七日盧溝橋事變之後，日軍更是勢如破竹，及至年底已經迅速控制中國從北京到南京的各大城市。一九三七年下半，中國人民身陷水深火熱之中，但這才剛揭開往後十餘年戰亂的序幕。

一九三七年是出版業全體的一大轉捩點。各大報刊陸續停刊，也有不少轉往內陸的武漢、重慶繼續運作。不過接下來幾年，由於交戰雙方配合已經如火如荼的軍事戰展開宣傳戰，數以百計的新報刊紛紛創立。這段期間，毛澤東、蔣介石、汪精衛背後的政治宣傳機構都努力推動領袖崇拜，一方面鞏固領袖的正統地位，一方面利用反差對比來定義競爭對手的政府。[1]三方都自認與其他政府南轅北轍，只有汪精衛政府把自己定義成亞洲主義者，另外兩方分別與美國、蘇聯站在同一陣線。

本書最後的第九章聚焦討論「傀儡政權」的官方宣傳：日占期間所謂與日本勢力合作（collaborator）者鼓吹的亞洲主義必然親日無疑，認同日本應當領導亞洲。因此本章要談的是宣傳者如何利用亞洲主義合理化外國勢力的入侵占領。大家擁有共同的文明、種族、文化、儒家信念，更重要的是同樣身為受害者，數十年來論述涵蓋的各種面向都被套上新的政治目的。有鑑於此，本章將會娓娓說明機敏的宣傳者如何巧手翻轉與挪用反帝國主義論述，用來達成帝國主義目的。

我認為探討戰爭期間鼓吹的亞洲主義時，必須將之放在前面幾十年來的脈絡，而非與戰爭的結果共同討論。汪政府的宣傳人員包括周化人（一九〇三－一九七六）、楊鴻烈（一九〇三－一九七七）、胡蘭成（一九〇六－一九八一）等人，他們和同一世紀的前幾代亞洲主義者沒什麼不同，一樣辦刊物、發起運動，努力激起反對西方帝國主義的亞洲團結感。戰時的親日亞洲主義在許多層面都為亞洲主義這個概念畫下了句點，這一章恰恰適合為本書收尾。

其他勢力強烈抵制汪精衛政權及其鼓吹的亞洲主義，促成了與前幾章所見迥然不同的結果：戰時與戰後，與日本配合或合作過的人不再只是被指稱親日而已，他們被視為漢奸、賣國賊。大眾被灌輸民族主義，菁英則徹底拒絕亞洲主義。中國人民格外排斥本章討論的戰時親日亞洲主義，影響也擴及戰後的民族主義與主流意識形態。儘管國共兩黨的意識形態依舊保有國際主義成分，也延續到往後幾十年，不過戰後的主流論述仍然疏遠了亞洲，轉向美國與蘇聯這兩大帝國。耐人尋味的是，這樣的趨勢似乎正應驗了戰

1 Taylor, “Republican Personality Cults.”

時亞洲主義擔憂的方向。汪政府在新國民運動等宣傳與活動上大量援引孫中山思想，警告白色帝國主義與赤色帝國主義如何對中國虎視眈眈。本章評析這套遭到屏棄的論述，重新審視過往歷史學家漠視的觀點。

歷史學家如何爬梳史料？

儘管這段時期的政治宣傳有豐富史料可供分析，英文研究卻十分有限。中國近來對這類敏感話題立下出版限制，學者也持續自我審查，因此研究雖然並未完全停止，但學術發展確實受到阻礙。一九八〇年代蔡德金的著作是汪政權等相關主題最早的研究。[2]近來則有李志毓的《驚弦》一書，儘管在中國大陸遭禁，但得以在香港出版，為汪精衛的中文研究注入活水。《驚弦》討論了汪精衛早年的革命生涯，大幅開拓研究視野，原本不論中外文研究都罕有學者鑽研這個方向，[3]新史料與新典藏近年激發了研究的更多可能性。戰時合作者的親屬挺身而出，編纂各式各樣的資源，包括「wangjingwei.org」網站，以及全套六冊的《汪精衛與現代中國》系列叢書。[4]日文研究方面，柴田哲雄是汪政權研究的先驅，下文會說明柴田的研究如何深刻闡明這段期間中日兩地事件與著述之間的關聯。[5]

至於英文研究，近來探討這段時期的研究多半聚焦在合作問題。二〇一二年，約翰．惠蒂爾．崔特（John Whittier Treat）、卜正民（Timothy Brook）、麥可．申（Michael D. Shin，音譯）等人在《亞洲研究期刊》（*The Journal of Asian Studies*）上討論了合作議題。[6]幾位學者就合作一節提出不同道德觀點，崔特認為：歷史學家可以批判合作，也確實會批判合作；卜正民則點出，歷史學家應該謹記：道德問題必然會隨著時間改變。這些討論恰可對照我們如何評判中國援引的亞洲主義，又如何加以記載。探討當時的人所做出的決定時，我們必須將之放回脈絡，同時也應該耐心梳理史料——後者是過去罕見的好習慣。

2 蔡德金也收集了研究主題的相關文獻並出版成冊，深深影響中國及世界各地的後續研究。蔡德金，《汪精衛評傳》。

3 李志毓，《驚弦》。

4 這部新叢書的編輯是汪精衛的外孫女：何重嘉編，《汪精衛與現代中國系列叢書》。

5 柴田哲雄，《協力．抵抗．沈默》。

6 關於約翰．惠蒂爾．崔特（John Whittier Treat）、卜正民（Timothy Brook）、麥可．申（Michael D. Shin，音譯）等人的討論，參《亞洲研究期刊》（*The Journal of Asian Studies*）的二〇一二年二月號：Treat, "Choosing to Collaborate"; Brook, "Hesitating before the Judgment of History."。

討論日占時期的歷史著作多半仍侷限於政治史和軍事史，像是探討南京國民政府菁英的行動及他們後續面臨的審判，至於亞洲主義的論述或親日著作方面，幾乎所有研究都略過不談或認為這些根本不值一顧。芮納．米德（Rana Mitter）指出，學者不再從「陰謀論」角度分析日本帝國主義與滿洲的占領統治；學界改以「權力集團的衝突加上權力壟斷利益集團的勾結」來解釋日本的擴張。[7]這種研究取徑依然剝奪了親日派的能動性，也忽視他們的著述。關於西方學者對和平運動政治宣傳的看法，最具代表性的著作大概要屬傑拉德．邦克（Gerald Bunker）一九七二年出版的《和平陰謀：汪精衛與中國抗戰（一九三七—一九四一）》（*The Peace Conspiracy: Wang Ching-wei and the China War, 1937–1941*）：「就中國日占區的出版品來說，儘管龐雜得堆積如山，但只要稍加翻閱，就可看出那似乎只是最空洞、最瑣碎的一種政治宣傳，沒什麼歷史價值可言。」[8]

我同意這些政治宣傳確實缺乏思想深度，言詞也流於重複，但是我不同意邦克說這些文本毫無歷史價值。我認為這些文本為歷史學家帶出了另一系列的問題，而且回答起來十分棘手，恰恰適合從幾十年來用法流變的概念史角度切入分析。亞洲主義著述勃興於一九二〇、三〇年代，但是最大宗的論著出自汪精衛政權的中國知識分子筆下，數量勝過廿世紀其他時期的總和。這些文本的思想價值或許令人存疑，帶來的挑戰誠然十分可觀，但是若依循本書提示的脈絡，這些文本無疑具有歷史價值。

正統性與合作——建立南京國民政府

二〇〇一年，大衛·巴雷特（David P. Barrett）改造了原本用來理解二戰法國維琪政權的理論，用來分析汪政權，原論點之一是區分合作（collaboration）與合作主義（collaborationism），前者表示以某種方式配合納粹德國的占領者，後者表示認同納粹的意識形態。[9]儘管和平運動與南京國民政府努力進行戰時政治宣傳，但他們從未認同日本人的意識形態。要他們擁戴天皇與日本的優越地位實在是無從想像。然而他們卻屢屢屈從日本的要求，還把某些方面的主權拱手讓給入侵勢力。合作者自稱一切都是為了和平、為了中國著想，博伊爾（Boyle）與邦克等人探討了上述行為的道德意義以及「合

7　Mitter, The Manchurian Myth, 15。
8　Bunker, The Peace Conspiracy, 272。
9　Barrett, "Introduction," 8。

作者」的申辯之詞。我無意加入這場道德論戰，我會聚焦討論合作主義政府的言論，分析他們如何向自己、向他人證明其行為合乎義理。

巴雷特認為：「汪精衛硬是設法重新詮釋了孫中山的民族主義，中國的民族主義應該放在更廣的區域民族主義下實現，也就是應該放在東亞區域民族主義的框架下實現。」[10]汪精衛的重新詮釋其實並不費力，甚至根本說不上重新詮釋，至少不算是全新。如同前兩章提過的，自一九二四年孫中山發表民族主義的演講以來，他的民族主義就曾經被以這種方式詮釋。與孫中山過從甚密的思想同好與追隨者，如戴季陶、胡漢民、汪精衛等人，都用這種方式詮釋孫中山思想。巴雷特表示：「汪精衛自稱取代了舊政府，然而撇開泛亞洲主義不談，他的政治、社會、意識形態作風都與舊政府無異。就這點來說，汪政權和歐洲的合作政權大相徑庭。」[11]對比歐洲各地合作主義政府的權力轉移情形，前後國民黨政府的統治可謂高度連續，這部分我同意巴雷特的說法，但是我要特別點出：汪政權主張的亞洲主義，與之前南京十年的國民黨以及其他中國菁英所支持的亞洲主義無異。只不過汪精衛及汪政府呼籲亞洲主義時，置身的歷史脈絡完全不同，而扭曲正是由此產生。

一九三七年戰爭爆發前後的統治得以連續，原因之一是汪精衛在政府中握有領導權與一定地位。汪精衛一直到一九三八年十二月都和蔣介石共同領導國民黨。一九二六年一月，國民黨召開的第二次全國代表大會肯定汪精衛的領導地位。不過蔣介石依然握有軍隊的控制權，也隨即奪走政府的控制權，開啟兩大巨頭之間長達十年的鬥爭。一九三七年，隨著對日局勢惡化，汪精衛成為主和派領袖，積極促成對日和談，造成政府內許多人不滿。[12] 儘管如此，蔣介石承認有必要讓汪精衛和日本首相近衛文麿（一八九一—一九四五）持續溝通。之後蔣介石開始和共產黨合作，近衛政府發表的第一次近衛聲明宣布拒絕與蔣介石對話。汪精衛意識到局面無望，他也跟日本人一樣，對於蔣介石選擇和共產黨合作深感憤怒。一九三八年十二月，汪精衛終於放棄重慶政府，逃往河內。

汪精衛原本寄望近衛能夠節制日本軍隊，相信只要自己和蔣介石保持距離，日本政府就會願意撤軍。然而撤軍的寄望從未成真，無力動搖軍隊的近衛更在一九三九年一

10　Barrett, "Introduction," 9。
11　Barrett, "Introduction," 103。
12　Mitter, China's War with Japan, 38, 39, 60。

月四日辭職下臺。[13]四月，汪精衛及黨人決定和日本全面合作，建立南京和平政府，讓國民黨復辟。至於歷史學家所稱的「南京國民政府」，其正式成立時間是一九四〇年三月三十日。[14]汪精衛絕不是最早建立合作主義政府的人，雖然在他之前，王克敏（一八七九—一九四五）就已在一九三七年底於北京成立中華民國臨時政府，同時蘇錫文（一八八九—一九四五）也成立了混亂不穩的上海市大道政府。[15]一九三八年三月廿八日，梁弘治（一八八二—一九四六）亦在南京建立規模更大也更有組織的中華民國維新政府。然而汪精衛是資深政治領袖，擁有革命的正統出身。汪政府合併了前三個合作主義政府，成為日本可以利用的中央集權中國傀儡政權，也提供許多中國人在日占區為真正的中國政府效力的機會。

為汪政府效力的原因不一而足，許多被貶為「漢奸」的人深信自己是在為中國盡力付出。本章分析的政治宣傳人員無一不是知識分子。儘管他們不是戰時最閃亮的知識界明星，但是南京國民政府也不乏胡蘭成、楊鴻烈這類人物，他們出版過風評不錯的著作，建立了一定聲望。李訥（Charles Na Li）說明父親李聖五（一八九九—一九八五）何以和汪政府合作，指出知識分子支持汪政府、反對蔣介石的可能理由之一：「（在我父親看來，）國民黨在蔣介石等一介武夫的領導下必亡無疑，借用他的話，蔣『充其量只能說是空心草包，說得直白一點，根本是腐敗的惡棍。』父親心目中的領袖應該富有學養，能言善道又文采斐然。汪精衛是一位文人，演講起來口若懸河，又是推翻滿清的民主革命英雄，符合父親心中的典範。」[16]

就跟李聖五一樣，李志毓、傑拉德·邦克、約翰·博伊爾等歷史學家都特別強調汪精衛刺殺宣統皇帝溥儀的攝政王載灃（一八八三—一九五一）失敗一事。[17]他們認為刺殺未遂一事影響深遠，汪精衛因此一舉成名，邦克認為汪精衛自此之後便不停渴望讓自己神化：「汪精衛餘生一直在追尋另一個能夠犧牲奉獻、贏得榮耀的類似機會。」[18]南京國民政府所能帶來的榮耀必定令人大失所望。儘管汪精衛以及扶植汪的日方設法利用孫中山為其正統性背書，承認汪政權的政府依舊寥寥可數。一九三九年，汪精衛宣布自

13　Bunker, The Peace Conspiracy, 107, 113, 116, 121–22。
14　Bunker, The Peace Conspiracy, 143。
15　Brook, "The Great Way Government of Shanghai," 161–163。
16　李聖五在汪精衛政府中擔任過多項職位，包括教育部長及駐納粹德國大使。Charles Li, The Bitter Sea, 150。
17　Boyle, China and Japan at War, 18. 李志毓，《驚弦》，5，以及第一章的大部分內容。
18　Bunker, The Peace Conspiracy, 6–7。

己準備成立南京國民政府，奉三民主義為中心思想，蔣系國民黨以及中國共產黨都公開對汪大加撻伐。

中共總政治部主任王稼祥（一九〇六—一九七四）以譴責汪精衛做為回應，他重申共產黨支持三民主義與統一戰線：「一方面出現了汪精衛和汪派，他們背叛了孫中山的三民主義，直接的投降了日本帝國主義，但還企圖盜竊三民主義，以作為其投降的根據，這當然是對孫中山及其革命的三民主義之污辱。」[19]

王稼祥列出近年來對於孫中山三民主義的幾種不同理解，斥之為資產階級的修正的三民主義，以及汪派的冒牌的三民主義，完全悖離了孫中山「革命的」三民主義。儘管戰時三大中國政府都擁護三民主義，但是他們的宣傳機器基本上是把三民主義當成象徵正統性的徽章，而不是實際用於治理的意識形態。因為掌握三民主義的話語權，就等於掌握天命。

汪精衛的著述確實一向強調孫中山的三民主義。不論是發起和平運動之前或之後，汪精衛都一貫呼籲自由平等。但是在和平運動開始以前，就我閱讀所及，汪完全沒有提過亞洲主義。孫中山剛過世不久，汪精衛的詮釋就指出孫中山民族主義思想最核心的是申明各民族之間一律平等的觀念。[20]汪精衛確實認為不平等條約和外國租界證明了不平等問題依舊存在，儘管如此，他沒有談到民族主義要怎麼套到亞洲主義或與日本的合作上；但他批判了日本不應欺壓中國。

南京國民政府成立之後，亞洲主義一詞成了汪精衛演講和著述中的固定班底。他常常以亞洲主義讚美中日合作關係，但評斷這段關係的方式慘不忍睹。一九四二年，汪精衛聲稱：「日本自從近衛聲明以來所提倡的建設東亞新秩序，中國自從和平運動發起以來，所遵守而申明的大亞洲主義，已經由理論時代而進入於實行時代。」[21]這種說法是標準化論述，是日占區常見的亞洲主義用法。林柏生（一九〇二—一九四六）隨後也說：「在大東亞戰爭積極展開的今日，大亞洲主義所昭示我們的，已經由理論趨於實踐。」[22]這類修辭屢見不鮮。然而戰時中國的亞洲主義還是擁有一些實質內容。

19　Wang Jiaxiang, "On the Three Principles," 902. 譯註：中文引自王稼祥，〈關於三民主義與共產主義〉，收於《三民主義與共產主義》（自修出版社，一九?.?.），頁16。類似文字也見於《三民主義與共產主義》（十八集團軍第五縱隊政治部，一九四〇），頁10。

20　汪精衛，〈民族主義〉。

21　汪精衛，〈大東亞解放戰〉，5。

22　林柏生，〈發刊詞〉。

汪政權如何利用亞洲主義與王道？

一九三七年抗日戰爭初期，有許多國民黨人支持孫中山的亞洲主義。孫中山死後的政治神聖化，使其言論影響力更勝生前。戴季陶幾乎全程擔任孫中山旅日期間的翻譯工作，像他這樣的支持者們繼續將孫中山的思想發揚光大。陸延說明了孫中山的亞洲主義論述如何深深影響戴季陶，孫中山死後，其思想成為國民黨的圭臬，也鑿刻出戴季陶堅定的反共立場。[23]胡漢民也指出，孫中山的亞洲主義奠基於東方的「王道」，反對西方的霸道。[24]不過在胡漢民看來，日本代表的是西方的霸道，因此他可以自然說出：「余為一亞細亞主義者，同時又為一抗日之主張者。」[25]日本及其合作者利用孫中山的亞洲主義著述來合理化日本之占領中國，或至少為中國與日本的合作背書。

汪精衛必須把自己塑造成孫中山亦步亦趨的追隨者，這點非常重要，汪的宣傳者甚至說他是「第二個孫中山」。[26]汪精衛常常提到孫中山的亞洲主義，和三民主義連在一起談，三民主義思想在中國各地始終不退流行：「就中國來說，三民主義是救國主義，就東亞來說，三民主義也就是大亞洲主義。」[27]汪精衛的宣傳部長林柏生也跟著唱和，林柏生毫不臉紅地把孫中山思想與日本提出的東亞新秩序掛鉤，鼓勵中國人民接受日本統治，稱之為亞洲革命的一個階段：「中國革命的根本理論是三民主義，而指導亞洲革命的寶典則是大亞洲主義。」日本要建設的「新秩序」是革命的一個階段，「如此，中國人也決不至於畏懼日本的建設東亞新秩序是帝國主義的變相。」[28]

放眼所有合作者，周化人是其中最明白推崇亞洲主義者，他撰寫《大亞洲主義綱要》闡釋孫中山的亞洲主義觀。就跟胡漢民等抗日派的著述一樣，合作派討論孫中山的亞洲主義時，也聚焦在孫中山的王道論。周化人認為，亞洲的問題以及東方的衰弱基本上是「因為亞洲人士拋棄了亞洲固有的王道文化。」[29] 孫中山指出王道是亞洲文化的根本，和西方的本質相反。汪政權政治宣傳人員的任務就是證明，一如日本戰時論述所主張，最重大的衝突實是亞洲與西方之間的種族衝突。大家必須體認到，眼前的戰爭正是亞洲主義者十九世紀以來一再預警的種族戰爭。

23 Lu Yan, Re-Understanding Japan, 151。
24 胡漢民，〈大亞細亞主義與抗日〉，539。
25 胡漢民，〈大亞細亞主義與抗日〉，541。
26 Taylor, “Republican Personality Cults,” 683。
27 汪精衛，〈三民主義之理論與實際〉，211。
28 林柏生，〈序〉，收於周化人，《大亞洲主義綱要》，1、3。
29 周化人，《大亞洲主義綱要》，4。

前面第三章提過，種族是亞洲主義者始終掛念的議題，在整場戰爭裡也理所當然始終是重要議題。汪精衛是早在清末就開始討論種族及種族戰爭的革命先驅之一。[30]一九二五年，他共同創立了廣州的東方被壓迫民族聯合會。[31]戰爭期間，相較於其他亞洲主義宣傳者，汪精衛更常把論點導向種族戰爭，不時做出這類主張：「此次戰爭若不幸而為英美所敗，則整個東亞民族，將隨印度民族及非洲的黑色人種，美洲的紅色人種，澳洲的棕色人種，同受奴隸的待遇。」[32]

就跟前面兩章提到的知識分子類似，周化人將種族及東西方的本質連結到王道與霸道的統治方式：「大亞洲主義便以王道思想為中心。」[33]而歐洲思想卻是以「霸道」為中心。[34]抗日派裡也有人繼續支持孫中山的亞洲主義，他們對於王道的意義抱持截然不同的想法，然而日本的宣傳者已經把孫中山一九二四年用來批評日本的二分法，轉而用來支持日本的軍國主義。這個方向最早的推手是一位反對對華戰爭的日本將軍。

石原莞爾（一八八九—一九四九）是主導滿洲國成立的將軍之一，他反對繼續擴大戰爭。一九三〇年代末期，他和宮崎正義主張，東亞聯盟運動必須以王道為中心。宮崎正義一九三八年的《東亞聯盟論》警告日本，若不堅定支持東亞各民族維持政治獨立的原則，便重蹈了西方帝國主義的覆轍。石原莞爾起草聯盟宣言時，強調政治獨立和王道都是維繫東亞和平與團結的重要理念。儘管東條英機一九四一年十月就任首相後反對東亞聯盟，這些理念依舊是日本在中國和滿洲國進行政治宣傳的重點之一。[35]

一邊是石原這類傾向平等主義的亞洲主義者，一邊是東條這類信奉帝國主義的擴張主義者，雙方之間的對話幫助日本政府更順利地挪用王道與亞洲主義的概念。話說回來，把孫中山的言論挪為日本大業之用，這對政府宣傳人員來說本來也就不算難事。一九四一年日占上海所出版的英文版孫中山文集裡，汪精衛在前言聲稱：「（中日兩國）結為朋友之邦，是（孫中山）一向直言不諱的心願，希望兩國真心團結，共同推動大亞洲主義的光榮事業。」[36]此話倒是不假。這本英譯文集收錄了孫中山有關日本的著

30 參照第三章關於種族的討論。汪精衛早在一九〇五年就開始談種族論，不過當時談種族論是為了指出漢人與滿人統治者有別。汪精衛，〈民族的國民〉，1。一九一〇年代，他從社會達爾文主義的角度繼續強調種族和民族的重要性：李志毓，《驚弦》，33。

31 團結東亞以為日後種族戰爭做準備的亞洲主義組織。參水野直樹〈東方被壓迫民族連合會（一九二五—一九二七）について〉的最後章節。

32 汪精衛，〈大東亞解放戰〉，5。

33 周化人，《大亞洲主義綱要》，8。

34 周化人，《大亞洲主義綱要》，110。

35 柴田哲雄，《協力・抵抗・沈默》，18。也參 Schneider, "Miyazaki Masayoshi."。

36 Wang Jingwei, foreword, ix。

述與演講，譯文十分忠實，甚至也收錄了孫中山明白批評帝國的言論。唯一的重大差別只在於歷史脈絡。孫中山於一九一三年、一九一七年、一九二四年確實發表過這些言論，但是他可能不會把同一套言論照搬到一九四一年。這對許多國民黨人來說顯然構成問題；有些人也許是真心認為自己在追隨「國父」的領導。以「新國民運動」之名進行的政治宣傳運動，也因此輕而易舉就把孫中山的言論融合進東亞聯盟的目標。

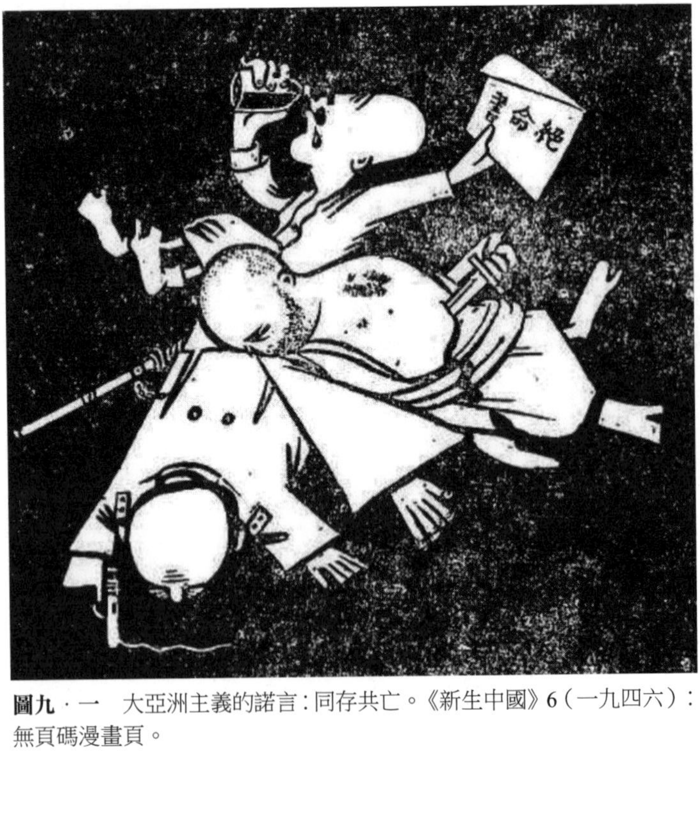

圖九．一　大亞洲主義的諾言：同存共亡。《新生中國》6（一九四六）：無頁碼漫畫頁。

新國民運動與東亞聯盟

中國歷史學家把新國民運動視為新生活運動的延伸，日本歷史學家則把新國民運動視為東亞聯盟在中國的延伸。[37]兩種觀點都正確。石原莞爾設想的東亞聯盟，宗旨是用本於王道的治理體系，融合滿洲國的漢、滿、蒙、日、韓等五族。他的追隨者常用「共存共榮」一詞來彰顯各民族的團結。我引為本章標題的這句話，中國的亞洲主義者常常掛在嘴邊，新國民運動也以之做為宣傳口號。就像圖九．一的漫畫，戰後諷刺畫家也用這句口號來攻擊汪政府。

一九四二年初，汪政府開始在全國推行新國民運動，旨在培養人民擁有正確的精神與思想。政府表示，新國民運動必然會為中國和東亞人民帶來實質益處。汪政府從一九四一年開始進行剷除共產黨人的清鄉運動，新國民運動差不多就是城市版的清鄉運動。一九四一年十一月，汪精衛在政府第四次全體會議上指示，有必要推行這樣的城市運動。汪精衛說明，蔣介石的新生活運動「偏重於精神」，一九二七年至一九三七年的

37　柴田哲雄，《協力．抵抗．沈默》，13。

國民經濟建設運動則「偏重於物質」，各有缺失。汪政權希望新國民運動能夠兼取兩者之長。[38]

一九四二年，汪精衛及其追隨者多次提到精神與物質合為一體的重要性。[39]精神與物質合一是十九世紀以來反覆出現的課題。這是現代亞洲主義思想的元素之一，密切呼應中國傳統思想的關鍵概念：調合兩極。「物質」往往暗示西方，而「精神」則暗示東方或中國。好幾代中國知識分子挖空心思的目標，就是融合兩者，創造出優於東西方的文明。[40]

一九四二年一月一日，汪政府正式推行新國民運動，以汪精衛的〈新國民運動綱要〉揭開序幕，文中列舉各式各樣能讓中國實現三民主義的政治、精神、物質手段。汪精衛的這篇文章寫出以下名言：「我們為什麼不能實現（符合孫中山理想的）民族主義呢？因為我們忘記了大亞洲主義。」[41]這句話出自汪精衛八點新國民運動綱要的第一點，在之後談亞洲主義的文章也常常出現。[42]汪政府的宣傳人員把這句話奉為重要象徵，這句話也貼切說明了汪政府如何在一九四二年的背景下將孫中山的三民主義與大亞洲主義掛鉤。

孫中山談民族主義的六次演講裡，屢次提醒讀者不要落入封閉心態或簡化的民族主義，應該支持其他國家。不過在他特別談到民族主義國際影響的第六講，他再三清楚強調，延伸至中國以外的民族主義應該要扶持「被壓迫民族」，孫中山有時稱之為「弱小民族」。然而，儘管孫中山常常談到要和日本合作，但他不認為日本是弱小民族。[43]

巴雷特指出，一九四二年的新國民運動和一九三四年蔣介石政府的新生活運動有許多明顯類似之處。[44]前者是仿照後者而設，希望能夠借重蔣政府的經驗，因此兩者當然類似。加入亞洲主義讓新國民運動的意識形態走上截然不同的方向。汪精衛新國民運動綱要的第一點指出：「從今以後，把愛中國愛東亞的心，打成一片，東亞諸國，互相親愛，團結起來，保衛東亞，這是民族主義的著重點。」[45]

38 凌恭，〈汪精衛主義與新國民運動〉，382。
39 汪精衛，〈踏上保衛東亞的戰線〉，7。
40 關於這個概念的深入討論，參第四章。汪精衛至少從一九一〇年代以來，就開始反覆談論物質文明相對於精神文明的論述。參李志毓，《驚弦》，39。
41 汪精衛，〈新國民運動綱要〉，371–73。
42 綱要的全文英譯，參 Smith, "The New Citizens Movement."。
43 關於孫中山的亞洲主義，參第六章。關於弱小民族，參第八章。孫中山，《孫中山文粹》，732–33。
44 Barrett, "The Wang Jingwei Regime," 106。
45 汪精衛，〈新國民運動綱要〉，371。

新國民運動透過出版品和讀書會宣傳，同時也透過普遍的教育活動大力向中國青年宣傳。在這段期間，日占上海的教育部立刻要求把三民主義和亞洲主義放進中小學教科書。[46]

新國民運動期間，政治宣傳人員全面打造汪精衛的領袖崇拜。他們發送印有汪精衛像的胸章，鼓勵南京國民政府轄下的人民把胸章別在衣領。[47]這段時期宣傳人員也提出汪精衛主義——把孫中山的三民主義和亞洲主義、和平主義、現實主義結合。[48]中間還有個奇妙的發展：一名中共臥底特務幫南京宣傳部闡釋了汪精衛主義。一九四一年十二月廿一日，袁殊（一九一一—一九八七）在《新中國報》上發表〈汪精衛主義〉一文。一九四二年，這篇文章也循政治宣傳的標準做法，登上了政府控制的各大報刊。[49]

汪精衛主義的宗旨可以歸納成四點：正確認識三民主義，屏棄重慶國民黨與中國共產黨各自擁護的偏帝國主義派與革命派非正統觀點；瞭解孫中山的大亞洲主義以及「中日合作為解決東亞問題之核心」；和平解決敵對；行動勝於空談。[50]汪精衛的個人崇拜與亞洲主義及新國民運動的宣傳結合得天衣無縫，新國民運動的推行時間又與東亞聯盟配合得恰到好處。

就像柴田哲雄指出的，新國民運動的推動時機以及主要內涵的口號都配合了日本推動的東亞聯盟。東亞聯盟是最成功把政治的亞洲主義理想在東亞地區付諸實踐的計畫。這類計畫不是第一次出現——前兩章討論過，中國和日本都曾經試著建立類似聯盟——不過東亞聯盟比之前的計畫都更成功。中國宣傳人員形容東亞聯盟能夠取代民族國際和第三國際，「抵抗赤白帝國主義之進攻」，和大概十年前國民黨官員用來形容民族國際的用詞幾乎一字不差。[51]

汪政權的宣傳部從既有論述和新的政治現實出發，把汪精衛的亞洲主義塑造成真正承襲孫中山思想演進而來的結果。這絕不是信手拈來，而是專業宣傳人員早在一九三八

46 上海市檔案館，R48-1-1455-33、R48-1-1446-40。

47 Taylor, "Republican Personality Cults," 688。

48 泰勒（Taylor）指出，這比「毛澤東思想」的概念首次出現還早了一年。"Republican Personality Cults," 688. 另外一點，儘管泰勒使用「現實主義」（realism）一詞，我認為汪精衛的意思是「實踐」——相對於重慶政府的空話而言。

49 袁殊，〈汪精衛主義〉。也見於《東亞聯盟（南京）》2.1（1942），以及《江蘇教育（蘇州）》3.4（1942）。袁殊是最早提出「汪精衛主義」說法者，參凌恭，〈汪精衛主義與新國民運動〉，382。

50 引自《政治月刊》的版本。值得一提的是，袁殊也提到「主義」可以定義成思想、信仰、力量。

51 〈中華東亞聯盟協會成立宣言〉，《大亞洲主義》1.3，158–63（1940），161。關於民族國際，參第八章，特別是討論胡漢民和印維廉發表在《新亞細亞》創刊號（一九三〇年十月一日）文章的段落。

年就開始策畫，最後精心闡述出來的一套思想。[52]不過要求以孫中山三民主義做為和平政府指導思想的則是汪精衛本人，他也要求保留國民黨旗幟當做汪政府的旗幟。[53]儘管當權者明白維繫汪精衛統治的關鍵不在於正統地位，而在於軍事控制力，不過汪精衛是孫中山資深又忠心的追隨者，維持國民黨門面也是合理又有效的做法。統治要能長久，公開宣傳意識形態的正統性是重點之一，而南京國民政府確實心懷未來。於是宣傳部從一九四〇年成立以來，便成了政府數一數二重要的部會。

「宣傳部」及其出版品

一九四〇年三月南京國民政府成立之前，政府很少進行政治宣傳。即使到了汪政權及宣傳部成立之後，出版親日文宣也是高風險、低報酬的生意。[54]不過隨著政府擴張，各式文宣也愈來愈常見。日占區政府的亞洲主義最常用的宣傳管道，就是林柏生帶導的宣傳部所編輯出版的期刊。林柏生是經驗豐富的報社編輯，也長年擔任汪精衛的秘書。他善用廣大網絡和深厚經驗，占據汪政權的要角。一九三八年十二月，汪精衛離開重慶之後，林柏生開始神化汪精衛，強調他是憲政領袖，和獨裁者蔣介石相反。[55]林柏生創造出這個形象，透過手上的報刊網絡加以傳播，像是《中華日報》《南華日報》，以及

《新東方》（一九四〇—一九四四）《大亞洲主義》（一九四〇—一九四二）《東亞聯盟月刊》（一九四一—一九四二）《大亞洲主義與東亞聯盟》（一九四二—一九四三）等刊物。

東亞聯盟中國同志會成立於一九四〇年底，表面上以統一中國思想為目標，實際上則是宣傳單位，負責傳播親日的亞洲主義詮釋以及東亞聯盟的四大原則，理事包括李士群、周化人、胡蘭成等人。[56]另外還有一個乍看令人混淆的東亞聯盟中國總會，東亞聯盟中國總會是政治單位，成立於一九四一年二月一日，由汪精衛擔任會長，政府高階官員周佛海、陳公博也共同管理。[57]中國同志會出版期刊與宣傳部唱和，他們先在一九四一年出版《東亞聯盟月刊》，配合宣傳部的《大亞洲主義》，之後兩份期刊在一九四二年整併成《大亞洲主義與東亞聯盟》。

52 將「大東亞」與三民主義結合的構想，出自一九三八年上海的日本人與中國人。Bunker, *The Peace Conspiracy*, 76。

53 一九三九年五月七日與今井武夫大佐會面時提出。轉引自 Bunker, *The Peace Conspiracy*, 149。

54 Fu, Passivity, *Resistance and Collaboration*, 114–15。

55 Taylor, "Republican Personality Cults," 674, 676。

56 組織的創始成員名單列於〈東亞聯盟中國同志會成立宣言〉，收於《民憲旬刊》10/11（1940）：31。

57 柴田哲雄，《協力・抵抗・沈默》，21。

《大亞洲主義》是第一個闡揚「亞洲主義」概念的期刊，從一九四〇年八月一直發行到一九四二年二月。林柏生固定為期刊撰稿，不過周化人經常暢談亞洲主義，占去更多版面。周化人在頭幾期《大亞洲主義》上發表的文章，一九四〇年底由期刊集結成冊，正式出版。儘管周化人的正式職務是鐵道部常務次長，不過托斯坦．韋伯認為，周化人是汪政權的主要宣傳人員之一，甚至早在一九四〇年就已經開始負責宣傳工作。[58]周化人是東亞聯盟中國同志會的副會長，也是同志會裡數一數二多產的作家。周化人的著作至今仍是中文界最全面的亞洲主義研究。他在書中概述白人的亞洲侵略史，逐一討論各國狀況，證明亞洲人民擁有共同的受害經歷，只有透過中日合作以及建立亞洲聯盟，才能扭轉亞洲的受害者地位。[59]

一九四二年七月一日，林柏生發行合併的期刊《大亞洲主義與東亞聯盟》，他指出大亞洲主義與東亞聯盟的概念已經融為一體，毫無分別，同時提到宣傳部此舉也是迫於財務現實所需。[60]《大亞洲主義與東亞聯盟》從一九四二年持續刊行到一九四三年，最後可能是因為戰時撙節開支而終止出版。[61]期刊名義上由林柏生指導，不過最重要的亞洲主義文章是出自楊鴻烈筆下，楊鴻烈從一九四〇年就開始定期為《大亞洲主義》撰稿。[62]他是宣傳部的正職編輯與官員，不過同時也在戰時的中央大學教授歷史。他的

「亞洲主義八講」是期刊裡的重要文章。儘管楊鴻烈常常重提周化人著作也談過的內容，不過楊鴻烈更關注中國和日本的團結，周化人討論的則是全亞洲。身為留日的法律史家，楊鴻烈的背景也讓他能從更學術的角度談亞洲主義。中國討論亞洲主義時多半仍侷限在孫中山和汪精衛的思想，然而楊鴻烈的亞洲主義第三講可說更全面結合當時日本政治軍事思想的脈絡，只不過他常常迎合日本軍事領袖的意見。[63] 他的第五講、第六講、第七講也是開先河的中國亞洲主義史敘述之一。在第八講〈實現大亞洲主義的方法〉，楊鴻烈又講回東亞聯盟，說明孫中山和小寺謙吉（一八七七—一九四九）的言論如何指向「東亞聯盟實現了亞洲主義」的結論。[64]

楊鴻烈也許是最清楚展現出戰前至戰時論述連續性的亞洲主義理論家，他有許多戰

58　Weber, Embracing "Asia," 213。
59　周化人，《大亞洲主義綱要》。
60　林柏生，〈發刊詞〉，2。
61　南京政府在一九四三年一月九日正式對英美宣戰。
62　楊鴻烈戰後移居香港，擔任《星島日報》編輯。他一九五六年回到中國，被打成右派，下放勞改。
63　楊鴻烈，〈大亞洲主義八講〉，10–11。
64　楊鴻烈，〈大亞洲主義八講〉第八講，111。

前著作都在宣揚東亞一體化的理念，就連他的法律史名著也是。不過就跟他宣揚的論述一樣，其人也在戰後漸漸為人淡忘，他和亞洲主義都不再受到中國歡迎。[65]

小結

俄國坦克開入滿洲國那一刻，也同時敲響了亞洲團結夢想的喪鐘。日本不是亞洲唯一的戰敗國。一九四五年，陳公博領導的南京國民政府擁有一支數十萬人的軍隊。儘管統治的領土範圍與控制程度變化無常，但南京國民政府名義上確實代表了中國十省各地的好幾億人。這個中國有自己龐大的官僚機構，有自己的貨幣，也有正常運作的政府。把這個政府及其著述都貶為暫時脫軌——實是令人哀傷的漠視。這段歷史有多種詮釋角度，但不論怎麼說都是中國的一大轉捩點，中國原本有可能走上截然不同的道路。

陳永明指出：「一六四四年四月，李自成（一六〇六—一六四五）占領北京時，北京城大部分的明官員都向叛軍投降，甚至在新朝廷任官。」[66]這樣的現象不是只在中國發生，就像知識分子及政治人物與外國勢力的「合作」也不是只在二戰時期出現。面對當時與敵人合作建立新中國的人，我們不該硬把自己的道德判斷強加在他們身上，反而要試著脈絡化他們的行為。有鑑於此，戰時的亞洲主義政治宣傳可謂集近五十年來中國亞洲主義論述之大成。就許多方面來說，這也是中國亞洲主義的終點，亞洲主義的概念在戰爭結束後邁入了禁忌塵封期。

知識分子選擇支持亞洲主義，或多或少也等於選擇支持日本。既然日本戰敗，亞洲主義也就隨之潰散。就這個角度來看，亞洲主義之所以消滅，不是因為概念本身有所缺陷，而是因為盟軍及其支持的中國政權贏得勝利。李聖五對這段時期的追悔，道出了中國政治的悲哀：

> 事後看來，我跟汪精衛選擇投靠日本人，顯然是鑄下了大錯。不過如果我跟汪精衛和外國勢力合作就是漢奸，那麼蔣介石、毛澤東也一樣是漢奸。差別只在於，他們的靠山贏了二戰，我們的靠山卻打輸了。你看，中國政壇的勝敗操縱在國際大事之手。我們中國的政治人物無法掌控自己的命運。[67]

65　Smith, "Collaboration and Propaganda."
66　Chan Wing-Ming, "The Early-Qing Discourse on Loyalty," 31。
67　李訥引用父親李聖五的話。Charles N. Li, The Bitter Sea, 38。

列強形同把中國一分為二，兩邊都在競爭權力和正統地位，於是蘇聯和美國把影響力擴及中國的政治宣傳。亞洲主義的概念直接與世界兩大強權衝突，在中國的詞彙裡已沒有容身空間。從亞洲主義者的觀點來看，赤色帝國主義和白色帝國主義贏得了對中國的戰爭。韓國和臺灣不再夾在中日兩大亞洲帝國之間，隨著世界進入冷戰，韓國和臺灣也被迫向美蘇這兩大新帝國靠攏。

結論

亞洲主義的論述必然涉及國家富強之道，但是這點和世界各地的跨國區域化夢想沒有什麼不同，也不代表中國的亞洲主義必定會設法把中國定位成亞洲領袖或亞洲中心。

以中國為中心團結亞洲的呼籲，往往將西方他者化做為包裝（有時也將日本他者化）；而擴大深化，則是靠知識分子將新的流行概念引介到中國脈絡再融入舊有典範。本書前兩章說明，改革者思考與日本往來的各種可能情境時，希望儒家思想能在團結的東亞裡擁有一席之地。然而現代亞洲主義概念卻誕生在種族觀（第三章）與文明觀（第四章）大行其道的背景下，中國知識分子透過這兩大典範認識自己、認識世界，形成二元思想，把西方定位成他者，把中國定位成種族東方或文明東方的中心。一九一〇、二〇年代，自由主義和馬克思主義等意識形態快速蔓延，民族解放如何幫助世界邁向大同，便成了中國亞洲主義和民族主義的關鍵議題（第五章）。在李大釗設想的願景裡，亞洲各民族都能平等相待，孫中山則把往往流於東方主義的框架，結合到以中國為中心、以仁義與王道之治為本的東方價值觀（第六章）。由於孫中山及其著述廣受歡迎，一九二五年起，大家對亞洲主義的興趣大幅上升，也分裂成各種不同派別。

我把各派亞洲主義區分成非官方的亞洲主義（第七章）與官方的亞洲主義（第八章）。儘管各派亞洲主義有許多重疊之處，但是不同派別之間的互動與爭論（以及與日本類似思想的互動與爭論），深深影響這段關鍵時期亞洲主義與民族主義的交織重疊。這段時期也出現互相競爭的亞洲主義，一邊認為要由中國領導亞洲（第八章），另一邊認為日本才是亞洲的領袖（第九章）。由日本領導亞洲的可能性隨著一九四五年戰爭結束而冰消瓦解，以中國為中心的亞洲主義則益發茁壯。這也讓我們開始思考日本未來在亞洲應該扮演何種角色。

中國與日本

廿一世紀的紛紛擾擾，尤其是尖閣諸島（即釣魚臺列嶼）的領土爭議，以及歷史記憶方面的激烈爭論，可能使人認為中國和日本不可能達成任何形式的和解，亞洲主義的討論至少還要再等上幾年才有討論的餘裕。不過北海道大學的歷史學家卻持相反意見。二〇一三年，中島岳志接受《朝日新聞》的訪問時表示，亞洲主義是一種「抵抗的意識形態」，與今天的日本、中國切身相關，是「抵抗西方唯物主義與拜金主義的一種方式」。日本當初未能走上道德亞洲主義之路，後來受到美國占領，戰後繼續西化，讓這個國家日益背離早期亞洲主義者所謂與西方二元對立的文明特質。日本應回顧這段戰前時期，才能找到答案。中島解釋：「日本曾經踐踏中國主權，因此應該重新認真審視歷史。」中島舉出印度作家、日本亞洲主義者以及孫中山來支持自己的論點：「亞洲不只是地理區，更是一種文明」。[1]

有些菁英延續戰前亞洲主義的觀點，採取和戰間期中日亞洲主義者幾乎一模一樣的立場。王毅和中島岳志都認同近在咫尺的文明衝突源自東西方本質上的差異，然而今天的時代背景早已和廿世紀初大為不同。小布希（George W. Bush）、歐巴馬（Barack Obama）、川普（Donald Trump）等歷屆總統年年增加軍事預算，維持美國的世界霸主地位。相對於西方仍然保有霸權，評論家將中國政治比喻成王道，便於與西方進行對比。儘管中美兩大強權有不少相似之處，但是各方依舊將二者視為對立關係。中國現在正與美國在東亞的霸權交鋒。隨著中國崛起，日本的重要性反而下降。中國領導者認為以中國為中心的亞洲願景裡，日本逐漸邊緣化。

中國——新自由主義亞洲的中心

早期亞洲區域化的相關著作構成複雜又矛盾的論述，不過其中仍有寶貴見解，可以幫助我們連結與理解廿世紀東亞史的重要元素，尤其是東亞地區民族主義的興起，以及當代關於區域化的討論。新的局勢發展把亞洲主義的議題又帶回了當代學術討論。東協加三日益上升的地位、李光耀的儒家思想、杜維明的儒家世界，都和中華亞洲主義逐漸復興有關，提醒我們應該重溫近代中國的亞洲想像，汲取其中的教訓與理想。假如廿世紀初的亞洲主義確實如斯文．薩勒（**Sven Saaler**）所言，是「當代亞洲區域主義的先驅」，那麼我們有必要進一步研究早期亞洲主義在中文界的濫觴。[2]無數知識分子用各種方式談亞洲區域主義，視其為避開西方帝國主義弊端的戰略方案。本書說明了接受與拒絕亞洲主義如何深刻影響中國知識分子民族觀發展，以及對於非西方世界關係的認識。亞洲主義的討論實質上是關於身分認同的討論，並深刻影響中國各種形式的認同形成。尤其是中國民族主義，被包括「天下」、種族、文化、區域與共同受害者身分等經典概念的包容性與排他性的定義影響。知識分子透過如同心圓般層層拓展的身分認同以界定人我關係，從而確立自身、國家民族及文明的定義。

廿一世紀初，北京國際經濟研究院的資深研究員賈保華發表多篇文章，介紹另一種新亞洲主義觀。賈保華認為，東亞人民必須傳承孔子和孫中山的思想，努力實現東亞統

1　中島岳志長年投入亞洲主義研究，他談鮑斯的書是本書第四章的重要資料。Hagi, "An Interview with Takeshi Nakajima."

2　Saaler, "Pan-Asianism in Modern Japanese History," 1。

一、建立亞盟，一個與歐盟及北美自由貿易協定並立三大支柱之一的聯盟。[3] 廿一世紀的前幾十年裡，亞洲區域化的討論不時出現在亞洲經濟學的相關期刊上，只不過每位作者對區域化的構想天差地別，從自由貿易協定到歐盟式的國際合作都有。[4] 這些討論往往接受新自由主義政治的前提，想像東亞各國政府齊力合作，一方面保護自己國家的利益，一方面開拓新市場。其前身是區域化典範的東南亞國家協會（Association of Southeast Asian Nations）所舉辦的領袖高峰會。一九九九年十一月廿八日，韓中日三國領袖金大中、朱鎔基、小淵惠三在馬尼拉召開的東協會議上討論區域整合議題。這就是一般所謂「東協加三」的開端，後來演變成東亞峰會。三國領袖首次齊聚一堂，象徵進一步對話的開始，也代表韓中日之間維持一整個世紀的不友好關係畫下句點，同時對未來的合作展開熱烈討論。儘管過程一波三折，但是各國高層依舊持樂觀態度，經濟整合方面則沒有受到社會輿論面所導致的挫折影響。

近年來，中國的主導地位取代了共享領導地位的論調，中國領導人已經開始用言語迂迴重建以中國為中心的東亞，用試探性但務實的步伐一步步實現這一區域模式。習近平二〇一三年開始提倡「命運共同體」，表示亞洲各國擁有共同發展目標，休戚與共。胡錦濤最早使用「命運共同體」一詞時，指的是臺灣與中國終歸統一的「命運」，「命運」既指中國的過去，也指中國的未來。[5] 漫長的廿世紀，中國經濟與文化實力劇烈衰退，又與亞洲鄰國關係破裂，廿世紀於是成為歷史敘事中的一段脫軌插曲。如今，中國有機會重返世界領袖之列。

亞洲基礎設施投資銀行是重新打造中國身為仁義領袖地位的一步關鍵。該行首次宣布於二〇一三年，在二〇一六年正式成立，似乎將中國身為弱小民族領袖的論述具體化，也符合孫中山在民族主義第六講所呼籲的仁義的民族主義。有別於西方文明的霸道，孫中山在第六章亦主張王道是東方文明的核心。經過一百年，這套論述仍然常被反覆提及。

---

3 Jia, "New Asianism and Asian Union," 388–89. 或參賈保華另一篇論點類似的中文文章：賈保華，〈新亞洲主義〉。

4 近年，上海國際問題研究院院長楊潔勉用「新亞洲主義」一詞來說明廿一世紀東協加三組織擴張的包容與和平性質。Yang Jiemian, "New Dynamism in Cultural, Intellectual Influences," 33–34. 另外，申起旭（Shin Gi-wook）也用有趣的歷史視角切入，討論廿一世紀初韓國政府的「新亞洲主義」政策。這些研究和政策基本上是為了擺脫對美國的依賴，朝向未來形成亞盟而努力。Shin, "Asianism and Korea's Politics of Identity," 624–25。

5 Barmé, "Introduction," xii–xiii。

差不多就在亞投行成立的同時，中國領導人宣布「一帶一路」倡議，把中國放在跨越近乎全亞洲的經濟基礎建設網的中心。這項大型計畫仰賴亞投行的財務支持，承諾在不影響中國與歐洲之間亞洲國家國內政治的前提下，帶動各開發中國家的經濟發展。中國新聞報導讚許亞投行和一帶一路實現「王道」精神，與美國的「霸道」形成對比。[6] 值得注意的是，日本並未參與這兩項計畫。戰前中國知識分子對於日本在亞洲統一模型的地位幾乎不再有困惑，不過兩國之間仍存的論述顯示中日關係依然舉足輕重，未來也不可能避談兩國之間的合作問題。

二〇〇六年，時任中國駐日大使的王毅提出自己的一套「新亞洲主義」論。他在二〇一四年榮升中華人民共和國外交部長，也許是得益於二〇〇四至二〇〇七年間任職於東京大使館的建樹。那幾年間，中日關係由於靖國神社參拜、教科書爭議、中國爆發多起反日遊行等事件屢屢惡化，王毅於是提出新亞洲主義論，也就是亞洲跨國團結的一套理論，設法改善中日關係，也為基於文化共通性追求東亞和平的未來提供了一套說法。王毅二〇〇六年發表在《外交評論》的文章援引十九世紀末、廿世紀初的亞洲主義概念，據此重新構想東方文明的未來。[7] 王毅選擇李大釗一九一九年用過的「東方文明」重提亞洲主義的概念，用意是要強調和平崛起的中國如今應是亞洲領袖。習近平主席在博鰲亞洲論壇年會以及「一帶一路」倡議的討論中多次強調中國身為亞洲領袖的地位。習近平呼籲建立「亞洲命運共同體」的言論不只是紙上談兵，中國已經開始用不容忽視的行動落實亞洲主義。要理解中國的行動與論述——就像王毅，我們也必須回頭審視廿世紀初，借重這個視角思考亞洲主義概念的意涵，謹慎分析今天中國的亞洲主義。

富國強兵——民族主義與亞洲主義的交織重疊

亞洲主義是用來達成民族主義的工具。黃樂嫣（Gloria Davies）指出，「憂國心」長久以來一直是中國批判性研究的關鍵因素，這點比其他國家都更明顯。[8] 如此說來，亞洲主義的兩種理論建構背後關心的都是拯救或提升中國地位，實際行動也是為了團結亞洲各民族或亞洲菁英圈，這點大概也不足為奇吧。馬思樂認為這是一種「悖論」，想要用國際主義的意識形態來達成民族主義的目的。[9] 我則另有看法：中國若是沒有民族

6 王裕慶、蕭偉恩、王東陽，〈「一帶一路」鏈式發展模式助力實現中國王道主義外交〉。
7 王毅，〈思考廿一世紀的新亞洲主義〉，6–10。其英譯參 Weber, "Wang Yi," 361–69。
8 Davies, *Worrying about China*。
9 Meisner, *Li Ta-chao*, 177。

主義，其亞洲主義就無以存在。亞洲主義不是自相矛盾，亞洲主義是合乎邏輯的運動，設法團結同樣受到歐美帝國主義荼毒的其他人民，保有自我並對抗共同敵人。因此我不認為民族主義和亞洲主義的結合是自相矛盾，我視之為概念的交織重疊：民族主義和亞洲主義互相重疊，本質水乳交融。儘管從論者陳述的意圖可以區分兩者，但兩者相輔相成，無法輕易拆分。這有助於解釋日本為何從反帝國主義的亞洲主義者，一舉成為侵略者，占領亞洲各地。中國與日本的亞洲主義擁有類似論述，也擁有相同潛力。

在廿世紀的民族主義霸權下——不論是像美國門羅主義那樣公然採取階層結構與霸權統治，或是像歐洲共同體那樣表面上奉行平等主義——但倡導國家的富強始終是推動區域化的核心目標。加入或支持這類組織的會員國，必須小心確保自己的利益不被出賣。史華慈（Benjamin Schwartz）指出中國知識分子如何運用自由主義思想追求中國富強。自由主義思想始終圍繞著財富與權力。史華慈在知名研究的結語中加入些許帶有北美視角的反思：「耽溺於追求財富與權力的浮士德信仰，與實現社會價值和政治價值——甚至於更根本的人類價值之間的關係，不只我們感到棘手，他們也一樣感到挑戰。」[10]

亞洲主義的論述必然涉及國家富強之道，但是這點和世界各地的跨國區域化夢想沒有什麼不同，也不代表中國的亞洲主義必定會設法把中國定位成亞洲領袖或亞洲中心。亞洲區域化的階層式願景與平等式願景間依舊存在張力，「一帶一路」倡議這類當代亞洲主義計畫也必然永遠混沌地擺盪於兩者之間。與此相對，民族主義與亞洲主義的關係倒是較為明確。兩者彼此交織重疊，而非互相競爭。只要民族主義在廿一世紀依舊維持霸權地位，亞洲主義就不會消失，但難以實現本文各章所描繪的團結。

10 Schwartz, *In Search of Wealth and Power*, 247。

謝詞

本書衍生自我在英屬哥倫比亞大學的博士論文。非常感謝 Glen Peterson、齊慕實、卜正民都給過睿智的建議，在我成為歷史學者的路途中不吝提供協助。也謝謝在哥倫比亞大學的師長、同學、朋友，包括 Don Baker、Steven Lee、Nick Simon、Tom Woodsworth、Fred Vermote、魯大偉、Tim Sedo、Desmond Cheung、Malcolm Thompson、Anna Belogurova、Heidi Kong、Nick Fraser、Noa Grass、Sonam Chogyal、Alex Ong、Tom Peotto、Jonathan Henshaw、Brendan Wright、Stefan Honisch、Yanlong Guo、Morgan Rocks、江北、郭威廷，以及在聖約翰學院的許多朋友。我也要衷心感謝林鎮山教授，我在亞伯達大學的導師，助我踏上這段旅程。

臺灣始終在我心中占有重要位置，感謝國立中正大學和國立中央研究院近代史研究所的好朋友，尤其謝謝江寶釵、邱子修、林昆洪，以及臺灣文學與創意應用研究所的多位朋友。在臺北，謝謝趙勳達、Peter Zarrow、林滿紅、雷祥麟、陳建守、黃克武、

Joseph Lawson、James Lin、黃麗安、Peter Lavelle、盧卓悟、張學謙。

過去十年間，我在上海與北京和許多同事同學締結美好的友誼。特別感謝鄧軍、宋宏、成慶、張洪彬、許紀霖、李志毓、張曉磊、王平多次在研究上相助。

在京都大學的現代中國研究中心，石川禎浩、森川裕貫、郭まいか、村上衛、武上真理子盛情款待，予我友情支持。在上智大學和德國日本研究所，Sven Saaler、Torsten Weber、Christopher Szpilman 協助我理解日本泛亞洲主義。

在南韓，我分別於二〇一二年和二〇一三到一四年受到高麗大學亞洲研究中心和朝鮮研究國際中心接待。金松柱、Chen Bihong、吳曉麗、景完師傅、Nan Kim、Tae Yang Kwak、崔溶澈、Choi Seung Youn、朴尚洙予我特別多的幫助和支持。

在澳洲，諸多朋友協助我完成這項漫長的計畫。澳洲國立大學的毛高威、司馬偉、方易仁、Brian Martin，以及中華全球研究中心眾多研究者和職員在許多方面予我啟發。也非常感謝在在墨爾本大學，Delia Lin、Anthony Pym、Dayton Lekner、Ester Leung特別就本書的翻譯研究方面，提供許多支持和指導。關於中文版，除了感謝譯者林紋沛與韓絜光的精彩譯筆之外，我也要感謝李函縈、張耀中、方易仁與宋飛燕閱讀作者序並提出寶貴建議。

本計畫資金來自多個出處，對我的寫作及研究都至關重要。謝謝加拿大社會及人文科學協會提供加拿大研究生獎學金和麥可史密斯外國研究補助、蔣經國基金會透過加拿大亞洲研究協會提供博士生補助、日本國際交流基金提供六個月學習研究津貼、高麗大學亞洲研究中心提供東北亞研究獎學金、中央研究院提供博士候選人培育獎學金、以及朝鮮研究國際中心在高麗大學提供一年工作空間及其他協助。美國學術團體協會慷慨資助九個月博士後研究經費，澳洲國立大學及中華全球研究中心也在本計畫最後階段給予協助，包含資助多趟前往東亞的短期研究之旅。

史峻

二〇二五年 一月

歷史．亞洲史

中國的亞洲主義：東亞的共識還是戰爭催化劑？

Chinese Asianism, 1894–1945

作　　者　史峻 Craig A. Smith
譯　　者　韓絜光、林紋沛
發 行 人　王春申
選書顧問　陳健守、黃國珍
總 編 輯　林碧琪
特約編輯　張維君
封面設計　陳姿妤
內頁設計　陳姿妤
內頁排版　造極彩色印刷製版股份有限公司
業　　務　王建棠
資訊行銷　劉艾琳、孫若屏
出版發行　臺灣商務印書館股份有限公司
23141 新北市新店區民權路 108-3 號 5 樓（同門市地址）
電話：（02）8667-3712　　傳真：（02）8667-3709
讀者服務專線：0800056196　　郵政劃撥：0000165-1
E-mail：ecptw@cptw.com.tw　　官方網站：www.cptw.com.tw
Facebook：facebook.com/ecptw

局版北市業字第 993 號
初　版　2025 年 6 月
印刷廠　鴻霖印刷傳媒股份有限公司
定　價　新臺幣 550 元

法律顧問　何一芃律師事務所

國家圖書館出版品預行編目（CIP）資料

中國的亞洲主義：東亞的共識還是戰爭催化劑?/ 史峻(Craig A. Smith)著；韓絜光，林紋沛譯. -- 初版. -- 新北市：臺灣商務印書館股份有限公司, 2025.06
面；公分. --（歷史. 亞洲史）
譯自：Chinese Asianism, 1894-1945

ISBN 978-957-05-3622-5（平裝）

1.CST: 民族主義 2.CST: 區域主義 3.CST: 中日關係
4.CST: 文明史 5.CST: 中國

571.11　　114005692